《上证 180 指数年鉴(2010 卷)》

主　编

张育军

副主编

刘啸东　周勤业

万杜涓　刘世安　谢　玮

执行主编

蒋建人

编　辑

上海证券交易所信息中心

数据资料

中证指数有限公司

上海證券交易所编

上海人民出版社

Contents
目录

上证180指数介绍

一、上证180指数介绍

作为国内外普遍采用的衡量中国证券市场表现的权威统计指标，由上海证券交易所编制并发布的上证系列指数包括成分指数、综合指数、行业指数、风格指数、主题指数、基金指数、债券指数。

为推动长远的证券市场基础建设和规范化进程，2002年6月，上海证券交易所对原上证30指数进行了调整并更名为上证180指数。作为上证指数系列核心的上证180指数的编制方案，是结合中国证券市场的发展现状，借鉴国际经验，在原上证30指数编制方案的基础上作进一步完善后形成的，目的在于通过科学客观的方法挑选出最具代表性的样本股票，建立一个反映上海证券市场的概貌和运行状况、具有可操作性和投资性、能够作为投资评价尺度及金融衍生产品基础的基准指数。

上证系列指数从总体上和各个不同侧面反映了上海证券交易所上市股票价格的变动情况，可以反映不同行业的景气状况及其股价整体变动状况，从而给投资者提供不同的投资组合分析参照系。随着证券市场在国民经济中的地位日渐重要，上证系列指数也将逐步成为观察中国经济运行的“晴雨表” 。

为保证指数编制的科学性、指数调整的公开性和样本股选择的公正性，上海证券交易所专门成立指数专家委员会，就指数编制方法、样本股选择和调整、指数运作规范等进行评估和提供咨询意见。

上证系列指数

成分指数	综合指数	行业指数	风格指数	主题指数			基金指数	债券指数
上证180	上证指数	上证能源	180成长	红利指数	上证央企	上证周期	基金指数	国债指数
上证50	新综指	上证材料	180价值	180金融	责任指数	非周期		企债指数
超大盘	A股指数	上证工业	180R成长	治理指数	上证民企	上证龙头		沪公司债
上证中盘	B股指数	上证可选	180R价值	180治理	上证海外	上证商品		沪分离债
上证小盘	工业指数	上证消费	全指成长	180基建	上证地企	上证新兴		
上证中小	商业指数	上证医药	全指价值	180资源	上证国企	上证资源		
上证全指	地产指数	上证金融	全R成长	180交通运输	上证沪企	消费80		
沪企债30	公用指数	上证信息	全R价值					
	综合指数	上证电信						
	中型指数	上证公用						

二、大事记

1月5日　上证180、上证50等指数2009年第一次定期调整。

1月9日　上证180风格指数系列正式对外发布。

4月5日　标智上证50ETF在香港联交所主板正式挂牌上市。

4月23日　上证超级大盘指数正式发布。

7月1日　上证180、上证50等指数2009年第二次定期调整。

7月3日　上证小盘指数、上证中盘指数、上证中小盘指数和上证全指正式发布。

8月5日　上证社会责任指数正式发布。

11月26日　大华上证50中国挂牌基金在新加坡正式交易。

指数基本资料

一、上证系列主要指数年度走势

上证180指数 2009.1.5 – 2009.12.31

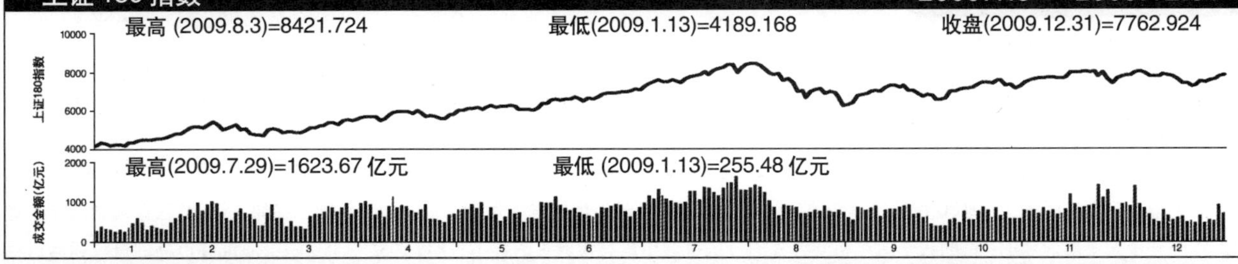

上证50指数 2009.1.5 – 2009.12.31

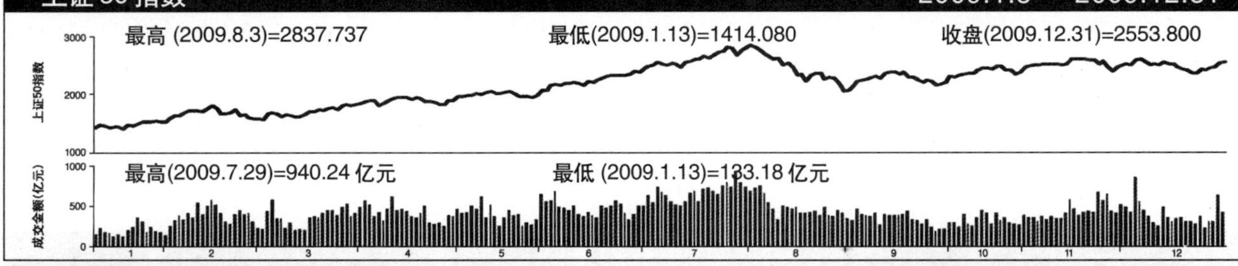

上证综合指数 2009.1.5 – 2009.12.31

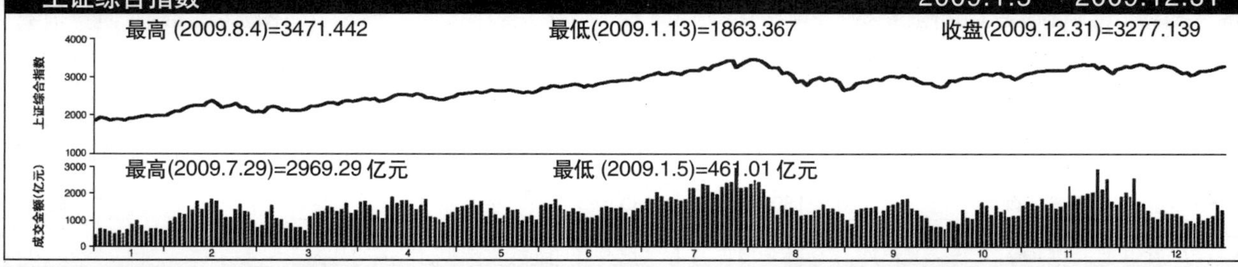

上证超大盘指数 2009.1.5 – 2009.12.31

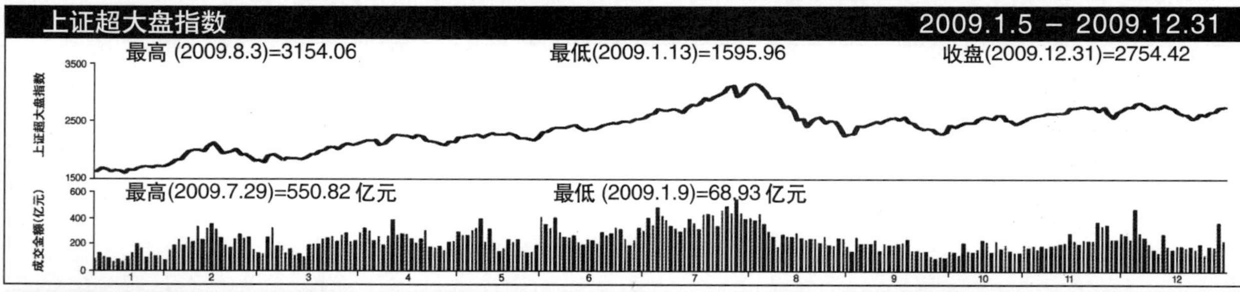

上证中盘指数 2009.1.5 – 2009.12.31

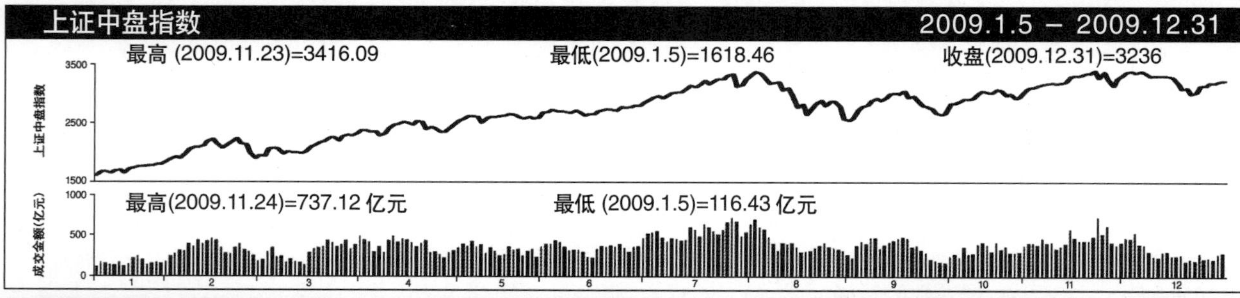

上证小盘指数 2009.1.5 – 2009.12.31

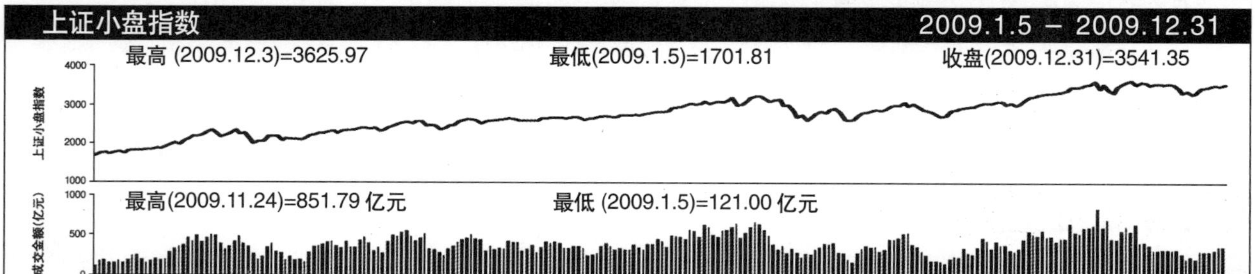

上证中小盘指数 2009.1.5 – 2009.12.31

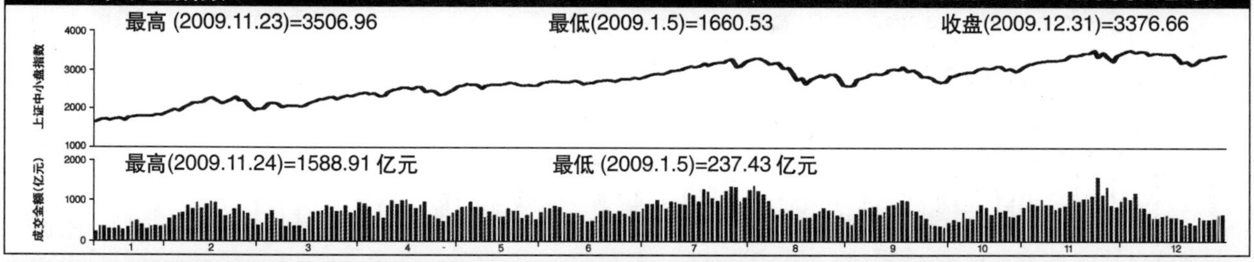

上证全指 2009.1.5 – 2009.12.31

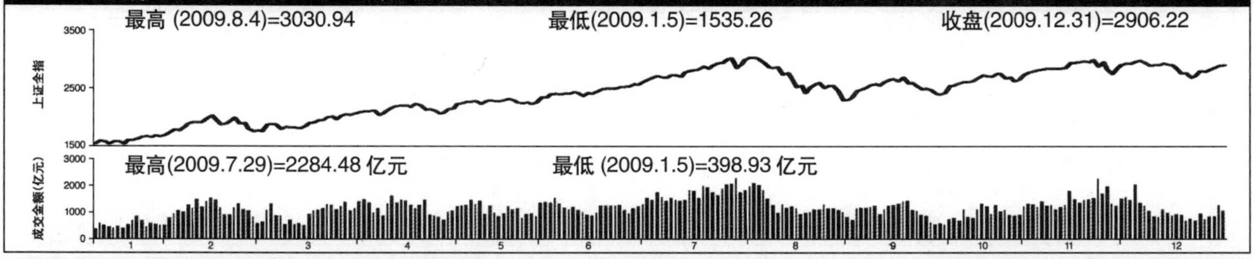

上证治理指数 2009.1.5 – 2009.12.31

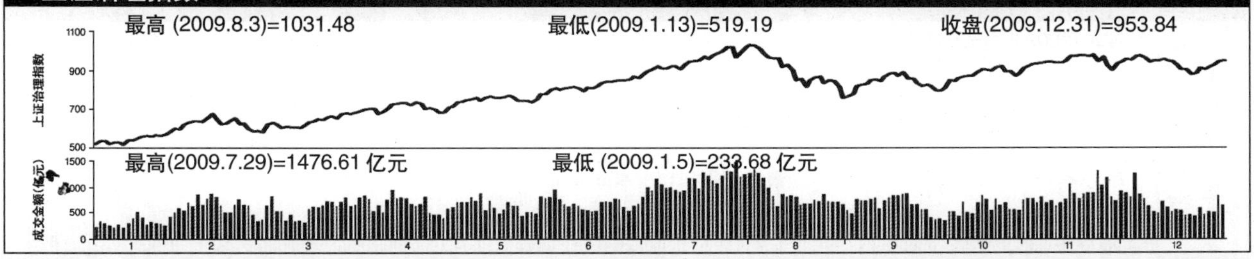

上证责任指数 2009.1.5 – 2009.12.31

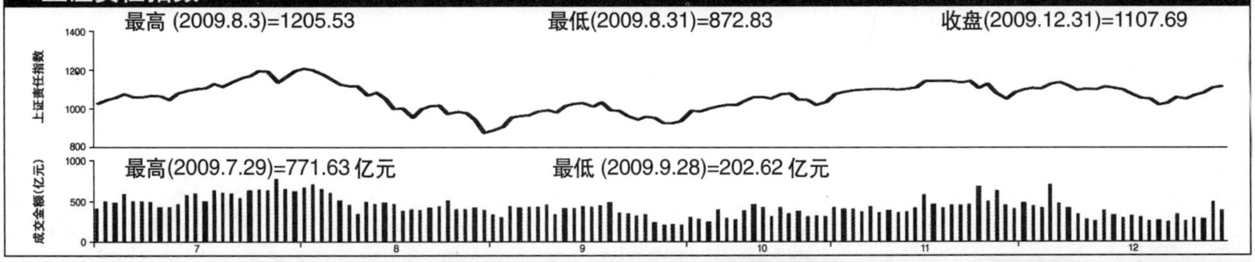

上证基金指数 2009.1.5 – 2009.12.31

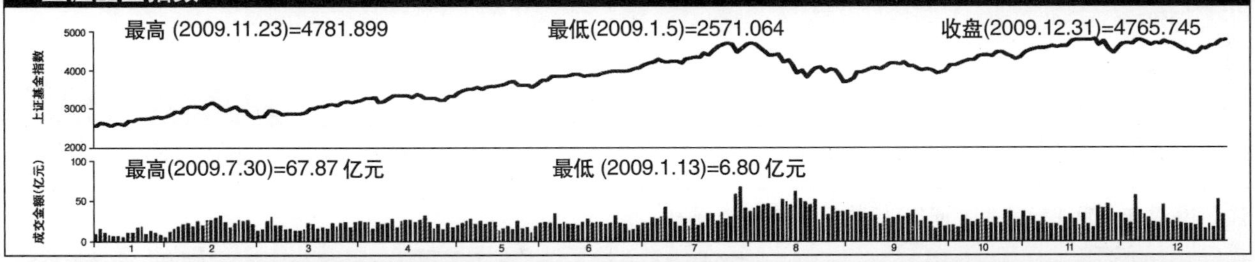

上证国债指数 2009.1.5 – 2009.12.31

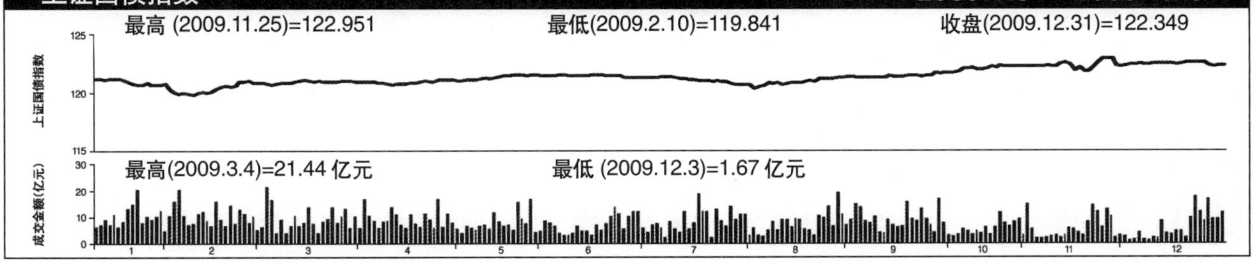

上证企业债指数 2009.1.5 － 2009.12.31

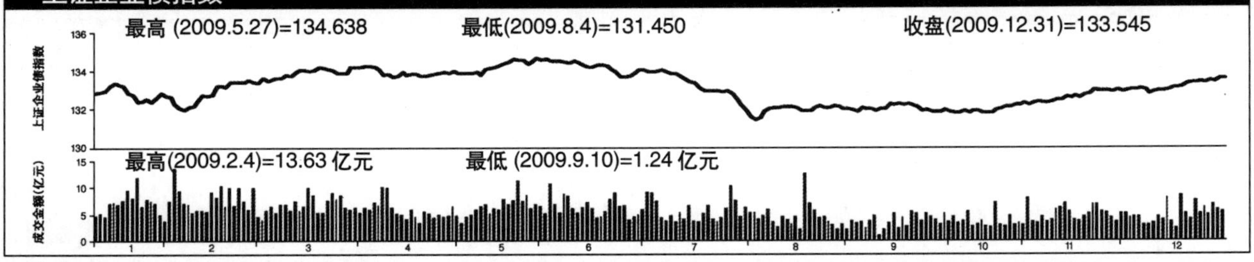

上证红利指数 2009.1.5 － 2009.12.31

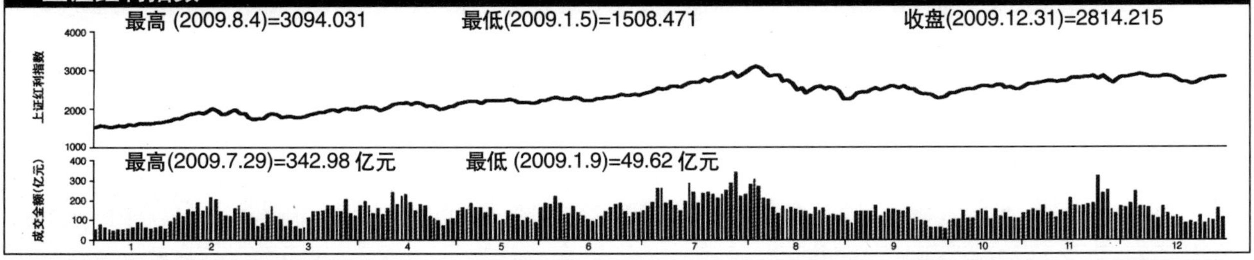

新上证综合指数 2009.1.5 － 2009.12.31

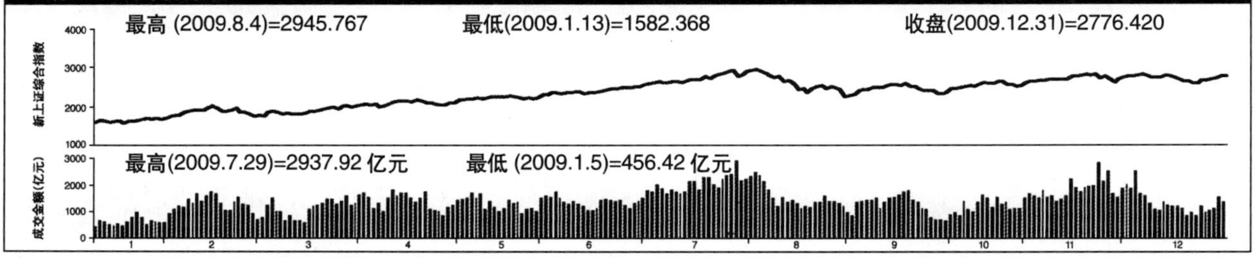

二、上证180指数历史走势(1996.7.1－2009.12.31)

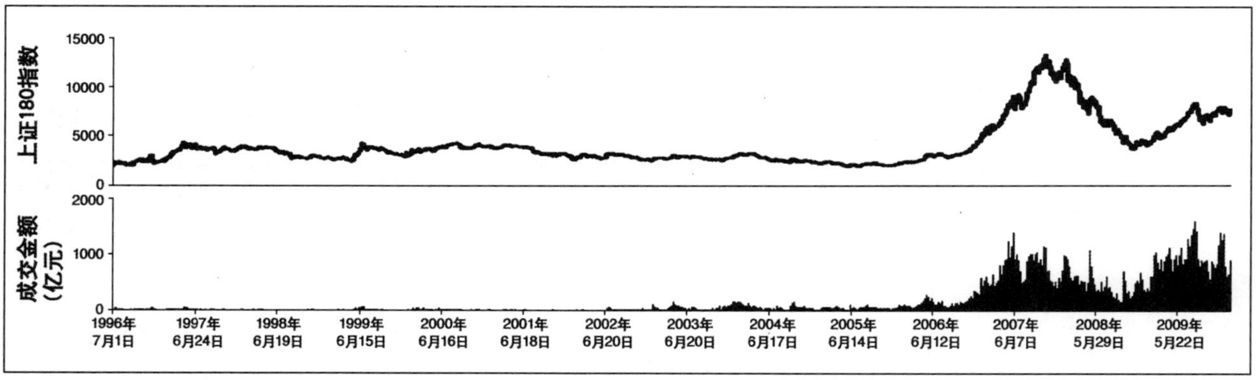

注：2002年7月1日前为上证30指数。

三、上证 180 指数月度表现

月度	开盘	最高	最低	收盘	涨跌	涨跌(%)	成交金额(亿元)	成交股数(亿股)
2009-01	4122.802	4609.317	4098.256	4553.421	505.425	12.49	5589	667
2009-02	4600.378	5483.722	4545.871	4750.614	197.193	4.33	14615	1577
2009-03	4724.432	5578.638	4645.954	5569.988	819.374	17.25	14504	1456
2009-04	5595.399	6024.738	5465.28	5819.492	249.504	4.48	16665	1551
2009-05	5844.06	6317.397	5834.806	6115.651	296.159	5.09	13134	1173
2009-06	6208.107	7133.902	6208.107	7073.513	957.862	15.66	18335	1535
2009-07	7041.704	8397.447	7034.875	8322.987	1249.474	17.66	27912	2103
2009-08	8369.3	8456.564	6205.344	6214.531	−2108.456	−25.33	19182	1434
2009-09	6161.616	7306.946	6155.098	6606.556	392.025	6.31	15406	1181
2009-10	6772.613	7547.864	6757.039	7186.205	579.649	8.77	10460	767
2009-11	7022.127	8057.047	7001.087	7621.678	435.473	6.06	18811	1418
2009-12	7610.216	7991.482	7147.658	7762.924	141.246	1.85	16313	1202

四、上证 180 指数每日表现

日期	开盘	最高	最低	收盘	涨跌	涨跌(%)	成交金额(亿元)	成交股数(亿股)
2009-01-05	4122.802	4206.132	4098.256	4206.132	158.136	3.941	277.92	34.96
2009-01-06	4201.057	4357.227	4185.033	4343.837	137.705	3.27	404.97	49.95
2009-01-07	4347.102	4384.543	4319.486	4320.303	−23.534	−0.54	346.16	42.69
2009-01-08	4236.797	4251.079	4186.962	4215.871	−104.432	−2.42	309.73	39.41
2009-01-09	4211.08	4293.926	4211.08	4280.922	65.051	1.54	270.65	32.95
2009-01-12	4266.775	4344.977	4252.951	4284.446	3.524	0.08	318.02	37.87
2009-01-13	4221.913	4255.866	4186.047	4189.168	−95.278	−2.22	255.48	32.96
2009-01-14	4184.728	4369.673	4184.728	4369.673	180.505	4.31	362.01	41
2009-01-15	4324.775	4416.458	4313.327	4368.184	−1.489	−0.03	470.05	56.61
2009-01-16	4394.917	4539.339	4394.917	4454.613	86.429	1.98	617.78	71.67
2009-01-19	4506.224	4609.317	4471.49	4511.934	57.321	1.29	513.03	62.12
2009-01-20	4497.624	4542.293	4448.853	4540.788	28.854	0.64	325.25	37.87
2009-01-21	4467.707	4596.384	4457.281	4535.698	−5.09	−0.11	412.31	45.28
2009-01-22	4566.618	4596.153	4511.721	4581.084	45.386	1	362.97	41.48
2009-01-23	4570.167	4602.025	4536.858	4553.421	−27.663	−0.6	343.01	40.38
2009-02-02	4600.378	4611.563	4545.871	4605.108	51.687	1.14	317.13	36.08
2009-02-03	4604.432	4717.635	4591.141	4716.887	111.779	2.43	512.95	60.64
2009-02-04	4740.034	4847.894	4737.28	4847.636	130.749	2.77	603.29	71.58
2009-02-05	4842.432	4955.311	4786.568	4819.504	−28.132	−0.58	704.05	81.5
2009-02-06	4836.284	5012.88	4836.284	5004.914	185.41	3.85	645.65	74.85
2009-02-09	5081.953	5146.958	5048.873	5119.075	114.161	2.28	811.49	90.38
2009-02-10	5098.752	5169.282	5040.847	5167.509	48.434	0.95	725.1	80.74
2009-02-11	5080.758	5286.39	5056.781	5178.891	11.382	0.22	991.77	105.01
2009-02-12	5191.189	5207.16	4993.678	5132.505	−46.386	−0.9	799.25	85.05
2009-02-13	5141.417	5315.109	5106.314	5307.009	174.504	3.4	942.38	101.68
2009-02-16	5358.097	5464.323	5320.764	5463.06	156.051	2.94	1037.68	110.54
2009-02-17	5457.78	5483.722	5298.363	5300.168	−162.892	−2.98	968.22	101.35
2009-02-18	5177.243	5252.891	5042.948	5052.962	−247.206	−4.66	767.12	80.89
2009-02-19	5097.193	5152.732	5007.628	5087.167	34.205	0.68	600.35	63.73
2009-02-20	5088.828	5175.741	5031.869	5173.773	86.606	1.7	565.31	59.85
2009-02-23	5142.163	5327.691	5076.066	5306.163	132.39	2.56	749.95	76.29
2009-02-24	5222.592	5289.71	5030.43	5047.37	−258.793	−4.88	852.87	86.33
2009-02-25	5104.028	5130.038	4896.99	5077.536	30.166	0.6	732.07	74.64
2009-02-26	5054.661	5142.096	4797.742	4842.075	−235.461	−4.64	720.27	73.21
2009-02-27	4790.906	4854.384	4707.047	4750.614	−91.461	−1.89	568.57	62.61
2009-03-02	4724.432	4819.04	4670.408	4788.346	37.732	0.79	411.95	42.91
2009-03-03	4665.171	4779.869	4645.954	4723.287	−65.059	−1.36	424.75	45
2009-03-04	4739.319	5055.256	4739.319	5041.169	317.882	6.73	741.42	80.09
2009-03-05	5104.278	5170.007	4990.398	5095.432	54.263	1.08	936.75	99.01
2009-03-06	4994.682	5108.357	4982.229	5044.58	−50.852	−1	596.93	60.83
2009-03-09	5080.171	5153.681	4857.439	4861.194	−183.386	−3.64	601.66	63.85
2009-03-10	4805.018	4955.724	4790.04	4953.624	82.43	1.9	392.07	41.68

日期	开盘	最高	最低	收盘	涨跌	涨跌(%)	成交金额(亿元)	成交股数(亿股)
2009-03-11	5058.316	5066.462	4894.969	4910.83	-42.794	-0.86	514.46	52.27
2009-03-12	4881.094	4909.865	4774.362	4900.848	-9.982	-0.2	384.28	40.82
2009-03-13	4935.132	4981.712	4874.907	4884.881	-15.967	-0.33	390.52	39.32
2009-03-16	4866.308	4983.435	4826.602	4968.886	84.005	1.72	350.04	35.96
2009-03-17	4971.815	5150.161	4959.083	5135.193	166.307	3.35	661.52	67.28
2009-03-18	5164.482	5228.752	5141.242	5147.964	12.771	0.25	712.63	72.4
2009-03-19	5160.229	5266.613	5145.634	5260.266	112.302	2.18	719.71	70.88
2009-03-20	5276.122	5291.779	5175.697	5251.18	-9.086	-0.17	773.08	75.98
2009-03-23	5262.737	5400.408	5243.213	5384.489	133.309	2.54	894.12	81.95
2009-03-24	5475.853	5489.423	5384.79	5409.5	25.011	0.47	866.45	81.92
2009-03-25	5372.963	5461.702	5301.931	5303.598	-105.902	-1.96	752.42	70.49
2009-03-26	5327.644	5494.696	5275.439	5493.878	190.28	3.59	876.93	87.98
2009-03-27	5544.813	5578.638	5502.95	5541.963	48.085	0.88	977.95	102.53
2009-03-30	5548.018	5568.732	5484.667	5513.341	-28.622	-0.52	719.84	69.98
2009-03-31	5405.524	5574.285	5375.744	5569.988	56.647	1.03	804.84	73.02
2009-04-01	5595.399	5694.223	5595.399	5652.376	82.388	1.48	982.37	93.95
2009-04-02	5676.375	5769.077	5674.195	5711.774	59.398	1.05	1017.62	99.29
2009-04-03	5763.219	5801.556	5674.738	5713.804	2.03	0.04	945.25	92.58
2009-04-07	5712.67	5774.19	5652.648	5730.983	17.179	0.3	675.77	64.91
2009-04-08	5698.908	5723.902	5509.886	5510.262	-220.721	-3.85	791.53	76.12
2009-04-09	5508.89	5602.808	5465.28	5601.029	90.767	1.65	619.65	57.85
2009-04-10	5655.442	5772.062	5629.841	5770.979	169.95	3.03	904.42	80.61
2009-04-13	5828.333	5938.297	5819.6	5908.824	137.845	2.39	1128.24	101.66
2009-04-14	5895.834	5958.648	5866.455	5943.127	34.303	0.58	874.88	76.32
2009-04-15	5911.538	5968.902	5828.49	5958.56	15.433	0.26	928.44	84.89
2009-04-16	5964.244	5998.298	5851.917	5952.632	-5.928	-0.1	888.93	83.75
2009-04-17	5923.787	5972.417	5824.292	5876.292	-76.34	-1.28	797.42	70.5
2009-04-20	5858.703	6005.112	5852.546	6001.728	125.436	2.14	730.54	67.29
2009-04-21	5915.805	5978.012	5843.055	5934.381	-67.347	-1.12	823.89	76.64
2009-04-22	5964.15	6024.738	5696.377	5721.759	-212.622	-3.58	938.1	90.15
2009-04-23	5676.114	5772.58	5650.971	5752.007	30.248	0.53	589.35	58.07
2009-04-24	5779.039	5787.324	5696.566	5704.602	-47.405	-0.82	582.68	51.93
2009-04-27	5693.098	5715.359	5548.993	5581.659	-122.943	-2.16	559.71	53.09
2009-04-28	5528.816	5616.338	5514.289	5588.041	6.382	0.11	490.98	44.59
2009-04-29	5590.705	5820.023	5580.072	5795.993	207.952	3.72	691.17	63.2
2009-04-30	5811.231	5859.015	5779.289	5819.492	23.499	0.41	703.55	63.22
2009-05-04	5844.06	6019.848	5834.806	6015.084	195.592	3.36	815.94	76.14
2009-05-05	6059.724	6099.14	6009.886	6040.461	25.377	0.42	803.79	74.77
2009-05-06	6035.415	6135.774	6015.328	6117.872	77.411	1.28	806.65	74.3
2009-05-07	6159.84	6199.838	6060.069	6135.951	18.079	0.3	942.69	87.69
2009-05-08	6105.006	6213.029	6075.288	6192.072	56.121	0.92	839.92	76.68
2009-05-11	6236.535	6317.397	6067.336	6067.336	-124.736	-2.01	1008.43	92.59
2009-05-12	6018.816	6198.68	6011.354	6195.592	128.256	2.11	651.11	64.74
2009-05-13	6202.977	6271.065	6159.223	6252.087	56.495	0.91	880.4	78.07
2009-05-14	6175.176	6222.57	6119.876	6193.404	-58.683	-0.94	682.41	60.25
2009-05-15	6213.318	6244.518	6152.876	6199.027	5.623	0.09	515.59	45.53
2009-05-18	6169.188	6232.418	6078.102	6226.093	27.066	0.44	629.16	54.51
2009-05-19	6286.165	6314.573	6249.905	6290.882	64.789	1.04	808.75	69.54
2009-05-20	6295.476	6303.336	6217.09	6218.437	-72.445	-1.15	719.26	61.77
2009-05-21	6180.41	6215.759	6051.999	6083.492	-134.945	-2.17	740	62.91
2009-05-22	6046.034	6113.042	6019.308	6063.584	-19.908	-0.33	508.67	42.76
2009-05-25	5941.58	6104.058	5927.43	6084.046	20.462	0.34	602.04	50.57
2009-05-26	6098.372	6107.536	6011.113	6013.654	-70.392	-1.16	603.88	49.71
2009-05-27	6043.168	6137.332	6008.882	6115.651	101.997	1.7	575.12	50.91
2009-06-01	6208.107	6368.338	6208.107	6357.064	241.413	3.95	1008.25	84.09
2009-06-02	6400.252	6433.027	6343.037	6364.619	7.555	0.12	961.14	81.19
2009-06-03	6366.652	6546.902	6365.325	6546.308	181.689	2.86	968.8	84.01
2009-06-04	6510.674	6600.353	6457.51	6582.52	36.212	0.55	1132.79	96.63
2009-06-05	6612.16	6633.827	6544.766	6548.756	-33.764	-0.51	925.87	76.61
2009-06-08	6546.841	6662.088	9496.209	6587.962	39.206	0.6	838.6	71.79

日期	开盘	最高	最低	收盘	涨跌	涨跌(%)	成交金额(亿元)	成交股数(亿股)
2009-06-09	6585.282	6616.631	6451.749	6606.267	18.305	0.28	776.9	68.18
2009-06-10	6626.145	6677.294	6613.555	6663.901	57.634	0.87	830.73	72.89
2009-06-11	6649.296	6696.078	6585.193	6609.547	−54.354	−0.82	730.54	63.55
2009-06-12	6596.102	6647.098	6432.349	6485.021	−124.526	−1.88	679.25	60
2009-06-15	6492.679	6626.46	6461.588	6622.121	137.1	2.11	659.81	55.28
2009-06-16	6554.502	6649.206	6538.789	6601.473	−20.648	−0.31	622.58	49.45
2009-06-17	6593.485	6718.638	6522.497	6702.333	100.86	1.53	697.96	54.55
2009-06-18	6712.365	6830.217	6711.353	6823.614	121.281	1.81	873.64	70.52
2009-06-19	6835.282	6894.428	6807.158	6877.425	53.811	0.79	845.48	74.99
2009-06-22	6941.939	6972.633	6871.402	6893.007	15.582	0.23	887.66	75.91
2009-06-23	6787.563	7009.678	6773.118	6903.668	10.661	0.16	936.8	82.89
2009-06-24	6890.298	6963.348	6854.601	6960.8	57.132	0.83	926.1	77.04
2009-06-25	6969.783	7011.46	6921.805	6953.043	−7.757	−0.11	765.89	58.66
2009-06-26	6970.988	6998.295	6935.24	6980.374	27.331	0.39	938.19	51.67
2009-06-29	6990.781	7102.586	6970.937	7097.232	116.858	1.67	763.33	62.38
2009-06-30	7124.498	7133.902	7057.483	7073.513	−23.719	−0.33	874.35	63.9
2009-07-01	7041.704	7249.744	7034.875	7241.982	168.469	2.38	978.06	75
2009-07-02	7267.958	7363.788	7267.593	7357.081	115.099	1.59	1160.77	88.29
2009-07-03	7294.454	7448.797	7278.984	7446.176	89.095	1.21	1085.48	82.09
2009-07-06	7456.064	7556.715	7456.064	7543.571	97.395	1.31	1304.67	102.41
2009-07-07	7530.372	7573.13	7424.888	7453.415	−90.156	−1.2	1153.63	95.8
2009-07-08	7375.03	7499.381	7255.77	7459.767	6.352	0.09	1075.1	85.16
2009-07-09	7445.747	7553.556	7406.916	7552.344	92.577	1.24	1038.14	80.48
2009-07-10	7558.131	7608.015	7494.45	7538.835	−13.509	−0.18	981.47	74.5
2009-07-13	7490.983	7528.85	7421.937	7425.473	−113.362	−1.5	947.51	72.67
2009-07-14	7454.637	7645.077	7454.637	7644.593	219.12	2.95	1010.13	77.78
2009-07-15	7675.044	7749.151	7675.044	7738.153	93.56	1.22	1269.08	98.57
2009-07-16	7794.419	7867.056	7732.708	7767.731	29.578	0.38	1262.6	94.18
2009-07-17	7764.46	.7826.299	7722.411	7804.079	36.348	0.47	1057.88	78.65
2009-07-20	7835.64	7973.48	7794.175	7960.873	156.794	2.01	1362.47	100.34
2009-07-21	7995.303	8024.298	7836.851	7852.18	−108.693	−1.37	1338.24	96.62
2009-07-22	7843.382	8015.163	7842.654	8013.086	160.906	2.05	1245.92	86.29
2009-07-23	8027.372	8126.429	7983.161	8120.181	107.095	1.34	1170.39	86.17
2009-07-24	8165.324	8206.17	7997.622	8170.5	50.319	0.62	1332	96.51
2009-07-27	8198.144	8350.976	8181.763	8349.425	178.925	2.19	1473.02	104.14
2009-07-28	8347.792	8357.88	8249.75	8356.275	6.85	0.08	1467.88	107.27
2009-07-29	8322.311	8397.447	7681.367	7924.389	−431.886	−5.17	1623.67	124.58
2009-07-30	7995.857	8162.721	7838.279	8112.103	187.714	2.37	1284.38	98.95
2009-07-31	8193.137	8328.827	8110.958	8322.987	210.884	2.6	1289.37	96.78
2009-08-03	8369.3	8430.867	8274.988	8421.724	98.737	1.19	1346.2	96.7
2009-08-04	8456.564	8456.564	8242.08	8401.154	−20.57	−0.24	1428.77	102.78
2009-08-05	8388.072	8395.837	8183.761	8282.559	−118.595	−1.41	1364.69	98.84
2009-08-06	8207.896	8279.277	7970.628	8108.719	−173.84	−2.1	1249.66	85.73
2009-08-07	8094.55	8164.064	7852.223	7891.406	−217.313	−2.68	1031.02	72.26
2009-08-10	7966.591	8015.092	7723.941	7852.405	−39.001	−0.49	880.77	61.66
2009-08-11	7883.594	7896.511	7765.215	7866.627	14.222	0.18	648.06	45.43
2009-08-12	7847.082	7847.082	7498.974	7512.042	−354.585	−4.51	926.1	66.9
2009-08-13	7513.077	7627.903	7380.165	7609.548	97.506	1.3	883.56	64.34
2009-08-14	7601.035	7632.271	7365.94	7396.977	−212.571	−2.79	887.1	64.41
2009-08-17	7257.57	7346.227	6945.489	6954.664	−442.313	−5.98	865.38	67.3
2009-08-18	6891.605	7048.889	6810.731	7014.135	59.471	0.86	714.25	56.39
2009-08-19	7026.581	7036.938	6581.347	6652.392	−361.743	−5.16	723.14	58.53
2009-08-20	6676.676	6953.954	6676.676	6950.731	298.339	4.49	741.35	56.62
2009-08-21	6933.122	7120.399	6881.527	7076.875	126.144	1.82	797.57	63.16
2009-08-24	7122.212	7141.499	7013.433	7114.006	37.131	0.53	775.35	58.17
2009-08-25	7071.405	7071.405	6627.727	6832.33	−281.676	−3.96	903.83	71.95
2009-08-26	6770.14	7026.214	6728.74	6952.44	120.11	1.76	750.99	58.73
2009-08-27	6908.421	7035.853	6830.405	6918.144	−34.296	−0.49	729.68	58.88
2009-08-28	6909.791	6942.961	6639.406	6679.189	−238.955	−3.45	796.24	64.13
2009-08-31	6584.33	6584.33	6205.344	6214.531	−464.658	−6.96	737.98	60.92

日期	开盘	最高	最低	收盘	涨跌	涨跌(%)	成交金额(亿元)	成交股数(亿股)
2009-09-01	6161.616	6383.703	6155.098	6259.513	44.982	0.72	616.99	51.52
2009-09-02	6221.846	6404.138	6196.321	6378.146	118.633	1.9	548.87	44.89
2009-09-03	6395.407	6741.428	6376.637	6723.12	344.974	5.41	855.4	68.36
2009-09-04	6732.875	6827.963	6692.55	6773.136	50.016	0.74	833.81	63.69
2009-09-07	6821.528	6935.067	6774.541	6829.972	56.836	0.84	801.01	60.32
2009-09-08	6788.081	6974.383	6702.588	6973.279	143.307	2.1	851.01	61.37
2009-09-09	7011.163	7049.976	6908.954	7015.531	42.252	0.61	892.42	63.92
2009-09-10	6986.695	7039.671	6924.067	6949.155	−66.376	−0.95	627.77	47.58
2009-09-11	6929.729	7166.933	6929.729	7137.968	188.813	2.72	798.11	60.6
2009-09-14	7157.47	7254.65	7134.044	7239.528	101.56	1.42	809.11	62.07
2009-09-15	7250.048	7305.867	7172.447	7252.064	12.536	0.17	824.61	62.94
2009-09-16	7222.459	7234.491	7045.078	7140.294	−111.77	−1.54	866.81	62.45
2009-09-17	7183.094	7302.167	7183.094	7281.83	141.536	1.98	889.89	67.03
2009-09-18	7292.535	7306.946	6957.224	7016.719	−265.111	−3.64	909.9	72.36
2009-09-21	6936.765	7027.179	6770.773	7019.39	2.671	0.04	697.2	52.92
2009-09-22	6991.896	7072.811	6842.595	6843.2	−176.19	−2.51	701.87	52.83
2009-09-23	6847.215	6912.262	6664.77	6703.817	−139.383	−2.04	614.25	47.27
2009-09-24	6666.121	6859.593	6571.392	6770.802	66.985	1	629.39	48.48
2009-09-25	6717.246	6788.556	6653.127	6723.841	−46.961	−0.69	454.52	34.91
2009-09-28	6741.122	6782.161	6495.55	6525.983	−197.858	−2.94	390.77	30.74
2009-09-29	6534.797	6596.013	6433.551	6537.665	11.682	0.18	404.81	33.74
2009-09-30	6587.373	6669.73	6568.027	6606.556	68.891	1.05	387.99	30.97
2009-10-09	6772.613	6961.912	6757.039	6959.877	353.321	5.35	542.35	41.48
2009-10-12	7005.45	7026.266	6923.349	6924.996	−34.881	−0.5	574.08	41.96
2009-10-13	6907.952	7039.417	6901.217	7034.343	109.347	1.58	478.38	35.76
2009-10-14	7058.54	7209.98	7046.37	7101.077	66.734	0.95	765.48	56.9
2009-10-15	7172.702	7237.288	7099.087	7127.858	26.781	0.38	557.78	40.42
2009-10-16	7151.269	7191.321	7014.232	7131.61	3.752	0.05	544.48	39.37
2009-10-19	7121.41	7314.434	7095.776	7309.502	177.892	2.49	757.63	53.51
2009-10-20	7371.362	7430.361	7344.615	7420.34	110.838	1.52	876.77	63.61
2009-10-21	7412.651	7497.249	7372.491	7394.811	−25.529	−0.34	799.97	59.3
2009-10-22	7385.097	7421.4	7336.233	7344.56	−50.251	−0.68	599.86	43.35
2009-10-23	7361.443	7547.864	7361.443	7495.707	151.147	2.06	837.83	62.98
2009-10-26	7515.522	7539.356	7436.726	7498.116	2.409	0.03	656.86	47.51
2009-10-27	7431.213	7447.637	7279.595	7281.064	−217.052	−2.9	728.36	52.47
2009-10-28	7260.785	7325.196	7143.628	7293.993	12.929	0.18	584.86	53.32
2009-10-29	7151.234	7206.499	7090.226	7110.82	−183.173	−2.51	579.19	42.42
2009-10-30	7242.355	7295.901	7177.038	7186.205	75.385	1.06	576.27	42.33
2009-11-02	7022.127	7441.635	7001.087	7435.936	249.731	3.48	778.27	58.52
2009-11-03	7459.109	7557.758	7446.367	7526.901	90.965	1.22	776.14	56.55
2009-11-04	7545.251	7617.249	7480.519	7570.566	43.665	0.58	779.49	57.76
2009-11-05	7581.342	7618.347	7530.533	7595.207	24.641	0.33	704.18	57.32
2009-11-06	7659.204	7682.141	7613.682	7631.618	36.411	0.48	848.58	65.62
2009-11-09	7642.446	7657.487	7557.335	7655.548	23.93	0.31	763.68	55.54
2009-11-10	7709.962	7735.235	7657.286	7662.873	7.325	0.1	797.67	59.04
2009-11-11	7655.737	7682.267	7584.021	7640.436	−22.437	−0.29	693.51	51.09
2009-11-12	7668.387	7715.161	7615.384	7642.349	1.913	0.03	722.44	56.97
2009-11-13	7624.159	7690.224	7526.287	7687.762	45.413	0.59	822.63	65.27
2009-11-16	7736.647	7925.74	7736.647	7924.504	236.742	3.08	1173.97	89.8
2009-11-17	7965.883	7983.492	7921.556	7936.096	11.592	0.15	939.53	71.64
2009-11-18	7949.196	7994.986	7907.232	7943.544	7.448	0.09	836.73	64.56
2009-11-19	7961.188	7994.711	7880.613	7960.399	16.855	0.21	871.5	67.74
2009-11-20	7934.351	7987.238	7856.813	7923.153	−37.246	−0.47	901.13	68.61
2009-11-23	7936.912	7990.409	7908.112	7988.031	64.878	0.82	932.16	65.42
2009-11-24	8023.349	8057.047	7720.236	7739.134	−248.897	−3.12	1412.51	104.53
2009-11-25	7729.413	7907.856	7644.935	7905.968	166.834	2.16	1103.38	83.27
2009-11-26	7918.943	7939.039	7561.761	7588.005	−317.963	−4.02	1283.79	94.17
2009-11-27	7497.868	7570.049	7329.983	7360.041	−227.964	−3	871.37	63.43
2009-11-30	7432.257	7622.16	7419.319	7621.678	261.637	3.56	798.83	60.79
2009-12-01	7610.216	7730.516	7553.56	7717.324	95.646	1.26	947.02	72.73

日期	开盘	最高	最低	收盘	涨跌	涨跌(%)	成交金额(亿元)	成交股数(亿股)
2009-12-02	7762.702	7822.763	7743.54	7800.557	83.233	1.08	966.89	70.73
2009-12-03	7800.776	7808.82	7695.373	7780.79	-19.767	-0.25	901.4	64.16
2009-12-04	7757.932	7942.282	7680.567	7939.924	159.134	2.05	1392.41	101.25
2009-12-07	7935.525	7991.482	7906.849	7981.561	41.637	0.52	951.69	67.96
2009-12-08	7982.394	7983.208	7800.022	7869.648	-111.913	-1.4	839.33	61.17
2009-12-09	7767.332	7817.452	7674.163	7699.943	-169.705	-2.16	684.61	49.66
2009-12-10	7757.628	7797.928	7672.188	7745.344	45.401	0.59	544.56	40.49
2009-12-11	7767.113	7824.592	7724.878	7735.799	-9.545	-0.12	499.68	38.33
2009-12-14	7726.594	7867.704	7564.549	7836.1	100.301	1.3	794.95	61.64
2009-12-15	7794.338	7847.774	7753.481	7766.57	-69.53	-0.89	669.73	48.85
2009-12-16	7731.955	7836.399	7704.276	7728.291	-38.279	-0.49	564.17	41.37
2009-12-17	7754.774	7778.392	7549.552	7557.619	-170.672	-2.21	609.68	46.42
2009-12-18	7491.725	7508.243	7365.894	7387.668	-169.951	-2.25	624.48	48.65
2009-12-21	7372.365	7408.696	7293.578	7380.78	-6.888	-0.09	493.19	35.68
2009-12-22	7390.814	7397.27	7156.391	7181.409	-199.371	-2.7	526.85	39.42
2009-12-23	7177.425	7250.399	7147.658	7235.876	54.467	0.76	478.91	35.48
2009-12-24	7255.95	7454.855	7235.998	7440.395	204.519	2.83	565.63	46.7
2009-12-25	7428.484	7444.13	7370.7	7393.675	-46.72	-0.63	463.73	33.15
2009-12-28	7411.834	7548.735	7411.834	7513.674	119.999	1.62	548.2	39.59
2009-12-29	7519.276	7571.38	7460.048	7569.117	55.443	0.74	527	39.07
2009-12-30	7578.004	7734.508	7565.518	7726.04	156.923	2.07	910.9	67.19
2009-12-31	7736.639	7780.637	7699.666	7762.924	36.884	0.48	717.42	52.61

五、上证180指数月度成分股价格变动表

月度	价格上涨股票数量	价格上涨股票比率	价格未变股票数量	价格未变股票比率	价格下跌股票数量	价格下跌股票比率
2009-01	165	91.67%	4	2.22%	11	6.11%
2009-02	127	70.56%	3	1.67%	50	27.78%
2009-03	174	96.67%	1	0.56%	5	2.78%
2009-04	121	67.22%	1	0.56%	58	32.22%
2009-05	124	68.89%	0	0.00%	56	31.11%
2009-06	152	84.44%	1	0.56%	27	15.00%
2009-07	173	96.11%	0	0.00%	7	3.89%
2009-08	7	3.89%	0	0.00%	173	96.11%
2009-09	121	67.22%	0	0.00%	59	32.78%
2009-10	172	95.56%	0	0.00%	8	4.44%
2009-11	163	90.56%	1	0.56%	16	8.89%
2009-12	74	41.44%	2	1.11%	102	56.67%

六、上证180指数市盈率和股息率比较

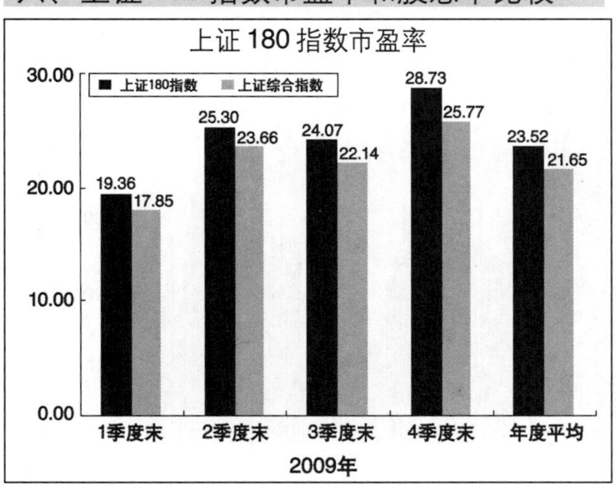

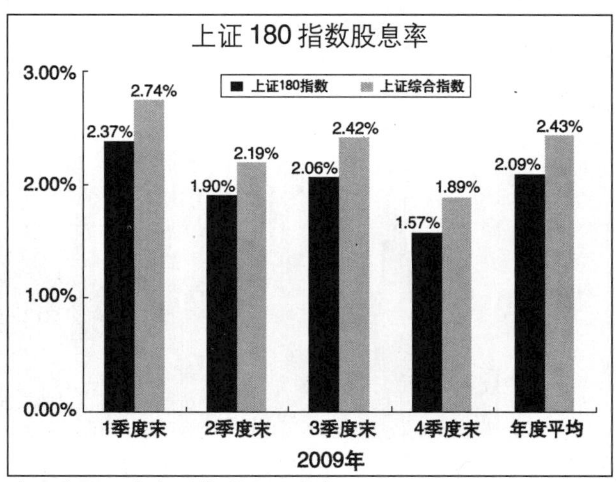

注：本图股息率系指现金股息率。

指数市场覆盖

一、上证180指数月末规模

月度	发行股本(亿股)	流通股本(亿股)	市价总值(亿元)	流通市值(亿元)	市盈率(倍)
2009–1	12364.58	3190.64	87611.73	26472.63	15.21
2009–2	12364.58	3216.33	91166.56	27820.41	15.82
2009–3	12366.81	3295.89	102846.81	33962.06	17.85
2009–4	12371.62	3399.75	106842.75	36351.59	18.54
2009–5	12417.29	3569.6	113841.34	39873.91	20.71
2009–6	12481.58	3652.3	129769.57	46361.75	23.66
2009–7	12697.82	5462.09	152792.26	64201.53	27.45
2009–8	12709.6	5680.57	117780.58	50173.78	21.12
2009–9	12728.9	5773.76	123275.08	53773.8	22.14
2009–10	12738.69	8858.58	132346.72	77599.21	23.76
2009–11	12771.11	8890.22	139267.87	82174.48	25.05
2009–12	12750.73	9013.82	143086	87082.7	25.77

二、上证180指数年末市场覆盖率和行业分布

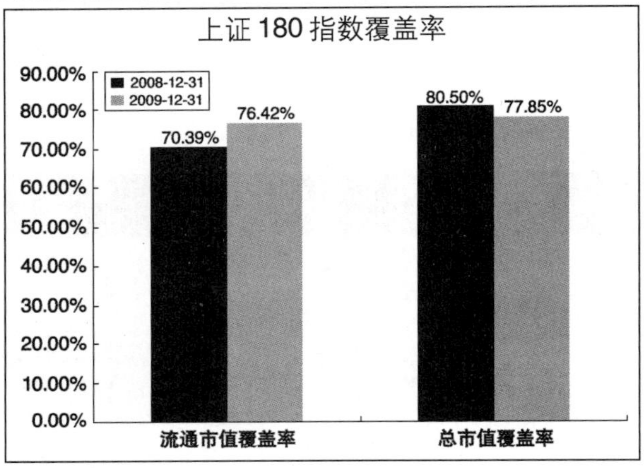

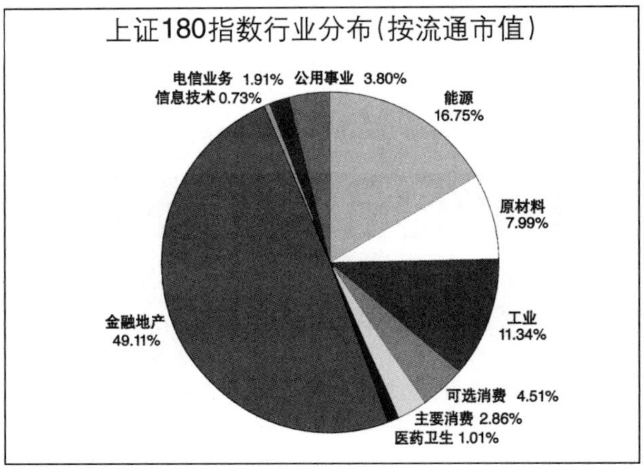

三、上证180指数年度成交额及占市场比例

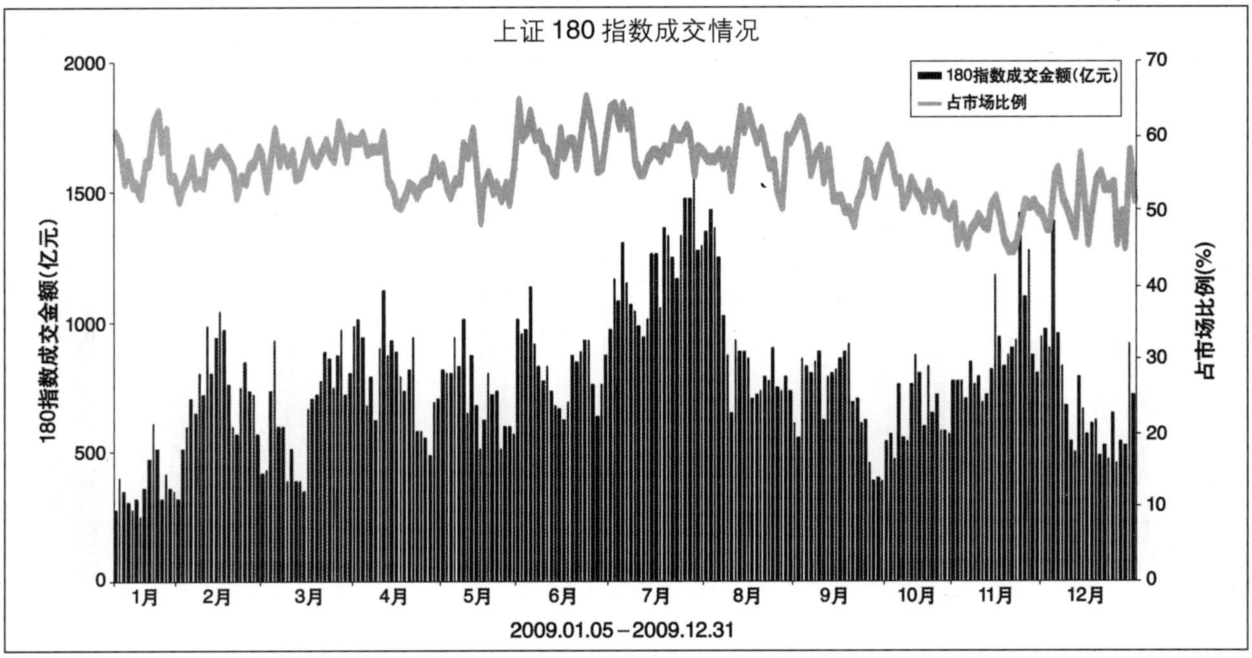

四、上证180指数年末行业覆盖率

行业	股票数目	占行业比例(%)	流通市值(亿元)	占行业比例(%)
能源	17	58.62	14588.04	96.73
原材料	24	15.29	6959.84	58.69
工业	36	17.22	9871.26	57.91
可选消费	16	10.06	3927.03	44.48
主要消费	10	15.63	2487.18	50.75
医药卫生	7	10.94	875.48	25.30
金融地产	46	48.42	42762.78	96.76
信息技术	7	14.29	639.92	28.03
电信业务	3	14.29	1659.5777	73.97
公用事业	12	25.53	3311.6	73.42

与其他指数比较

一、年度上证180指数与其他主要指数基本指标的比较

	上证180指数	上证A股指数	上证综合指数
指数的涨跌点数	3714.928	1525.668	1456.334
涨跌幅	91.77%	79.80%	79.98%
样本股日均成交额(万元)	43960.03	16616.8	15692.05
换手率	365.38%	511.46%	504.37%
日收益率标准差	2.06%	1.90%	1.90%
指数日收益相关系数	100.00%	98.75%	98.75%

二、上证180指数与其他主要指数样本股财务指标比较(2009年年报)

	上证180指数	上证A股指数	上证综合指数
税后利润(亿元)	8449.1	9213.42	9266.39
股东权益(亿元)	60315.78	71093.06	72388.73
每股收益(元)	0.45	0.41	0.4
每股净资产(元)	3.24	3.15	3.15
净资产收益率	14.01%	12.96%	12.80%
股东权益比率	12.03%	13.43%	13.59%
资产负债比率	87.97%	86.57%	86.41%
资产报酬率	1.56%	1.60%	1.60%

样本股表现

一、上证180指数年度十大涨跌成分股

代码	简称	涨跌(%)	代码	简称	涨跌(%)
600104	上海汽车	388.53	601186	中国铁建	–8.07
600432	吉恩镍业	348.40	600900	长江电力	–5.62
600997	开滦股份	338.80			
601699	潞安环能	325.70			
600362	江西铜业	305.85			
601001	大同煤业	299.77			
600166	福田汽车	296.69			
600111	包钢稀土	290.60			
600660	福耀玻璃	284.06			
600123	兰花科创	273.36			

二、上证180指数年度十大成交成分股

代码	简称	成交金额(亿元)
600030	中信证券	8287.34
600837	海通证券	5465.16
600036	招商银行	4972.98
601899	紫金矿业	4720.63
600000	浦发银行	4417.91
601318	中国平安	3936.85
600050	中国联通	3579.63
600016	民生银行	3460.91
600547	山东黄金	2954.93
601088	中国神华	2823.16

代码	简称	成交股数(亿股)
601398	工商银行	591.8
600050	中国联通	559.28
600016	民生银行	517.2
601899	紫金矿业	485.05
601939	建设银行	398.28
600837	海通证券	375.49
601766	中国南车	334.84
600019	宝钢股份	315.62
600005	武钢股份	312.05
600030	中信证券	300.68

三、上证180指数年末十大总市值成分股

代码	简称	总市值(亿元)	行业	占180指数行业比例	总市值占180股票市值比例	总市值占A股股票市值比例
601857	中国石油	22377.63	能源	50.21%	15.64%	12.17%
601398	工商银行	13652.35	金融地产	24.24%	9.54%	7.43%
600028	中国石化	9852	能源	22.11%	6.89%	5.36%
601988	中国银行	7699.56	金融地产	13.67%	5.38%	4.19%
601628	中国人寿	6598.98	金融地产	11.72%	4.61%	3.59%
601088	中国神华	5742.18	能源	12.88%	4.01%	3.12%
600036	招商银行	2826.43	金融地产	5.02%	1.98%	1.54%
601318	中国平安	2636.83	金融地产	4.68%	1.84%	1.43%
601328	交通银行	2424.45	金融地产	4.3%	1.69%	1.32%
601998	中信银行	2191.78	金融地产	3.89%	1.53%	1.19%

四、上证180指数年末十大权重成分股

代码	简称	总市值(亿元)	自由流通市值(亿元)	权重%	行业
600036	招商银行	2826.43	1978.50	4.865	金融地产
601328	交通银行	2424.45	1697.11	4.173	金融地产
601318	中国平安	2636.83	1582.10	3.89	金融地产
600016	民生银行	1488.90	1488.90	3.661	金融地产
600030	中信证券	2106.50	1474.55	3.626	金融地产
601166	兴业银行	2015.50	1410.85	3.469	金融地产
600000	浦发银行	1915.24	1149.14	2.826	金融地产
601088	中国神华	5742.18	1148.44	2.824	能源
601169	北京银行	1204.41	843.09	2.073	金融地产
601601	中国太保	1613.65	806.83	1.984	金融地产

五、上证180指数年末样本股分布

股价分布	股票数目	占市场比例	流通市值(亿元)	占市场比例
小于5元	4	28.5714%	8190.49	89.43%
5～10元	46	13.9818%	29173.03	76.09%
10～20元	75	20.7756%	27380.14	72.42%
20～30元	29	28.1553%	8524.41	65.99%
30元以上	24	53.3333%	13814.64	87.86%

规模分布	股票数目	占市场比例	流通市值(亿元)	占市场比例
10亿元以下	0	0%	0	0%
10～20亿元	0	0%	0	0%
20～30亿元	1	0.625%	24.77	0.63%
30～50亿元	8	4.6784%	319.7	4.8%
50～100亿元	44	26.6667%	3330.41	29.74%
100亿元以上	125	74.8503%	83407.83	93.18%

样本股名单

一、上证180指数年度样本股调整情况

新增的180样本股（09年1月5日起生效）

代码	名称	代码	名称
600052	浙江广厦	600737	中粮屯河
600138	中青旅	600804	鹏博士
600150	中国船舶	600816	安信信托
600162	香江股份	600875	东方电气
600251	冠农股份	601186	中国铁建
600376	首开股份	601699	潞安环能
600533	栖霞建设	601898	中煤能源
600643	爱建股份	601899	紫金矿业
600655	豫园商城	601958	金钼股份

剔除的180样本股（09年1月5日起生效）

代码	名称	代码	名称
600006	东风汽车	600316	洪都航空
600020	中原高速	600350	山东高速
600075	新疆天业	600418	江淮汽车
600098	广州控股	600597	光明乳业
600103	青山纸业	600606	金丰投资
600130	波导股份	600621	上海金陵
600166	福田汽车	600877	中国嘉陵
600186	莲花味精	600884	杉杉股份
600267	海正药业	600961	株冶集团

新增的180样本股（09年7月1日起生效）

代码	名称	代码	名称
600022	济南钢铁	600518	康美药业
600068	葛洲坝	600596	新安股份
600166	福田汽车	600622	嘉宝集团
600239	云南城投	600718	东软集团
600246	万通地产	600736	苏州高新
600295	鄂尔多斯	600867	通化东宝
600395	盘江股份	600997	开滦股份
600438	通威股份	601727	上海汽车
600498	烽火通信	601766	中国南车

剔除的180样本股（09年7月1日起生效）

代码	名称	代码	名称
600072	中船股份	600488	天药股份
600110	中科英华	600591	*ST上航
600115	ST东航	600653	申华控股
600117	西宁特钢	600747	大连控股
600171	上海贝岭	600764	中电广通
600210	紫江企业	600830	香溢融通
600289	亿阳信通	600851	海欣股份
600380	健康元	600887	*ST伊利
600467	好当家	601003	柳钢股份

二、上证180指数样本股行业分类名单

	代码	名称	代码	名称	代码	名称	代码	名称
能源	600028	中国石化	600123	兰花科创	600188	兖州煤业	600348	国阳新能
	600395	盘江股份	600508	上海能源	600583	海油工程	600688	S上石化
	600997	开滦股份	601001	大同煤业	601088	中国神华	601666	平煤股份
	601699	潞安环能	601808	中海油服	601857	中国石油	601898	中煤能源
	601918	国投新集						
原材料	600005	武钢股份	600010	包钢股份	600019	宝钢股份	600022	济南钢铁
	600096	云天化	600111	包钢稀土	600219	南山铝业	600307	酒钢宏兴
	600309	烟台万华	600331	宏达股份	600362	江西铜业	600432	吉恩镍业
	600456	宝钛股份	600489	中金黄金	600497	驰宏锌锗	600547	山东黄金
	600585	海螺水泥	600596	新安股份	600808	马钢股份	600881	亚泰集团
	601168	西部矿业	601600	中国铝业	601899	紫金矿业	601958	金钼股份
工业	600009	上海机场	600018	上港集团	600026	中海发展	600029	南方航空
	600031	三一重工	600033	福建高速	600058	五矿发展	600068	葛洲坝
	600089	特变电工	600150	中国船舶	600153	建发股份	600221	海南航空
	600256	广汇股份	600269	赣粤高速	600320	振华重工	600428	中远航运
	600500	中化国际	600528	中铁二局	600550	天威保变	600611	大众交通
	600685	广船国际	600717	天津港	600739	辽宁成大	600755	厦门国贸
	600875	东方电气	600879	航天电子	601006	大秦铁路	601111	中国国航
	601186	中国铁建	601333	广深铁路	601390	中国中铁	601727	上海电子
	601766	中国南车	601866	中海集运	601872	招商轮船	601919	中国远洋

	代码	名称	代码	名称	代码	名称	代码	名称
可选消费	600037	歌华有线	600104	上海汽车	600138	中 青 旅	600166	福田汽车
	600177	雅 戈 尔	600220	江苏阳光	600295	鄂尔多斯	600631	百联股份
	600655	豫园商城	600660	福耀玻璃	600690	青岛海尔	600694	大商股份
	600723	西单商场	600811	东方集团	600832	东方明珠	600839	四川长虹
主要消费	600108	亚盛集团	600127	金健米业	600251	冠农股份	600438	通威股份
	600519	贵州茅台	600598	北 大 荒	600600	青岛啤酒	600737	中粮屯河
	600779	水 井 坊	600872	中炬高新				
医药卫生	600085	同 仁 堂	600161	天坛生物	600196	复星医药	600216	浙江医药
	600518	康美药业	600812	华北制药	600867	通化东宝		
金融地产	600000	浦发银行	600007	中国国贸	600015	华夏银行	600016	民生银行
	600030	中信证券	600036	招商银行	600048	保利地产	600052	浙江广厦
	600064	南京高科	600109	国金证券	600158	中体产业	600162	香江控股
	600208	新湖中宝	600239	云南城投	600246	万通地产	600266	北京城建
	600322	天房发展	600325	华发股份	600376	首开股份	600383	金地集团
	600533	栖霞建设	600622	嘉宝集团	600638	新 黄 浦	600639	浦东金桥
	600641	万业企业	600643	爱建股份	600663	陆 家 嘴	600675	中华企业
	600736	苏州高新	600748	上实发展	600816	安信信托	600823	世茂股份
	600837	海通证券	600895	张江高科	601009	南京银行	601166	兴业银行
	601169	北京银行	601318	中国平安	601328	交通银行	601398	工商银行
	601588	北辰实业	601601	中国太保	601628	中国人寿	601939	建设银行
	601988	中国银行	601998	中信银行				
信息技术	600100	同方股份	600151	航天机电	600183	生益科技	600601	方正科技
	600718	东软集团	600770	综艺股份	600797	浙大网新		
电信业务	600050	中国联通	600498	烽火通信	600804	鹏 博 士		
公用事业	600008	首创股份	600011	华能国际	600027	华电国际	600236	桂冠电力
	600635	大众公用	600642	申能股份	600649	城投股份	600674	川投能源
	600795	国电电力	600886	国投电力	600900	长江电力	601991	大唐发电

指数基金情况

华安上证180交易型开放式指数证券投资基金单位净值和万家180指数证券投资基金单位净值

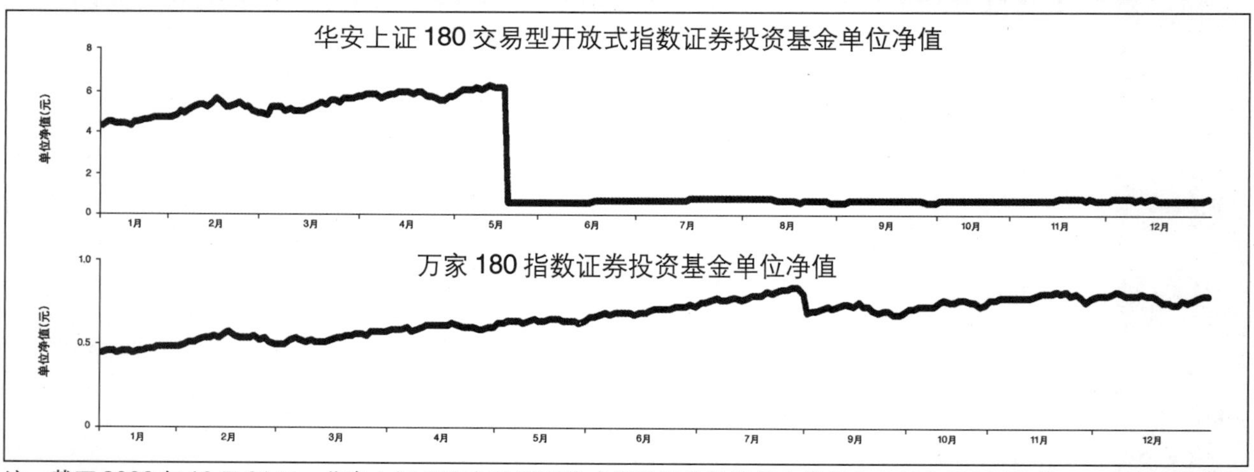

注：截至2009年12月31日，华安上证180交易型开放式指数证券投资基金份额为5,282,226,740份，万家180指数证券投资基金份额为9,505,971,971份。

上证180指数公司报表

各公司报表

上海浦东发展银行股份有限公司
Shanghai Pudong Development Bank Co., Ltd.

基本情况		股票简称	浦发银行
股票代码	600000	上市时间	1999-11-10
办公地址	上海市中山东一路12号		
联系人	沈思	联系电话	(021) 63502689
传真	(021) 63230807	邮政编码	200002
经营范围	金融与信托投资业务		

股本(股)	2009.12.31
总股本	8830045640
国家股	0
境内发起人股	812439422
境外发起人股	0
社会法人股	0
其他非流通股	91719710
B股/H股	0
A股流通股	7925886508

财务数据	2009.12.31
总资产(万元)	162271796
股东权益(万元)	6795302.641
营业收入(万元)	3682393.22
利润总额(万元)	1729602.45
投资收益(万元)	41311.5651
净利润(万元)	1321658.112
每股收益(元/股)	1.497
每股净资产(元/股)	7.696
净资产收益率(%)	19.45

A股融资与分红	送股	增发	红利
除权日/增发日	2009-06-09	2009-09-28	2009-06-09
送配/红利比例	0.40		0.23
配股价/增发价	–	16.59	–
上市日	2009-06-10	2009-10-09	–

A股股票市场表现	
市价总值(万元)	19152368.99
流通市值(万元)	17191247.84
成交股数(万股)	2067838.94
成交金额(万元)	44179077.06
换手率(%)	260.90
市盈率(倍)	15.30
开盘(元)	13.51
最高(元)	31.16
最低(元)	13.35
收盘(元)	21.69

股票年度走势图

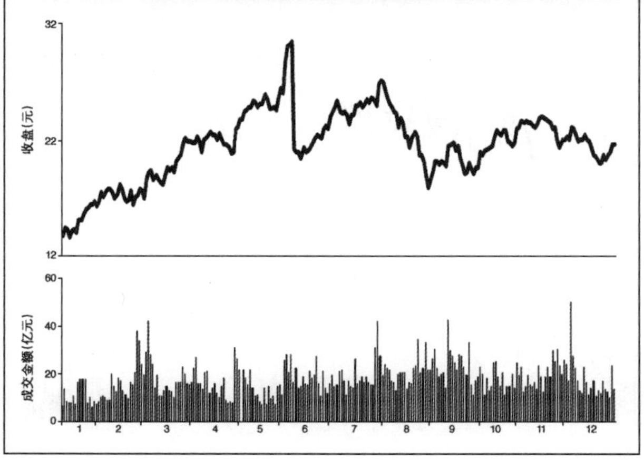

武汉钢铁股份有限公司
Wuhan Iron and Steel Processing Co., Ltd.

基本情况		股票简称	武钢股份
股票代码	600005	上市时间	1999-08-03
办公地址	湖北省武汉市青山区沿港路3号		
联系人	万毅	联系电话	(027) 86802031
传真	(027) 86306023	邮政编码	430080
经营范围	冶金产品及副产品、钢铁延伸产品制造;冶金产品的技术开发、咨询和服务		

股本(股)	2009.12.31
总股本	7838152333
国家股	4702800000
境内发起人股	0
境外发起人股	0
社会法人股	0
其他非流通股	0
B股/H股	0
A股流通股	3135352333

财务数据	2009.12.31
总资产(万元)	7332400.687
股东权益(万元)	2727238.707
营业收入(万元)	5203123.156
利润总额(万元)	195667.8486
投资收益(万元)	81585.337
净利润(万元)	151537.6774
每股收益(元/股)	0.193
每股净资产(元/股)	3.479
净资产收益率(%)	5.56

A股融资与分红	红利
除权日/增发日	2009-06-23
送配/红利比例	0.22
配股价/增发价	–
上市日	–

A股股票市场表现	
市价总值(万元)	6489990.13
流通市值(万元)	2596071.73
成交股数(万股)	3120456.00
成交金额(万元)	24405263.23
换手率(%)	995.25
市盈率(倍)	12.51
开盘(元)	4.91
最高(元)	12.50
最低(元)	4.89
收盘(元)	8.28

股票年度走势图

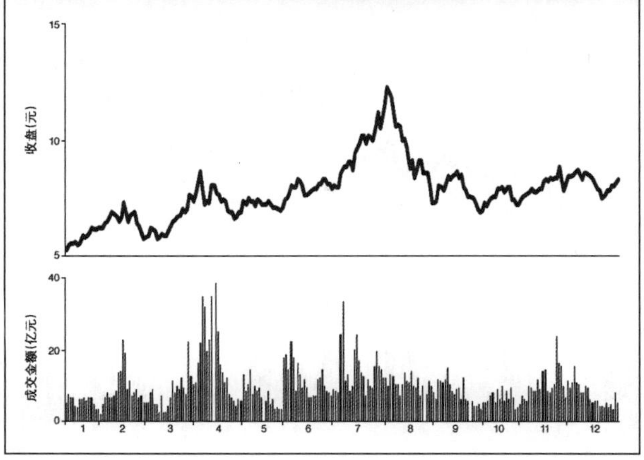

中国国际贸易中心股份有限公司
China World Trade Center Company Ltd.

基本情况		股票简称	中国国贸
股票代码	600007	上市时间	1999-03-13
办公地址	北京市建国门外大街1号国贸西楼6层		
联系人	吴荣柯	联系电话	(010) 65052288
传真	(010) 65053862	邮政编码	100004
经营范围	写字楼、宾馆、公寓、商场、展览厅、会议厅、停车场的出租、服务；提供住宿、餐饮等		

股本(股)	2009.12.31
总股本	1007282534
国家股	0
境内发起人股	0
境外发起人股	0
社会法人股	0
其他非流通股	0
B股/H股	0
A股流通股	1007282534
财务数据	**2009.12.31**
总资产(万元)	896615.7472
股东权益(万元)	435968.7838
营业收入(万元)	87118.7828
利润总额(万元)	38723.8502
投资收益(万元)	28.5801
净利润(万元)	28955.196
每股收益(元/股)	0.287
每股净资产(元/股)	4.328
净资产收益率(%)	6.64
A股融资与分红	**红利**
除权日/增发日	2009-06-09
送配/红利比例	0.15
配股价/增发价	–
上市日	–
A股股票市场表现	
市价总值(万元)	1236942.95
流通市值(万元)	1236942.95
成交股数(万股)	164016.09
成交金额(万元)	1702552.09
换手率(%)	162.83
市盈率(倍)	34.89
开盘(元)	7.27
最高(元)	14.25
最低(元)	7.15
收盘(元)	12.28

股票年度走势图

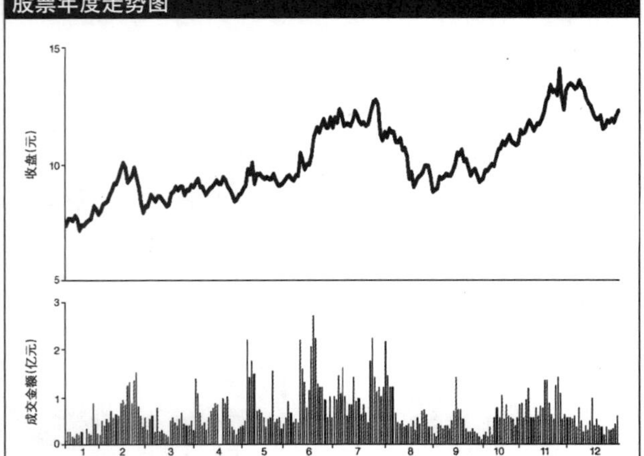

北京首创股份有限公司
Beijing Capital Co., Ltd.

基本情况		股票简称	首创股份
股票代码	600008	上市时间	2000-04-27
办公地址	北京市朝阳区北三环东路8号静安中心7层		
联系人	郭鹏	联系电话	(010) 64689035
传真	(010) 84552900	邮政编码	100028
经营范围	公用基础设施的投资及投资管理；高科技产品的技术开发、技术咨询、技术转让、技术服务		

股本(股)	2009.12.31
总股本	2200000000
国家股	0
境内发起人股	0
境外发起人股	0
社会法人股	0
其他非流通股	0
B股/H股	0
A股流通股	2200000000
财务数据	**2009.12.31**
总资产(万元)	1444518.301
股东权益(万元)	490045.9235
营业收入(万元)	259153.7534
利润总额(万元)	65988.432
投资收益(万元)	−1494.4145
净利润(万元)	44745.3914
每股收益(元/股)	0.203
每股净资产(元/股)	2.227
净资产收益率(%)	9.13
A股融资与分红	**红利**
除权日/增发日	2009-05-07
送配/红利比例	0.11
配股价/增发价	–
上市日	–
A股股票市场表现	
市价总值(万元)	1592800.00
流通市值(万元)	1592800.00
成交股数(万股)	573133.89
成交金额(万元)	3817285.47
换手率(%)	260.52
市盈率(倍)	61.06
开盘(元)	4.45
最高(元)	8.15
最低(元)	4.45
收盘(元)	7.24

股票年度走势图

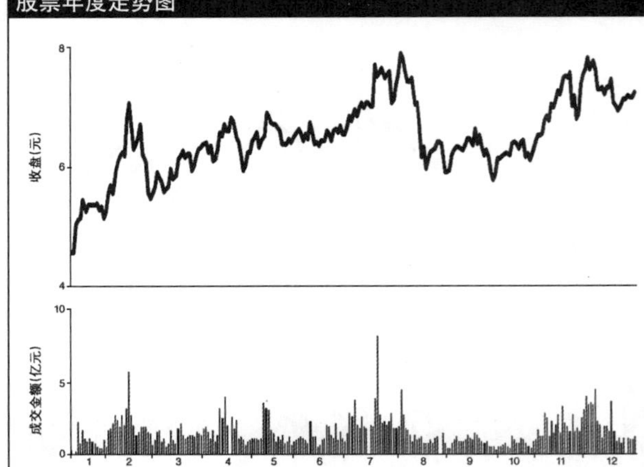

上海国际机场股份有限公司
Shanghai International Airport Co., Ltd.

基本情况		股票简称	上海机场
股票代码	600009	上市时间	1998-02-18
办公地址	上海市浦东新区启航路900号		
联系人	黄晔	联系电话	(021) 68341609
传真	(021) 68341615	邮政编码	201202
经营范围	为国内外航空运输企业、过港和转港旅客提供过港服务和地面运输服务；经营、出租机场内航空营业场所等		

股本(股)	2009.12.31
总股本	1926958448
国家股	833482051
境内发起人股	0
境外发起人股	0
社会法人股	0
其他非流通股	0
B股/H股	0
A股流通股	1093476397
财务数据	**2009.12.31**
总资产(万元)	1695989.392
股东权益(万元)	1283273.621
营业收入(万元)	333833.711
利润总额(万元)	87192.9065
投资收益(万元)	26802.0534
净利润(万元)	70633.8739
每股收益(元/股)	0.367
每股净资产(元/股)	6.66
净资产收益率(%)	5.5
A股融资与分红	**红利**
除权日/增发日	2009-08-05
送配/红利比例	0.05
配股价/增发价	–
上市日	–
A股股票市场表现	
市价总值(万元)	3356761.62
流通市值(万元)	1904835.88
成交股数(万股)	485447.14
成交金额(万元)	7279480.12
换手率(%)	443.95
市盈率(倍)	39.05
开盘(元)	11.32
最高(元)	18.15
最低(元)	11.29
收盘(元)	17.42

股票年度走势图

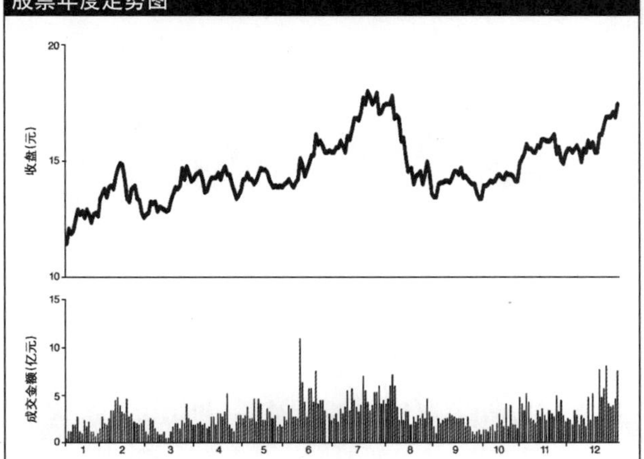

内蒙古包钢钢联股份有限公司
Inner Mongolian Baotou Steel Union Co., Ltd.

基本情况		股票简称	包钢股份
股票代码	600010	上市时间	2001-03-09
办公地址	内蒙古自治区包头市昆区包钢厂区信息大楼东副楼3楼		
联系人	郭景龙	联系电话	(0472) 2189515
传真	(0472) 2189510	邮政编码	014010
经营范围	生产、销售黑色金属、钢铁制品及其压延加工产品、冶金机械、设备及配件；汽车货物运输；钢铁生产技术咨询、焦炭及副产品生产和销售、冶金的投资、黑色金属冶炼、工业用氧、工业用氮、工业氢、纯氩、压缩空气、蒸汽、城市煤气经营、钢铁产品采购、耐火材料等		

股本(股)	2009.12.31
总股本	6423643659
国家股	3702991462
境内发起人股	0
境外发起人股	0
社会法人股	0
其他非流通股	0
B股/H股	0
A股流通股	2720652197
财务数据	**2009.12.31**
总资产(万元)	4294206.351
股东权益(万元)	1240520.729
营业收入(万元)	3335221.442
利润总额(万元)	-216442.6588
投资收益(万元)	624.0583
净利润(万元)	-163121.8515
每股收益(元/股)	-0.254
每股净资产(元/股)	1.931
净资产收益率(%)	-13.15
A股融资与分红	**红利**
除权日/增发日	2009-07-14
送配/红利比例	0.05
配股价/增发价	–
上市日	–
A股股票市场表现	
市价总值(万元)	2980570.66
流通市值(万元)	1262382.62
成交股数(万股)	1688853.67
成交金额(万元)	7187615.97
换手率(%)	620.75
市盈率(倍)	32.39
开盘(元)	2.60
最高(元)	6.09
最低(元)	2.57
收盘(元)	4.64

股票年度走势图

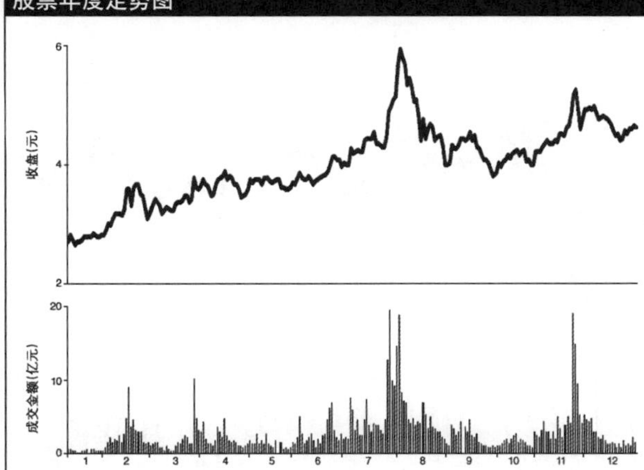

华能国际电力股份有限公司
Huaneng Power International,Inc.

基本情况		股票简称	华能国际
股票代码	600011	上市时间	2001-12-06
办公地址	北京市西城区复兴门南大街丙2号(天银大厦C段西区)		
联系人	谷碧泉	联系电话	(010) 66491001
传真	(010) 66491888	邮政编码	100031
经营范围	投资、建设、经营管理电厂；开发、投资、经营以出口为主的其他相关企业		

股本(股)	2009.12.31
总股本	12055383440
国家股	6121786667
境内发起人股	0
境外发起人股	0
社会法人股	0
其他非流通股	0
B股/H股	3055383440
A股流通股	2878213333
财务数据	**2009.12.31**
总资产(万元)	19399712.69
股东权益(万元)	4101551.932
营业收入(万元)	7939389.053
利润总额(万元)	604983.5488
投资收益(万元)	80946.2915
净利润(万元)	508099.6564
每股收益(元/股)	0.421
每股净资产(元/股)	3.402
净资产收益率(%)	12.39
A股融资与分红	**红利**
除权日/增发日	2009-07-01
送配/红利比例	0.10
配股价/增发价	-
上市日	-
A股股票市场表现	
市价总值(万元)	7209000.00
流通市值(万元)	2305448.88
成交股数(万股)	501223.35
成交金额(万元)	4016355.64
换手率(%)	174.14
市盈率(倍)	0.00
开盘(元)	6.95
最高(元)	9.70
最低(元)	6.67
收盘(元)	8.01

股票年度走势图

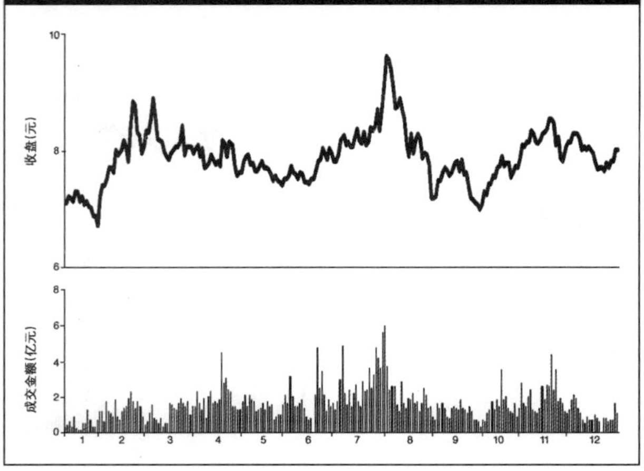

华夏银行股份有限公司
Hua Xia Bank Co., Ltd.

基本情况		股票简称	华夏银行
股票代码	600015	上市时间	2003-09-12
办公地址	北京市东城区建国门内大街22号华夏银行大厦		
联系人	赵军学	联系电话	(010) 85238888
传真	(010) 85239605	邮政编码	100005
经营范围	吸收人民币存款；发放短期、中期和长期贷款；办理结算；办理票据贴现；发行金融债券；代理发行、代理兑付、承销政府债券；买卖政府债券；同业拆借；提供信用证服务及担保；代理收付款项；提供保管箱服务；外汇存款；外汇贷款；外汇汇款；外汇借款；外汇票据的承兑和贴现；自营或代客外汇买卖；买卖和代理买卖股票以外的外币有价证券；发行和代理发行股票以外的外币有价证券；外币兑换；外汇担保；外汇租赁；贸易、非贸易结算；资信调查、咨询、见证业务；以及经中国人民银行批准的其他业务		

股本(股)	2009.12.31
总股本	4990528316
国家股	523154855
境内发起人股	0
境外发起人股	683373461
社会法人股	0
其他非流通股	0
B股/H股	0
A股流通股	3784000000
财务数据	**2009.12.31**
总资产(万元)	84545643.24
股东权益(万元)	3023418.522
营业收入(万元)	1712963.48
利润总额(万元)	482758.6251
投资收益(万元)	10129.6948
净利润(万元)	376022.6846
每股收益(元/股)	0.753
每股净资产(元/股)	6.058
净资产收益率(%)	12.44
A股融资与分红	**红利**
除权日/增发日	2009-06-16
送配/红利比例	0.13
配股价/增发价	-
上市日	-
A股股票市场表现	
市价总值(万元)	6198236.17
流通市值(万元)	4699728.00
成交股数(万股)	1426010.91
成交金额(万元)	15328478.26
换手率(%)	376.85
市盈率(倍)	20.18
开盘(元)	7.43
最高(元)	13.38
最低(元)	7.26
收盘(元)	12.42

股票年度走势图

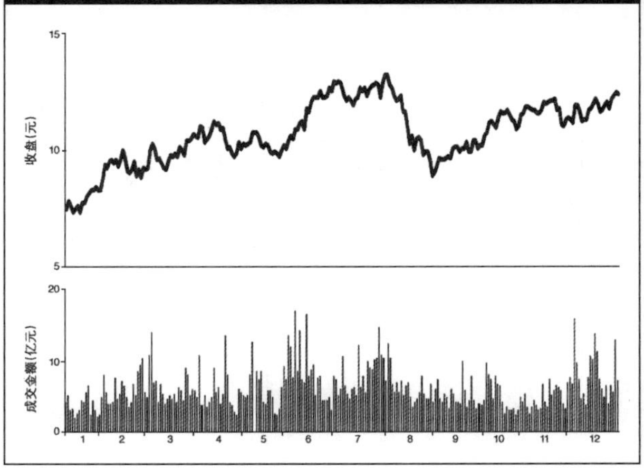

中国民生银行股份有限公司
China Minsheng Banking Co., Ltd.

基本情况		股票简称	民生银行
股票代码	600016	上市时间	2000-12-19
办公地址	北京市西城区复兴门内大街2号		
联系人	毛晓峰	联系电话	(010) 68946790
传真	(010) 68466796	邮政编码	100031
经营范围	吸收人民币存款；发放短期、中期和长期贷款；办理国内外结算；办理票据承兑与贴现；发行金融债券；代理发行、代理兑付、承销政府债券；买卖政府债券、金融债券；从事同业拆借；买卖、代理买卖外汇；从事银行卡业务；提供信用证服务及担保；代理收付款项及代理保险业务；提供保管箱服务；经国务院银行业监督管理机构批准的其他业务		

股本(股)	2009.12.31
总股本	22144707989
国家股	0
境内发起人股	0
境外发起人股	0
社会法人股	0
其他非流通股	0
B股/H股	3321706000
A股流通股	18823001989
财务数据	**2009.12.31**
总资产(万元)	142639200
股东权益(万元)	8803400
营业收入(万元)	4206000
利润总额(万元)	1565600
投资收益(万元)	499500
净利润(万元)	1210400
每股收益(元/股)	0.544
每股净资产(元/股)	3.954
净资产收益率(%)	13.75
A股融资与分红	**红利**
除权日/增发日	2009-05-26
送配/红利比例	0.08
配股价/增发价	–
上市日	–
A股股票市场表现	
市价总值(万元)	14888994.57
流通市值(万元)	14888994.57
成交股数(万股)	5171972.70
成交金额(万元)	34609136.65
换手率(%)	274.77
市盈率(倍)	22.21
开盘(元)	4.13
最高(元)	8.87
最低(元)	4.03
收盘(元)	7.91

股票年度走势图

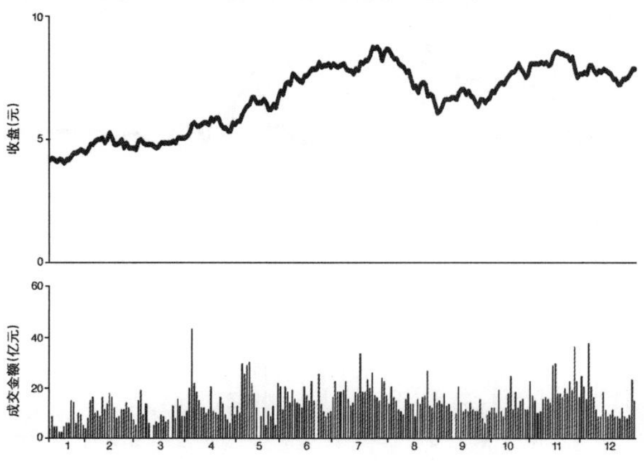

上海国际港务(集团)股份有限公司
Shanghai International Port (Group) Co., Ltd.

基本情况		股票简称	上港集团
股票代码	600018	上市时间	2000-07-19
办公地址	上海市虹口区东大名路358号国际港务大厦		
联系人	姜海涛	联系电话	(021) 35308108
传真	(021) 35308688	邮政编码	200080
经营范围	集装箱装卸、储存、拆装箱；水陆运输、中转、多式联运；货运代理、船务代理、信息及管理		

股本(股)	2009.12.31
总股本	20990800132
国家股	0
境内发起人股	0
境外发起人股	0
社会法人股	0
其他非流通股	0
B股/H股	0
A股流通股	20990800132
财务数据	**2009.12.31**
总资产(万元)	6334699.111
股东权益(万元)	3209295.519
营业收入(万元)	1617034.814
利润总额(万元)	538342.7422
投资收益(万元)	22156.6878
净利润(万元)	376004.6087
每股收益(元/股)	0.179
每股净资产(元/股)	1.529
净资产收益率(%)	11.72
A股融资与分红	**红利**
除权日/增发日	2009-06-22
送配/红利比例	0.102
配股价/增发价	–
上市日	–
A股股票市场表现	
市价总值(万元)	12174664.08
流通市值(万元)	12174664.08
成交股数(万股)	1136551.26
成交金额(万元)	6253170.68
换手率(%)	54.15
市盈率(倍)	26.36
开盘(元)	3.36
最高(元)	7.13
最低(元)	3.15
收盘(元)	5.80

股票年度走势图

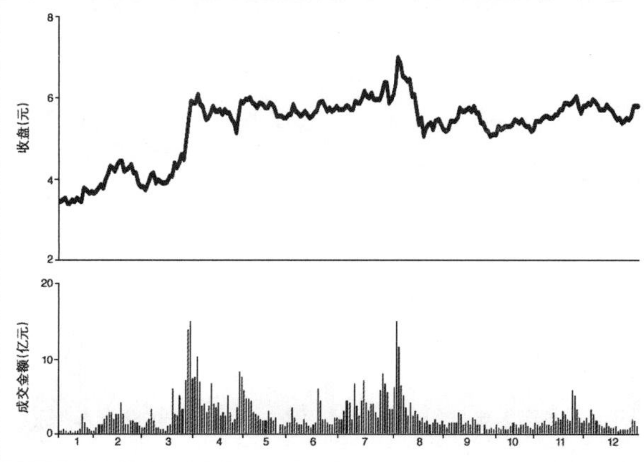

宝山钢铁股份有限公司
Baoshan Iron & Steel Co., Ltd.

基本情况		股票简称	宝钢股份
股票代码	600019	上市时间	2000-12-12
办公地址	上海市宝山区牡丹江路1813号宝山宾馆南楼		
联系人	陈缨	联系电话	(021) 26647000
传真	(021) 26646999	邮政编码	201900
经营范围	钢铁冶炼、加工、电力、煤炭、工业气体生产、码头、仓储、运输等与钢铁相关的业务等		

股本(股)	2009.12.31
总股本	17512000000
国家股	0
境内发起人股	0
境外发起人股	0
社会法人股	0
其他非流通股	0
B股/H股	0
A股流通股	17512000000

财务数据	2009.12.31
总资产(万元)	20114278.25
股东权益(万元)	9513689.75
营业收入(万元)	14728202.03
利润总额(万元)	729455.5396
投资收益(万元)	95345.1862
净利润(万元)	581622.7393
每股收益(元/股)	0.332
每股净资产(元/股)	5.433
净资产收益率(%)	6.11

A股融资与分红	红利
除权日/增发日	2009-06-15
送配/红利比例	0.18
配股价/增发价	–
上市日	–

A股股票市场表现	
市价总值(万元)	16916592.00
流通市值(万元)	16916592.00
成交股数(万股)	3156182.31
成交金额(万元)	22151055.27
换手率(%)	180.23
市盈率(倍)	26.19
开盘(元)	4.75
最高(元)	10.33
最低(元)	4.75
收盘(元)	9.66

股票年度走势图

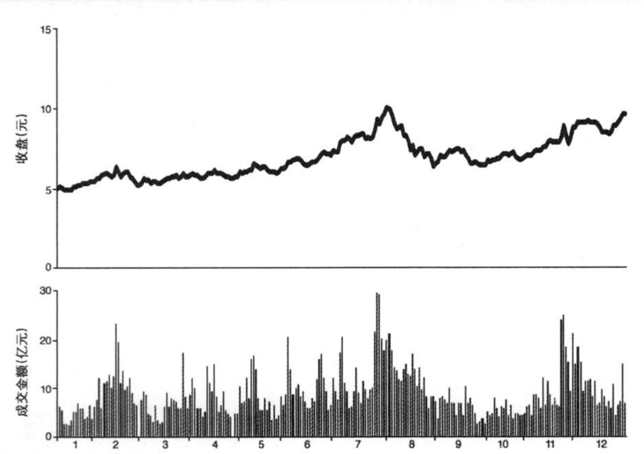

济南钢铁股份有限公司
Jinan Iron & Steel Co., Ltd.

基本情况		股票简称	济南钢铁
股票代码	600022	上市时间	2004-06-29
办公地址	济南市工业北路21号		
联系人	迟才功	联系电话	(0531) 88865480
传真	(0531) 88865265	邮政编码	201900
经营范围	钢铁冶炼、加工，钢材、水渣生产、销售；批准证书范围内自营进出口业务		

股本(股)	2009.12.31
总股本	3120480000
国家股	0
境内发起人股	0
境外发起人股	0
社会法人股	0
其他非流通股	0
B股/H股	0
A股流通股	3120480000

财务数据	2009.12.31
总资产(万元)	2899149.072
股东权益(万元)	708862.9101
营业收入(万元)	2454739.024
利润总额(万元)	14732.5206
投资收益(万元)	0
净利润(万元)	6699.4171
每股收益(元/股)	0.0215
每股净资产(元/股)	2.2716
净资产收益率(%)	0.93

A股融资与分红	送股	红利
除权日/增发日	2009-04-23	2009-04-23
送配/红利比例	0.80	0.05
配股价/增发价	–	–
上市日	2009-04-24	–

A股股票市场表现	
市价总值(万元)	1644492.96
流通市值(万元)	1644492.96
成交股数(万股)	950251.58
成交金额(万元)	5493089.53
换手率(%)	304.52
市盈率(倍)	21.07
开盘(元)	4.51
最高(元)	8.97
最低(元)	3.71
收盘(元)	5.27

股票年度走势图

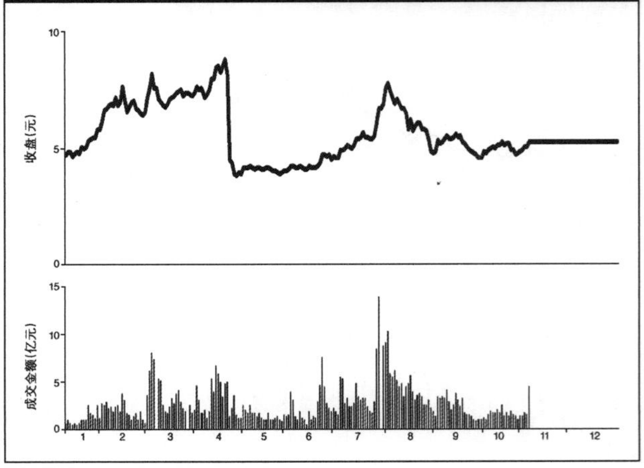

中海发展股份有限公司
China Shipping Development Co., Ltd.

基本情况		股票简称	中海发展
股票代码	600026	上市时间	2002-05-23
办公地址	上海市东大名路700号海运大楼		
联系人	姚巧红	联系电话	(021) 65967160
传真	(021) 65966160	邮政编码	200080
经营范围	沿海、远洋、长江货物运输；国际旅客运输、船舶租赁、货物代理、代运业务；船舶买卖、集装箱修造、船舶配件、备件代购代销、船舶技术咨询和转让		

股本(股)	2009.12.31
总股本	3404552270
国家股	0
境内发起人股	0
境外发起人股	0
社会法人股	0
其他非流通股	0
B股/H股	1296000000
A股流通股	2108552270
财务数据	**2009.12.31**
总资产(万元)	3392954.823
股东权益(万元)	2139457.322
营业收入(万元)	891920.4832
利润总额(万元)	134233.7881
投资收益(万元)	8884.786
净利润(万元)	106479.3905
每股收益(元/股)	0.313
每股净资产(元/股)	6.284
净资产收益率(%)	4.98
A股融资与分红	**红利**
除权日/增发日	2009-06-22
送配/红利比例	0.30
配股价/增发价	–
上市日	–
A股股票市场表现	
市价总值(万元)	3025772.51
流通市值(万元)	3025772.51
成交股数(万股)	559862.32
成交金额(万元)	7287043.05
换手率(%)	265.52
市盈率(倍)	9.09
开盘(元)	8.21
最高(元)	18.79
最低(元)	8.14
收盘(元)	14.35

股票年度走势图

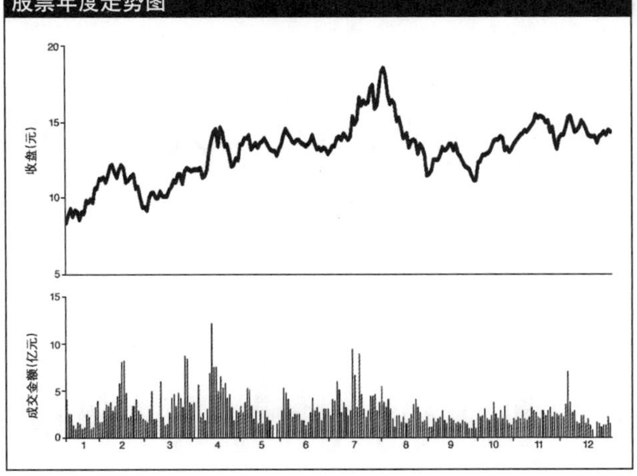

华电国际电力股份有限公司
Huadian Power Inernational Corporation Limited

基本情况		股票简称	华电国际
股票代码	600027	上市时间	2005-02-03
办公地址	北京市西城区宣武门内大街2号B座12至16层		
联系人	周连青	联系电话	(010) 83567779
传真	(010) 83567967	邮政编码	100031
经营范围	建设、经营发电厂和其他与发电相关的产业		

股本(股)	2009.12.31
总股本	6771084200
国家股	0
境内发起人股	0
境外发起人股	0
社会法人股	0
其他非流通股	750000000
B股/H股	1431028000
A股流通股	4590056200
财务数据	**2009.12.31**
总资产(万元)	10047780.1
股东权益(万元)	1568480
营业收入(万元)	3644964.3
利润总额(万元)	170090.9
投资收益(万元)	24183.2
净利润(万元)	116242.8
每股收益(元/股)	0.172
每股净资产(元/股)	2.316
净资产收益率(%)	7.41
A股融资与分红	**增发**
除权日/增发日	2009-12-01
送配/红利比例	–
配股价/增发价	4.70
上市日	2009-12-04
A股股票市场表现	
市价总值(万元)	1753401.47
流通市值(万元)	550826.09
成交股数(万股)	260201.83
成交金额(万元)	1561089.91
换手率(%)	180.45
市盈率(倍)	18.76
开盘(元)	9.47
最高(元)	10.23
最低(元)	2.95
收盘(元)	3.82

股票年度走势图

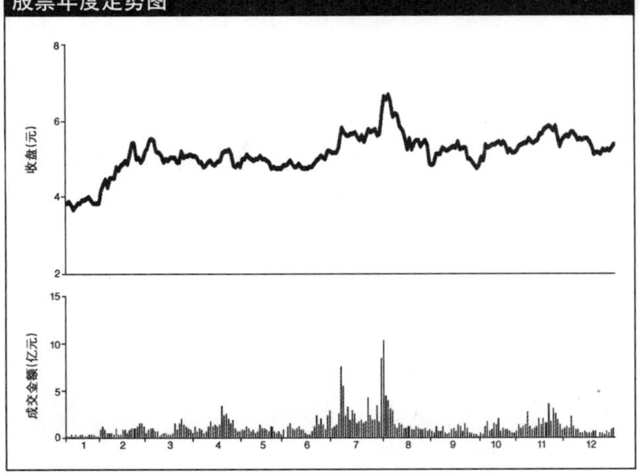

中国石油化工股份有限公司
China Petroleum & Chemical Corporation

基本情况		股票简称	中国石化
股票代码	600028	上市时间	2001-08-08
办公地址	中国北京市朝阳区朝阳门北大街22号		
联系人	陈革	联系电话	(010) 59962208
传真	(010) 59960386	邮政编码	100728
经营范围	石油、天然气勘探、开采、销售；石油、天然气管道运输；石油炼制；石油化工、化纤及其他化工产品的生产、销售、储运；成品油及其他石油产品的批发、零售、储运、便利店经营；电力生产；机器制造、安装；原材料、煤炭、汽车、设备及其零部件的采购、销售；设备监造；技术及信息的研究、开发、应用；进出口业务；技术和劳务输出		

股本(股)		2009.12.31
总股本		86702439000
国家股		0
境内发起人股		0
境外发起人股		0
社会法人股		0
其他非流通股		0
B股/H股		16780488000
A股流通股		69921951000
财务数据		**2009.12.31**
总资产(万元)		86647500
股东权益(万元)		37718200
营业收入(万元)		131591500
利润总额(万元)		8007600
投资收益(万元)		358900
净利润(万元)		6129000
每股收益(元/股)		0.707
每股净资产(元/股)		4.35
净资产收益率(%)		16.25
A股融资与分红	**红利**	**红利**
除权日/增发日	2009-06-15	2009-09-22
送配/红利比例	0.90	0.70
配股价/增发价	–	–
上市日	–	–
A股股票市场表现		
市价总值(万元)		98520028.96
流通市值(万元)		98520028.96
成交股数(万股)		2342123.97
成交金额(万元)		25916157.39
换手率(%)		33.50
市盈率(倍)		41.15
开盘(元)		7.10
最高(元)		15.56
最低(元)		6.96
收盘(元)		14.09

股票年度走势图

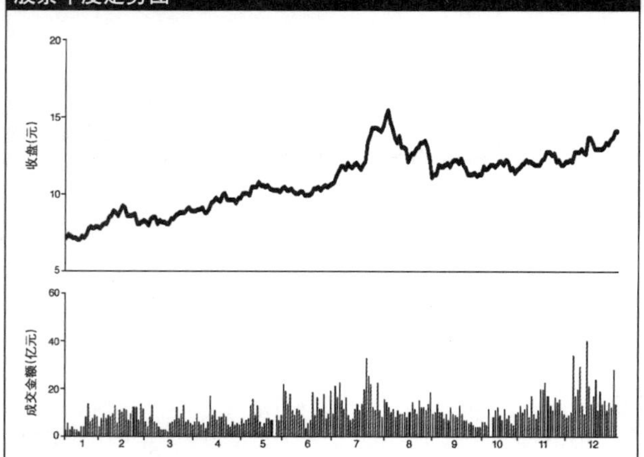

中国南方航空股份有限公司
China Southern Airlines Co., Ltd.

基本情况		股票简称	南方航空
股票代码	600029	上市时间	2003-07-25
办公地址	广东省广州市机场路278号		
联系人	谢兵	联系电话	(020) 86124738
传真	(020) 86659040	邮政编码	510405
经营范围	提供国内、地区和国际定期及不定期航空客、货、邮、行李运输服务；提供通用航空服务；提供航空器维修服务；经营国内外航空公司的代理业务；提供航空配餐服务；提供酒店经营；飞机租赁和航空意外保险销售代理及进行其他航空业务及相关业务，包括为该等业务进行广告宣传		

股本(股)	2009.12.31
总股本	8003567000
国家股	4021150000
境内发起人股	0
境外发起人股	0
社会法人股	0
其他非流通股	0
B股/H股	2482417000
A股流通股	1500000000
财务数据	**2009.12.31**
总资产(万元)	9473600
股东权益(万元)	1035900
营业收入(万元)	5604300
利润总额(万元)	45700
投资收益(万元)	34700
净利润(万元)	35800
每股收益(元/股)	0.045
每股净资产(元/股)	1.294
净资产收益率(%)	3.46
A股融资与分红	**增发**
除权日/增发日	2009-08-20
送配/红利比例	–
配股价/增发价	3.16
上市日	2009-08-25
A股股票市场表现	
市价总值(万元)	3345816.90
流通市值(万元)	909000.00
成交股数(万股)	1569844.04
成交金额(万元)	8476222.91
换手率(%)	1046.56
市盈率(倍)	0.00
开盘(元)	3.22
最高(元)	7.38
最低(元)	3.17
收盘(元)	6.06

股票年度走势图

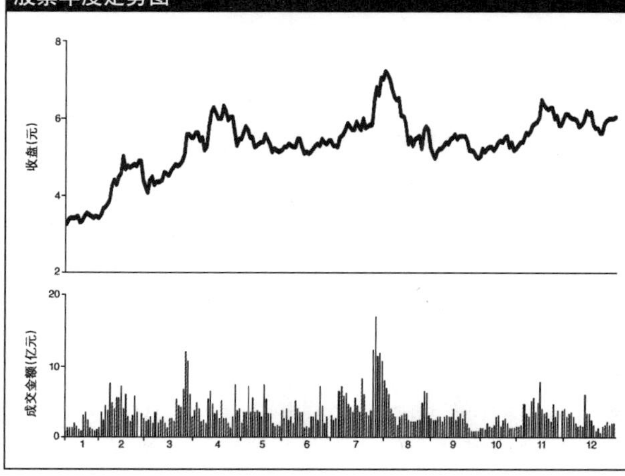

中信证券股份有限公司
Citic Securities Co., Ltd.

基本情况		股票简称	中信证券
股票代码	600030	上市时间	2003-01-06
办公地址	北京市朝阳区新源南路6号京城大厦3层		
联系人	谭宁	联系电话	(010) 84588581
传真	(010) 84868301	邮政编码	100004
经营范围	证券(含境外上市外资股)的代理买卖；代理证券的还本付息、分红派息；证券代保管、鉴证；代理登记开户；证券的自营买卖；证券(含境内上市外资股)的承销(含主承销)；受托投资管理；证券投资咨询(含财务顾问)；国家证券监督管理机构批准的其他业务；直接投资业务		

股本(股)	2009.12.31
总股本	6630467600
国家股	0
境内发起人股	0
境外发起人股	0
社会法人股	0
其他非流通股	60000000
B股/H股	0
A股流通股	6570467600
财务数据	**2009.12.31**
总资产(万元)	20680744.4
股东权益(万元)	6159943.588
营业收入(万元)	2200652.22
利润总额(万元)	1330199.18
投资收益(万元)	347891.6119
净利润(万元)	898402.9174
每股收益(元/股)	1.355
每股净资产(元/股)	9.29
净资产收益率(%)	14.58
A股融资与分红	**红利**
除权日/增发日	2009-06-11
送配/红利比例	0.50
配股价/增发价	–
上市日	–
A股股票市场表现	
市价总值(万元)	21064995.57
流通市值(万元)	20874375.57
成交股数(万股)	3006761.48
成交金额(万元)	82873392.32
换手率(%)	457.62
市盈率(倍)	28.84
开盘(元)	18.30
最高(元)	38.80
最低(元)	18.10
收盘(元)	31.77

股票年度走势图

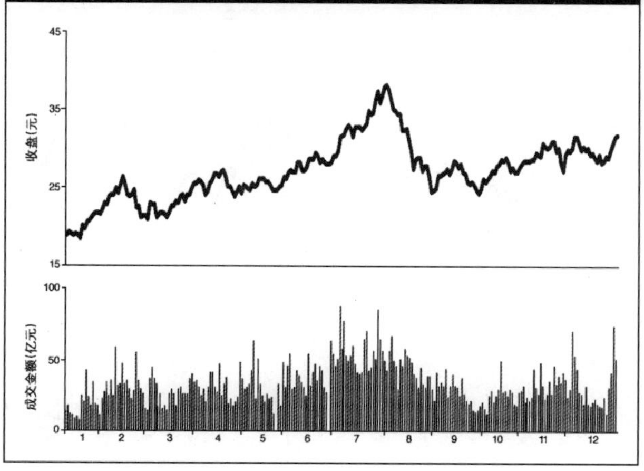

三一重工股份有限公司
Sany Heavy Industry Co., Ltd.

基本情况		股票简称	三一重工
股票代码	600031	上市时间	2003-07-03
办公地址	湖南省长沙市经济技术开发区		
联系人	梅永华	联系电话	(0731) 84031555
传真	(0731) 84031777	邮政编码	410100
经营范围	建筑工程机械、起重机械、停车库、通用设备及机电设备的生产、销售与维修；金属制品、橡胶制品及电子产品、钢丝增强液压橡胶软管和软管组合件的生产、销售；客车(不含小轿车)的制造与销售；五金及政策允许的矿产品、金属材料的销售；提供建筑工程机械租赁服务		

股本(股)	2009.12.31
总股本	1488000000
国家股	0
境内发起人股	0
境外发起人股	0
社会法人股	0
其他非流通股	0
B股/H股	0
A股流通股	1488000000
财务数据	**2009.12.31**
总资产(万元)	1583700
股东权益(万元)	752710.9317
营业收入(万元)	1506416.132
利润总额(万元)	262889.8825
投资收益(万元)	–7286.6955
净利润(万元)	196258.259
每股收益(元/股)	1.319
每股净资产(元/股)	5.059
净资产收益率(%)	26.07
A股融资与分红	**红利**
除权日/增发日	2009-06-26
送配/红利比例	0.18
配股价/增发价	–
上市日	–
A股股票市场表现	
市价总值(万元)	5477328.00
流通市值(万元)	5477328.00
成交股数(万股)	305412.53
成交金额(万元)	8114207.70
换手率(%)	205.25
市盈率(倍)	44.45
开盘(元)	14.298
最高(元)	39.15
最低(元)	14.27
收盘(元)	36.81

股票年度走势图

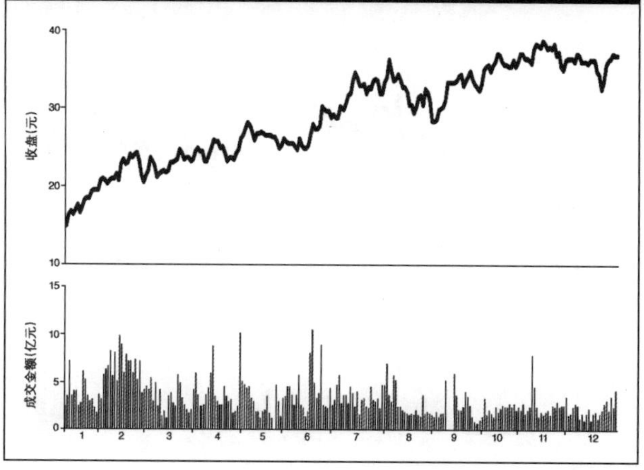

福建发展高速公路股份有限公司
Fujian Expressway Development Co., Ltd.

基本情况		股票简称	福建高速
股票代码	600033	上市时间	2001-02-09
办公地址	福州市东水路18号福建交通综合大楼26层		
联系人	何高文	联系电话	(0591) 87077366
传真	(0591) 87077266	邮政编码	350001
经营范围	投资开发、建设、经营公路、机械设备租赁、咨询服务；工业生产资料、百货、建筑材料、五金、交电、化工、仪器仪表、电子计算机及配件的批发、零售、代购、代销（以上经营范围凡涉及国家专项专营规定的从其规定）		

股本(股)	2009.12.31
总股本	1829600000
国家股	936434982
境内发起人股	0
境外发起人股	0
社会法人股	0
其他非流通股	0
B股/H股	0
A股流通股	893165018

财务数据	2009.12.31
总资产（万元）	1201280.017
股东权益（万元）	656451.7053
营业收入（万元）	200007.4394
利润总额（万元）	119991.9425
投资收益（万元）	−5370.6914
净利润（万元）	66030.9562
每股收益（元/股）	0.361
每股净资产（元/股）	3.588
净资产收益率（%）	10.06

A股融资与分红	增发	红利
除权日/增发日	2009-12-02	2009-05-21
送配/红利比例	–	0.15
配股价/增发价	6.43	–
上市日	2009-12-21	–

A股股票市场表现	
市价总值（万元）	1207536.00
流通市值（万元）	589488.91
成交股数（万股）	517426.91
成交金额（万元）	3293400.37
换手率（%）	579.32
市盈率（倍）	15.47
开盘（元）	4.97
最高（元）	7.24
最低（元）	4.89
收盘（元）	6.60

股票年度走势图

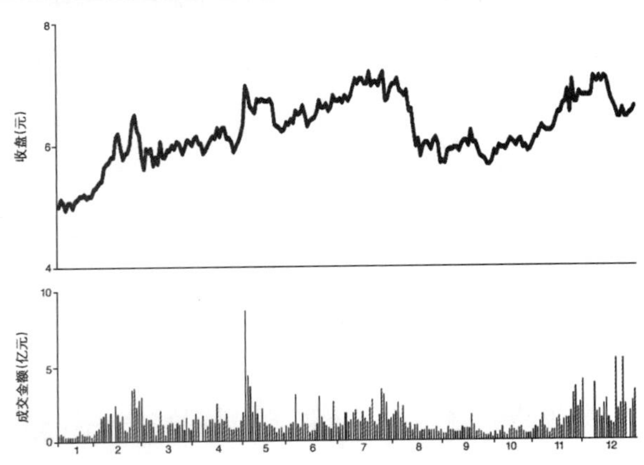

招商银行股份有限公司
China Merchants Band Co., Ltd.

基本情况		股票简称	招商银行
股票代码	600036	上市时间	2002-04-09
办公地址	广东省深圳市福田区深南大道7088号招商银行大厦		
联系人	兰奇	联系电话	(0755) 83195105
传真	(0755) 83195200	邮政编码	518040
经营范围	吸收公众存款；发放短期、中期和长期贷款；办理结算；办理票据贴现；发行金融债券；代理发行、代理兑付、承销政府债券；买卖政府债券；同业拆借；提供信用证服务及担保；代理收付款项及代理保险业务；提供保管箱服务；外汇存款；外汇贷款；外汇汇款；外币兑换；国际结算等		

股本(股)	2009.12.31
总股本	19119490016
国家股	0
境内发起人股	0
境外发起人股	0
社会法人股	0
其他非流通股	0
B股/H股	3460600000
A股流通股	15658890016

财务数据	2009.12.31
总资产（万元）	206794100
股东权益（万元）	9278300
营业收入（万元）	5144600
利润总额（万元）	2238400
投资收益（万元）	102800
净利润（万元）	1823500
每股收益（元/股）	0.954
每股净资产（元/股）	4.853
净资产收益率（%）	19.65

A股融资与分红	送股	红利
除权日/增发日	2009-07-03	2009-07-03
送配/红利比例	0.30	0.10
配股价/增发价	–	–
上市日	2009-07-06	–

A股股票市场表现	
市价总值（万元）	28264296.48
流通市值（万元）	28264296.48
成交股数（万股）	2986344.33
成交金额（万元）	49729825.70
换手率（%）	190.71
市盈率（倍）	16.37
开盘（元）	12.42
最高（元）	23.48
最低（元）	11.78
收盘（元）	18.05

股票年度走势图

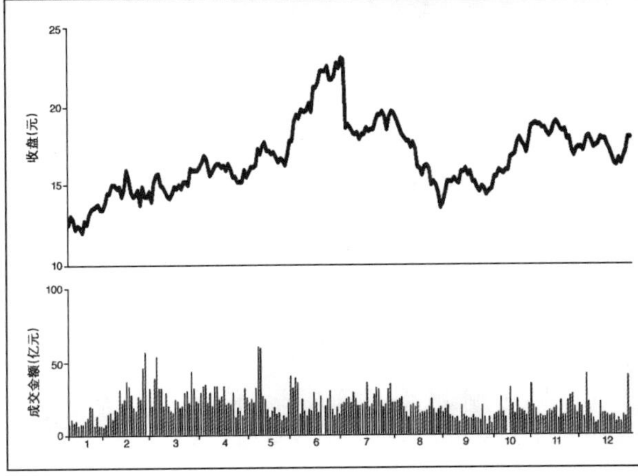

北京歌华有线电视网络股份有限公司
Beijing Gehua CATV Network Co., Ltd.

基本情况		股票简称	歌华有线
股票代码	600037	上市时间	2001-02-08
办公地址	北京市海滨区花园北路35号东门		
联系人	梁彦军	联系电话	(010) 62035573
传真	(010) 62035573	邮政编码	100083
经营范围	广播电视网络的建设开发、经营管理和维护；广播电视节目收转、传送；广播电视网络信息服务		

股本(股)	2009.12.31
总股本	1060360898
国家股	0
境内发起人股	0
境外发起人股	0
社会法人股	0
其他非流通股	0
B股/H股	0
A股流通股	1060360898

财务数据	2009.12.31
总资产(万元)	586573.7359
股东权益(万元)	447289.0114
营业收入(万元)	147138.0059
利润总额(万元)	33219.7287
投资收益(万元)	887.509
净利润(万元)	33008.5
每股收益(元/股)	0.311
每股净资产(元/股)	4.218
净资产收益率(%)	7.38

A股融资与分红	红利
除权日/增发日	2009-06-18
送配/红利比例	0.15
配股价/增发价	–
上市日	–

A股股票市场表现	
市价总值(万元)	1504652.11
流通市值(万元)	1504652.11
成交股数(万股)	571954.49
成交金额(万元)	6667667.48
换手率(%)	539.40
市盈率(倍)	45.76
开盘(元)	9.66
最高(元)	15.20
最低(元)	9.04
收盘(元)	14.19

股票年度走势图

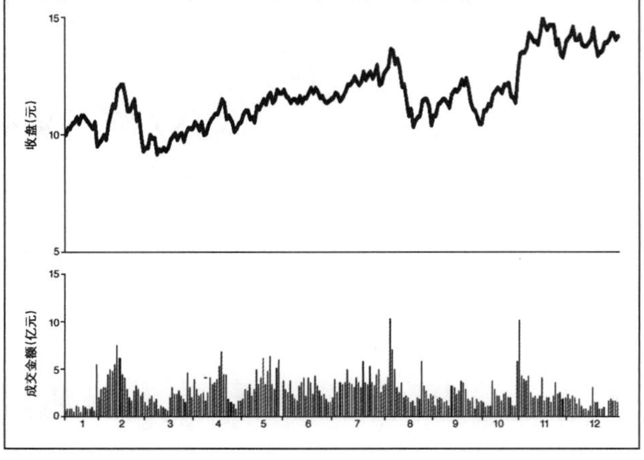

保利房地产(集团)股份有限公司
Poly Real Estate Group Co., Ltd.

基本情况		股票简称	保利地产
股票代码	600048	上市时间	2006-07-31
办公地址	广州市海珠区阅江中路688号保利国际广场北塔29-33层		
联系人	岳勇坚	联系电话	(020) 898988882
传真	(020) 89898666-8831	邮政编码	510308
经营范围	房地产开发、销售、租赁及其物业管理		

股本(股)	2009.12.31
总股本	3519721100
国家股	0
境内发起人股	0
境外发起人股	0
社会法人股	0
其他非流通股	331674958
B股/H股	0
A股流通股	3188046142

财务数据	2009.12.31
总资产(万元)	8983072.386
股东权益(万元)	2508823.71
营业收入(万元)	2298292.155
利润总额(万元)	537904.7462
投资收益(万元)	1632859
净利润(万元)	351922.6529
每股收益(元/股)	1
每股净资产(元/股)	7.128
净资产收益率(%)	14.03

A股融资与分红	增发	送股	红利
除权日/增发日	2009-07-14	2009-04-30	2009-04-30
送配/红利比例	–	0.30	0.132
配股价/增发价	24.12	–	–
上市日	2009-07-17	2009-05-04	–

A股股票市场表现	
市价总值(万元)	7884175.26
流通市值(万元)	7141223.36
成交股数(万股)	793941.67
成交金额(万元)	19205165.14
换手率(%)	249.04
市盈率(倍)	35.22
开盘(元)	14.60
最高(元)	30.90
最低(元)	14.52
收盘(元)	22.40

股票年度走势图

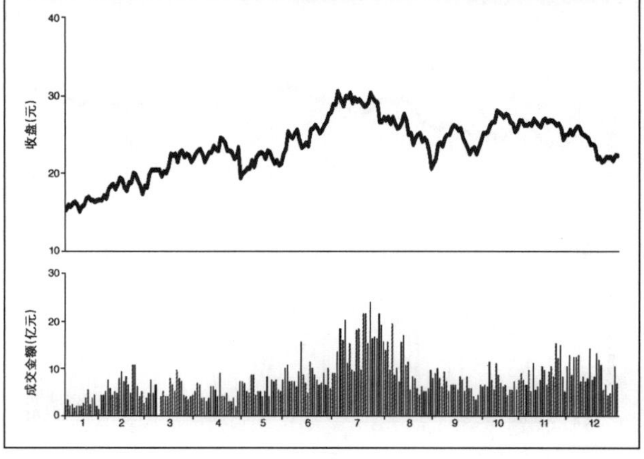

中国联合通信股份有限公司
China United Telecommunications Co., Ltd.

基本情况		股票简称	中国联通
股票代码	600050	上市时间	2002-10-09
办公地址	上海市长宁区长宁路1033号联通大厦29楼		
联系人	张保英	联系电话	(021) 52733331
传真	(021) 52732225	邮政编码	200050
经营范围	电信业的投资		

股本(股)	2009.12.31
总股本	21196596395
国家股	0
境内发起人股	0
境外发起人股	0
社会法人股	0
其他非流通股	0
B股/H股	0
A股流通股	21196596395
财务数据	**2009.12.31**
总资产(万元)	41923229.69
股东权益(万元)	7098388.584
营业收入(万元)	15613535.62
利润总额(万元)	1218097.631
投资收益(万元)	21215.7048
净利润(万元)	313702.4492
每股收益(元/股)	0.148
每股净资产(元/股)	3.349
净资产收益率(%)	4.42
A股融资与分红	**红利**
除权日/增发日	2009-07-13
送配/红利比例	0.0672
配股价/增发价	–
上市日	–
A股股票市场表现	
市价总值(万元)	15452318.77
流通市值(万元)	15452318.77
成交股数(万股)	5592808.55
成交金额(万元)	35796293.97
换手率(%)	263.85
市盈率(倍)	7.83
开盘(元)	5.18
最高(元)	8.16
最低(元)	4.63
收盘(元)	7.29

股票年度走势图

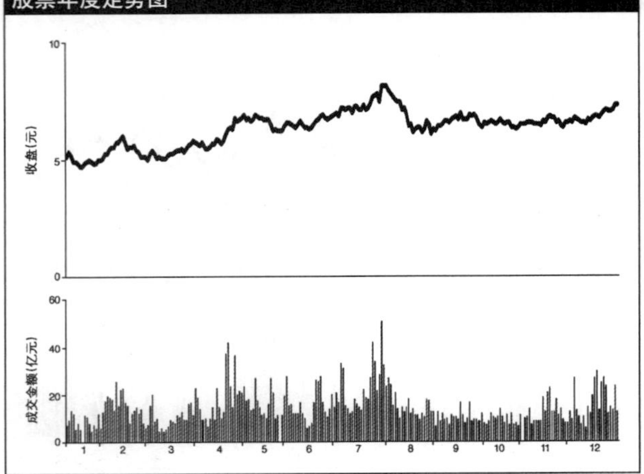

浙江广厦股份有限公司
Zhejiang Guangsha Co,Ltd.

基本情况		股票简称	浙江广厦
股票代码	600052	上市时间	1999-04-15
办公地址	浙江省杭州市玉古路166号		
联系人	张霞	联系电话	(0571) 87974176
传真	(0571) 85125355	邮政编码	310013
经营范围	房屋建筑、建筑材料、建筑机械、服装的制造、销售；水电设备安装、家电销售		

股本(股)	2009.12.31
总股本	871789093
国家股	0
境内发起人股	449465314
境外发起人股	0
社会法人股	0
其他非流通股	0
B股/H股	0
A股流通股	422323779
财务数据	**2009.12.31**
总资产(万元)	849973.6503
股东权益(万元)	191615.9159
营业收入(万元)	436835.0108
利润总额(万元)	62588.3814
投资收益(万元)	22516.5737
净利润(万元)	43689.6645
每股收益(元/股)	0.501
每股净资产(元/股)	2.198
净资产收益率(%)	22.8
A股融资与分红	
除权日/增发日	
送配/红利比例	
配股价/增发价	
上市日	
A股股票市场表现	
市价总值(万元)	723584.95
流通市值(万元)	350528.74
成交股数(万股)	391026.79
成交金额(万元)	3111738.66
换手率(%)	925.89
市盈率(倍)	19.70
开盘(元)	3.28
最高(元)	12.58
最低(元)	3.25
收盘(元)	8.30

股票年度走势图

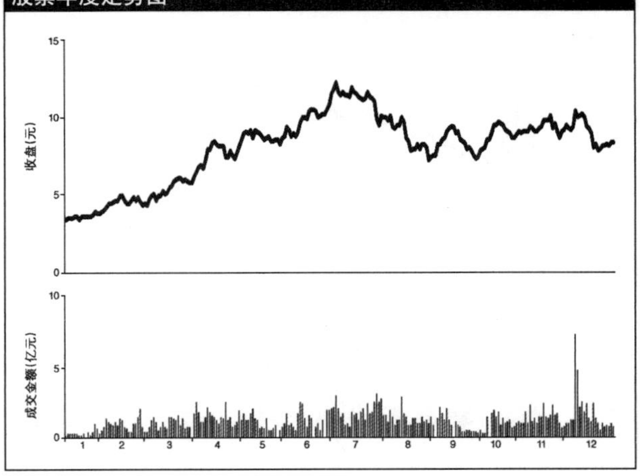

五矿发展股份有限公司
Minmetals Development Co., Ltd.

基本情况		股票简称	五矿发展
股票代码	600058	上市时间	1997-05-28
办公地址	北京市海淀区三里河路5号B座		
联系人	崔青莲	联系电话	(010) 68494205
传真	(010) 68494207	邮政编码	100044
经营范围	进出口贸易、国内贸易、高新科技、金融、国际招标、国际货运、货代、仓储、酒店经营等		

股本(股)	2009.12.31
总股本	1071910711
国家股	0
境内发起人股	0
境外发起人股	0
社会法人股	0
其他非流通股	0
B股/H股	0
A股流通股	1071910711
财务数据	**2009.12.31**
总资产(万元)	4193266.917
股东权益(万元)	818344.0324
营业收入(万元)	9417716.619
利润总额(万元)	23599.614
投资收益(万元)	56815.9713
净利润(万元)	26668.7413
每股收益(元/股)	0.249
每股净资产(元/股)	7.634
净资产收益率(%)	3.26
A股融资与分红	**红利**
除权日/增发日	2009-06-12
送配/红利比例	0.32
配股价/增发价	-
上市日	-
A股股票市场表现	
市价总值(万元)	2081650.60
流通市值(万元)	2081650.60
成交股数(万股)	548982.26
成交金额(万元)	10408420.06
换手率(%)	512.15
市盈率(倍)	23.25
开盘(元)	11.90
最高(元)	27.58
最低(元)	11.72
收盘(元)	19.42

股票年度走势图

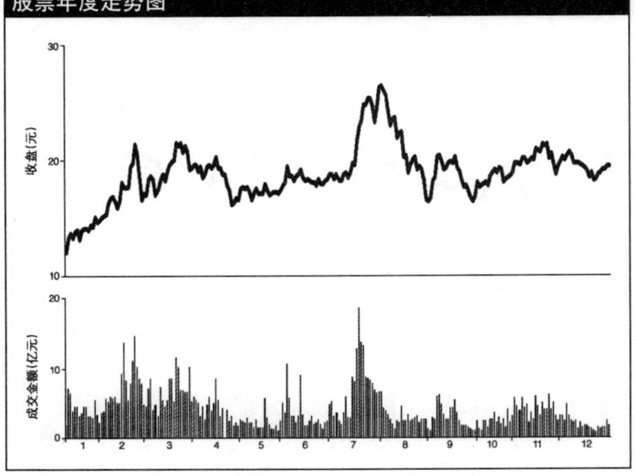

南京新港高科技股份有限公司
Nanjing Xingang High-Tech Co,. Ltd.

基本情况		股票简称	南京高科
股票代码	600064	上市时间	1997-05-06
办公地址	南京经济技术开发区新港大道129号		
联系人	张金华	联系电话	(025) 85800728
传真	(025) 85800720	邮政编码	210038
经营范围	高新技术产业投资、开发；市政基础设施建设；土地成片开发；建筑安装工程；商品房开发等		

股本(股)	2009.12.31
总股本	344145888
国家股	0
境内发起人股	0
境外发起人股	0
社会法人股	0
其他非流通股	0
B股/H股	0
A股流通股	344145888
财务数据	**2009.12.31**
总资产(万元)	1525280.125
股东权益(万元)	635001.2702
营业收入(万元)	211001.6174
利润总额(万元)	31706.5997
投资收益(万元)	26253.2161
净利润(万元)	25557.5519
每股收益(元/股)	0.743
每股净资产(元/股)	18.452
净资产收益率(%)	4.02
A股融资与分红	**红利**
除权日/增发日	2009-06-15
送配/红利比例	0.40
配股价/增发价	-
上市日	-
A股股票市场表现	
市价总值(万元)	8755007.14
流通市值(万元)	875507.14
成交股数(万股)	206389.39
成交金额(万元)	4079989.68
换手率(%)	599.71
市盈率(倍)	45.62
开盘(元)	9.53
最高(元)	28.50
最低(元)	9.40
收盘(元)	25.44

股票年度走势图

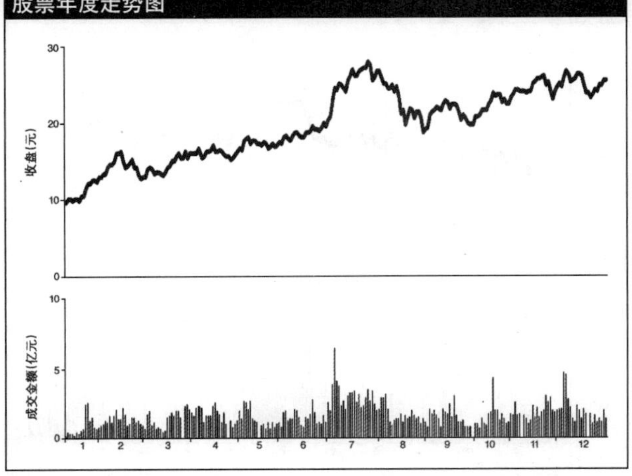

中国葛洲坝集团股份有限公司
China Gezhouba Group Company Limited

基本情况		股票简称	葛洲坝
股票代码	600068	上市时间	1997-05-26
办公地址	湖北省武汉市解放大道558号葛洲坝大酒店B座7层		
联系人	彭立权	联系电话	(027) 83790801
传真	(027) 83790755	邮政编码	430033
经营范围	按国家核准的资质等级范围、全过程或分项承包国内外、境内国际招标的水利水电建设工程及航道、堤防、桥梁、机场、输电线路其他建筑工程的勘察设计及施工安装；上述工程所需材料、设备的出口；对外派遣本行业工程、生产的劳务人员；机电设备制作安装、船舶制造修理		

股本(股)		2009.12.31
总股本		2147583297
国家股		879591836
境内发起人股		0
境外发起人股		0
社会法人股		0
其他非流通股		40033687
B股/H股		0
A股流通股		1227957774
财务数据		**2009.12.31**
总资产(万元)		4261451.339
股东权益(万元)		818583.6874
营业收入(万元)		2575749.675
利润总额(万元)		166593.7381
投资收益(万元)		41600.8936
净利润(万元)		132309.6168
每股收益(元/股)		0.616
每股净资产(元/股)		3.812
净资产收益率(%)		16.16
A股融资与分红	**配股**	**红利**
除权日/增发日	2009-11-11	2009-06-23
送配/红利比例	0.30	0.13
配股价/增发价	4.26	–
上市日	2009-11-14	–
A股股票市场表现		
市价总值(万元)		2514820.04
流通市值(万元)		1437938.55
成交股数(万股)		484887.70
成交金额(万元)		5580057.87
换手率(%)		394.87
市盈率(倍)		31.02
开盘(元)		9.00
最高(元)		13.79
最低(元)		8.63
收盘(元)		11.71

股票年度走势图

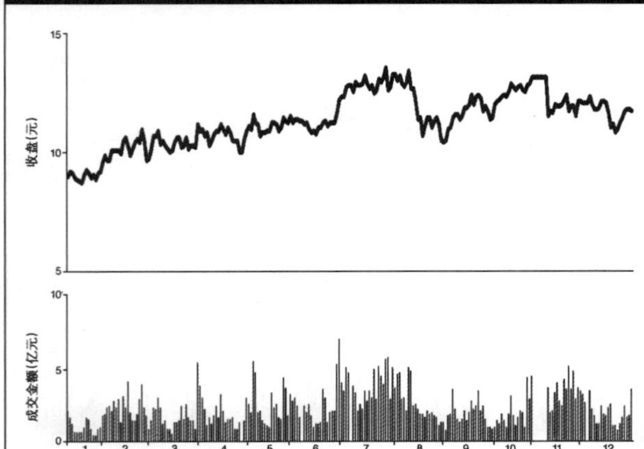

北京同仁堂股份有限公司
Beijing Tongrentang Co., Ltd.

基本情况		股票简称	同仁堂
股票代码	600085	上市时间	1997-06-25
办公地址	北京市崇文区崇外大街42号，北京市崇文区东兴隆街52号		
联系人	贾泽涛	联系电话	(010) 67020018
传真	(010) 67059266	邮政编码	100062
经营范围	制造、销售中成药、西药饮片、中药材、营养保健品、卫生保健品、化妆品等		

股本(股)	2009.12.31
总股本	520826278
国家股	0
境内发起人股	0
境外发起人股	0
社会法人股	0
其他非流通股	0
B股/H股	0
A股流通股	520826278
财务数据	**2009.12.31**
总资产(万元)	492226.5936
股东权益(万元)	303630.7482
营业收入(万元)	323079.0966
利润总额(万元)	46037.7114
投资收益(万元)	692.1249
净利润(万元)	28561.066
每股收益(元/股)	0.548
每股净资产(元/股)	5.83
净资产收益率(%)	9.41
A股融资与分红	**红利**
除权日/增发日	2009-08-12
送配/红利比例	0.20
配股价/增发价	–
上市日	–
A股股票市场表现	
市价总值(万元)	1095297.66
流通市值(万元)	1095297.66
成交股数(万股)	203184.83
成交金额(万元)	3610439.46
换手率(%)	390.12
市盈率(倍)	42.30
开盘(元)	12.46
最高(元)	23.49
最低(元)	12.46
收盘(元)	21.03

股票年度走势图

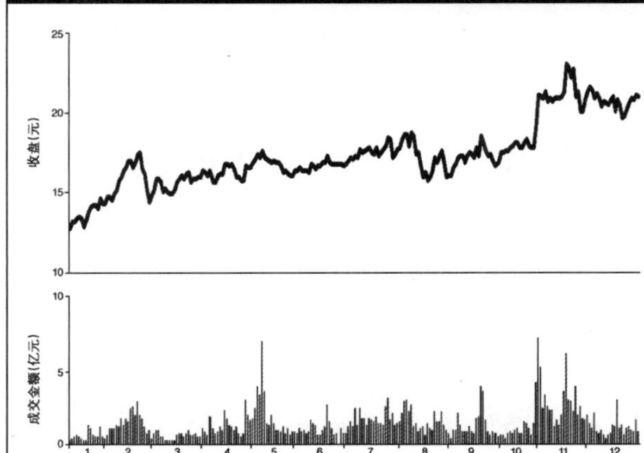

特变电工股份有限公司
Tebian Electric Apparatus Stock Co.,Ltd.

基本情况		股票简称	特变电工
股票代码	600089	上市时间	1997-06-18
办公地址	新疆维吾尔自治区昌吉市延安南路52号		
联系人	郭俊香	联系电话	(0994) 2724766
传真	(0994) 2723615	邮政编码	831100
经营范围	变压器、电线电缆、电子灭菌设备、矿用非标准设备等的制造与销售		

股本(股)	2009.12.31
总股本	1797375723
国家股	0
境内发起人股	0
境外发起人股	0
社会法人股	0
其他非流通股	0
B股/H股	0
A股流通股	1797375723

财务数据	2009.12.31
总资产(万元)	1886794.748
股东权益(万元)	697153.8975
营业收入(万元)	1433431.604
利润总额(万元)	182675.2801
投资收益(万元)	6852.2257
净利润(万元)	152866.5798
每股收益(元/股)	0.85
每股净资产(元/股)	3.879
净资产收益率(%)	21.93

A股融资与分红	送股	红利
除权日/增发日	2009-06-03	2009-06-03
送配/红利比例	0.50	0.10
配股价/增发价	–	–
上市日	2009-06-04	–

A股股票市场表现	
市价总值(万元)	4277754.22
流通市值(万元)	4277754.22
成交股数(万股)	781497.93
成交金额(万元)	17269157.98
换手率(%)	434.80
市盈率(倍)	44.44
开盘(元)	23.99
最高(元)	32.05
最低(元)	16.76
收盘(元)	23.80

股票年度走势图

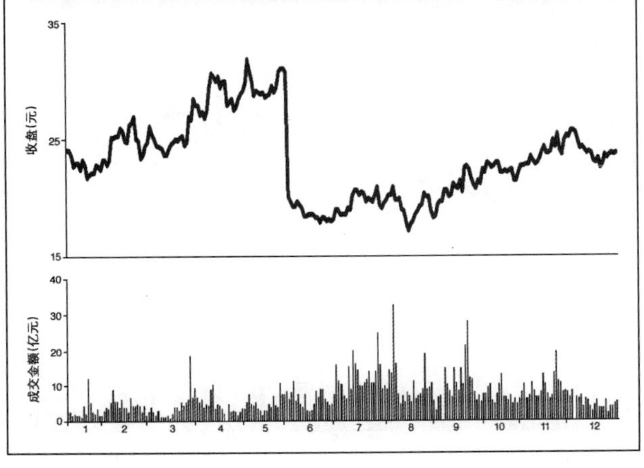

云南云天化股份有限公司
Yunnan Yuntianhua Co,.Ltd.

基本情况		股票简称	云天化
股票代码	600096	上市时间	1997-07-09
办公地址	云南省水富县向家坝镇		
联系人	冯驰	联系电话	(0870) 8662000
传真	(0870) 8662010	邮政编码	657800
经营范围	化肥、化工产品、化工原料的产生、销售等		

股本(股)	2009.12.31
总股本	590121281
国家股	299337509
境内发起人股	0
境外发起人股	0
社会法人股	0
其他非流通股	0
B股/H股	0
A股流通股	290783772

财务数据	2009.12.31
总资产(万元)	1950396.813
股东权益(万元)	446067.2
营业收入(万元)	593941.2965
利润总额(万元)	2996.8007
投资收益(万元)	92.3339
净利润(万元)	7733.2946
每股收益(元/股)	0.131
每股净资产(元/股)	7.559
净资产收益率(%)	1.73

A股融资与分红	红利
除权日/增发日	2009-06-29
送配/红利比例	0.40
配股价/增发价	–
上市日	–

A股股票市场表现	
市价总值(万元)	1420421.92
流通市值(万元)	699916.54
成交股数(万股)	382860.76
成交金额(万元)	9566242.94
换手率(%)	1316.65
市盈率(倍)	21.61
开盘(元)	17.80
最高(元)	33.00
最低(元)	17.50
收盘(元)	24.07

股票年度走势图

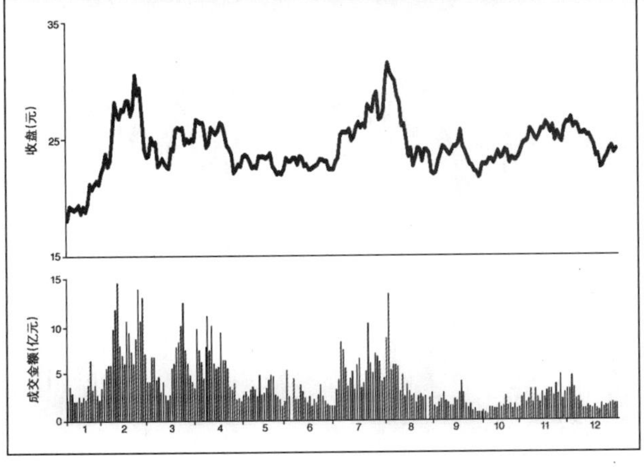

同方股份有限公司
Tsinghua Tongfang Co., Ltd.

基本情况		股票简称	同方股份
股票代码	600100	上市时间	1997–06–27
办公地址	北京市海淀区五道口清华同方科技广场		
联系人	孙岷	联系电话	(010) 82399888
传真	(010) 82399765	邮政编码	100084
经营范围	计算机及信息技术、人工环境控制及工程设备、仪器仪表及光一机一体化设备、精细化工等产品的开发、生产和销售		

股本(股)	2009.12.31
总股本	976970554
国家股	0
境内发起人股	0
境外发起人股	0
社会法人股	0
其他非流通股	0
B 股 / H 股	0
A 股流通股	976970554
财务数据	**2009.12.31**
总资产(万元)	2138992.166
股东权益(万元)	730785.6491
营业收入(万元)	1522478.604
利润总额(万元)	56319.2586
投资收益(万元)	33566.9163
净利润(万元)	35137.0202
每股收益(元/股)	0.36
每股净资产(元/股)	7.48
净资产收益率(%)	4.81
A 股融资与分红	**红利**
除权日/增发日	2009–07–09
送配/红利比例	0.07
配股价/增发价	–
上市日	–
A 股股票市场表现	
市价总值(万元)	1829865.85
流通市值(万元)	1829865.85
成交股数(万股)	784193.72
成交金额(万元)	12314350.98
换手率(%)	802.68
市盈率(倍)	72.78
开盘(元)	10.13
最高(元)	19.29
最低(元)	10.00
收盘(元)	18.73

股票年度走势图

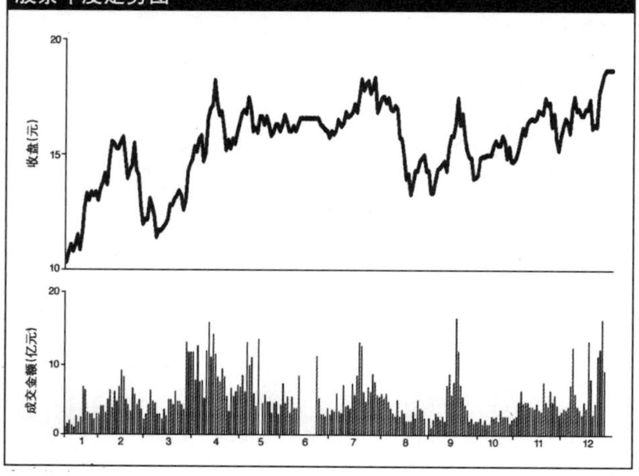

上海汽车股份有限公司
SAIC Motor Co., Ltd.

基本情况		股票简称	上海汽车
股票代码	600104	上市时间	1997–11–25
办公地址	上海市张江高科技园区松涛路563号1幢509层		
联系人	王剑璋	联系电话	(021) 22011290
传真	(021) 22011199	邮政编码	201203
经营范围	汽车、摩托车、拖拉机等各种机动车整车、机械设备、总成及零部件的生产、销售；国内贸易（除专项规定）；咨询服务业；经营本企业自产产品及技术的出口业务和本企业所需的机械设备、零配件、原辅材料及技术的进口业务（但国家限定公司经营或禁止进出口的商品及技术除外）		

股本(股)	2009.12.31
总股本	6551029090
国家股	0
境内发起人股	0
境外发起人股	0
社会法人股	0
其他非流通股	0
B 股 / H 股	0
A 股流通股	6551029090
财务数据	**2009.12.31**
总资产(万元)	13815835.72
股东权益(万元)	4246245.479
营业收入(万元)	13594681.29
利润总额(万元)	859718.4406
投资收益(万元)	834441.4938
净利润(万元)	659193.198
每股收益(元/股)	1.006
每股净资产(元/股)	6.482
净资产收益率(%)	15.52
A 股融资与分红	**红利**
除权日/增发日	2009–06–22
送配/红利比例	0.026
配股价/增发价	–
上市日	–
A 股股票市场表现	
市价总值(万元)	17117839.01
流通市值(万元)	17117839.01
成交股数(万股)	572609.98
成交金额(万元)	8764626.20
换手率(%)	87.41
市盈率(倍)	260.88
开盘(元)	5.53
最高(元)	27.23
最低(元)	5.43
收盘(元)	26.13

股票年度走势图

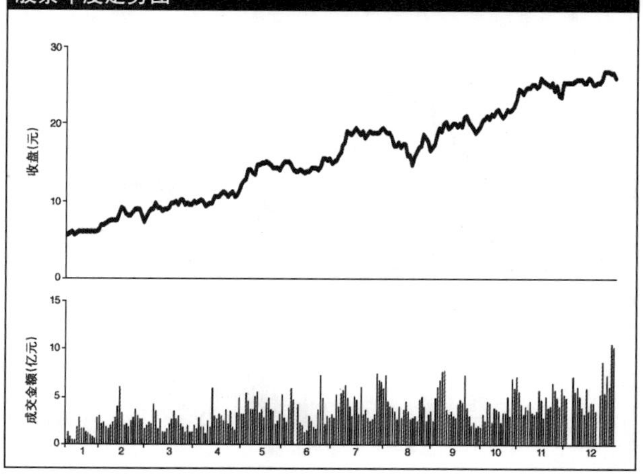

甘肃亚盛实业(集团)股份有限公司
Gansu Yasheng Industrial (Group) Co., Ltd.

基本情况		股票简称	亚盛集团
股票代码	600108	上市时间	1997-08-18
办公地址	甘肃省兰州市城关区秦安路105号亚盛大厦东11-16楼		
联系人	周文萍	联系电话	(0931) 8857037
传真	(0931) 8857182	邮政编码	730030
经营范围	高科技农业新技术、新产品开发、加工；农副产品的种植、无机盐及其副产品的生产等		

股本(股)	2009.12.31
总股本	1736991221
国家股	295800665
境内发起人股	0
境外发起人股	0
社会法人股	0
其他非流通股	0
B股/H股	0
A股流通股	1441190556

财务数据	2009.12.31
总资产(万元)	487193.4665
股东权益(万元)	261597.4066
营业收入(万元)	139526.3918
利润总额(万元)	12389.9281
投资收益(万元)	-113.2967
净利润(万元)	12572.6329
每股收益(元/股)	0.072
每股净资产(元/股)	1.506
净资产收益率(%)	4.81

A股融资与分红	增发
除权日/增发日	2009-12-10
送配/红利比例	-
配股价/增发价	3.91
上市日	2009-12-15

A股股票市场表现	
市价总值(万元)	1002243.93
流通市值(万元)	831566.95
成交股数(万股)	886064.12
成交金额(万元)	4405961.42
换手率(%)	614.81
市盈率(倍)	147.08
开盘(元)	3.11
最高(元)	6.40
最低(元)	3.07
收盘(元)	5.77

股票年度走势图

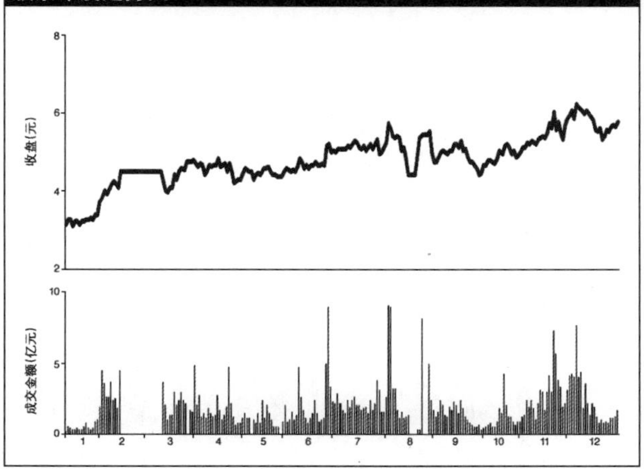

国金证券股份有限公司
Sinolink Securities Co., Ltd.

基本情况		股票简称	国金证券
股票代码	600109	上市时间	1997-08-07
办公地址	成都市青羊区东城根上街95号16楼		
联系人	刘邦兴	联系电话	(021) 61038220
传真	(028) 86695681	邮政编码	610015
经营范围	证券经纪；证券投资咨询；与证券交易、证券投资活动有关的财务顾问；证券承销与保荐；证券自营；证券投资基金代销；为期货公司提供中间介绍业务		

股本(股)	2009.12.31
总股本	1000242124
国家股	179213588
境内发起人股	553371708
境外发起人股	0
社会法人股	0
其他非流通股	0
B股/H股	0
A股流通股	267656828

财务数据	2009.12.31
总资产(万元)	1101807.317
股东权益(万元)	259141.3874
营业收入(万元)	141463.47
利润总额(万元)	68970.5641
投资收益(万元)	16214.3264
净利润(万元)	51636.7495
每股收益(元/股)	0.516
每股净资产(元/股)	2.591
净资产收益率(%)	19.93

A股融资与分红	送股	红利
除权日/增发日	2009-06-05	2009-06-05
送配/红利比例	1.00	0.12
配股价/增发价	-	-
上市日	2009-06-08	-

A股股票市场表现	
市价总值(万元)	2415584.73
流通市值(万元)	646391.24
成交股数(万股)	326353.64
成交金额(万元)	8598243.93
换手率(%)	1219.30
市盈率(倍)	31.94
开盘(元)	24.40
最高(元)	44.35
最低(元)	17.48
收盘(元)	24.15

股票年度走势图

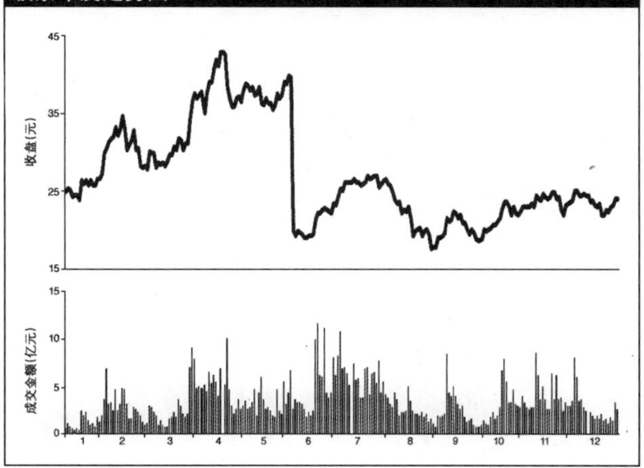

内蒙古包钢稀土（集团）高科技股份有限公司
Inner Mongolia Baotou Steel Rare-Earth (Group) Hi-Tech Co., Ltd.

基本情况		股票简称	包钢稀土
股票代码	600111	上市时间	1997-09-24
办公地址	内蒙古包头市稀土高新技术产业开发区青工南路		
联系人	张日辉	联系电话	(0472) 2207525
传真	(0472) 2207788	邮政编码	014030
经营范围	稀土精矿、稀土深加工产品、稀土新材料的生产、销售；稀土高科技应用产品的开发、生产		

股本(股)	2009.12.31
总股本	807348000
国家股	314191382
境内发起人股	0
境外发起人股	0
社会法人股	0
其他非流通股	0
B股/H股	0
A股流通股	493156618
财务数据	**2009.12.31**
总资产(万元)	646352.0046
股东权益(万元)	169607.3617
营业收入(万元)	256095.9221
利润总额(万元)	17349.118
投资收益(万元)	261.5816
净利润(万元)	5576.8137
每股收益(元/股)	0.069
每股净资产(元/股)	2.101
净资产收益率(%)	3.29
A股融资与分红	
除权日/增发日	
送配/红利比例	
配股价/增发价	
上市日	
A股股票市场表现	
市价总值(万元)	2213748.22
流通市值(万元)	1352235.45
成交股数(万股)	890193.07
成交金额(万元)	19258292.17
换手率(%)	1805.09
市盈率(倍)	130.89
开盘(元)	7.28
最高(元)	33.30
最低(元)	7.23
收盘(元)	27.42

股票年度走势图

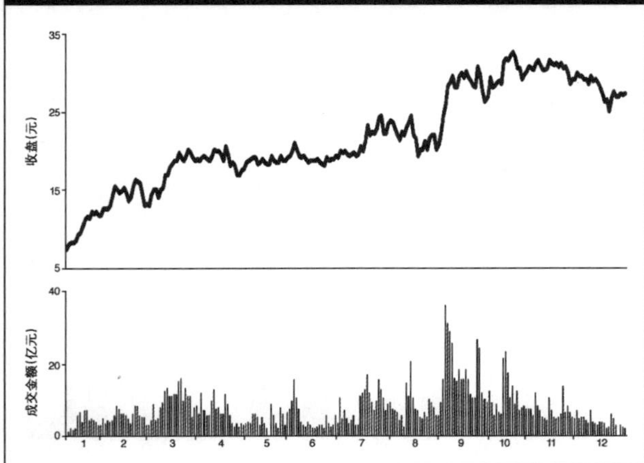

山西兰花科技创业股份有限公司
Shangxi Lanhua Sci–Tech Venture Co., Ltd.

基本情况		股票简称	兰花科创
股票代码	600123	上市时间	1998-12-17
办公地址	山西省晋城市凤台东街2288号		
联系人	王立印	联系电话	(0356) 2189698
传真	(0356) 2189608	邮政编码	48000
经营范围	煤炭、型煤、型焦等化工产品(不含火工品)、建筑材料的生产、销售		

股本(股)	2009.12.31
总股本	571200000
国家股	0
境内发起人股	0
境外发起人股	0
社会法人股	0
其他非流通股	0
B股/H股	0
A股流通股	571200000
财务数据	**2009.12.31**
总资产(万元)	1162266.439
股东权益(万元)	531010.1608
营业收入(万元)	555289.408
利润总额(万元)	161518.7457
投资收益(万元)	42481.658
净利润(万元)	127053.4008
每股收益(元/股)	2.224
每股净资产(元/股)	9.296
净资产收益率(%)	23.93
A股融资与分红	**红利**
除权日/增发日	2009-05-21
送配/红利比例	0.608
配股价/增发价	–
上市日	–
A股股票市场表现	
市价总值(万元)	2498428.80
流通市值(万元)	2498428.80
成交股数(万股)	289085.53
成交金额(万元)	8816346.37
换手率(%)	506.10
市盈率(倍)	17.83
开盘(元)	12.20
最高(元)	45.60
最低(元)	12.16
收盘(元)	43.74

股票年度走势图

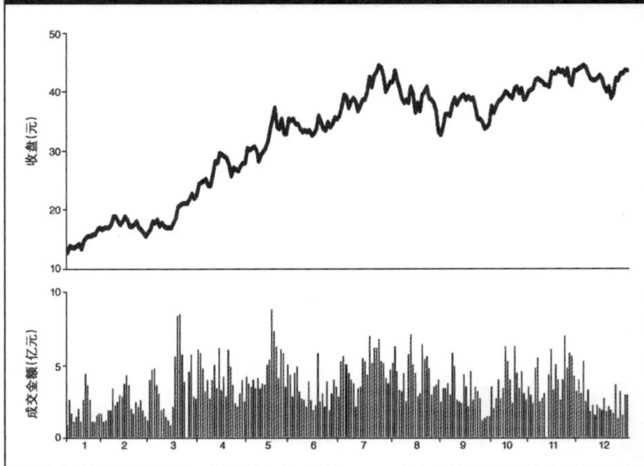

湖南金健米业股份有限公司
Hunan Jinjian Cereals Industry Co., Ltd.

基本情况		股票简称	金健米业
股票代码	600127	上市时间	1998-05-06
办公地址	湖南省常德市德山经济开发区金健米业总部办公大楼		
联系人	谢文	联系电话	(0736) 2588216
传真	(0736) 2588288	邮政编码	415001
经营范围	开发、生产、销售粮油及制品、饲料及饲料原料、新型食品、食品包装材料；提供旅游服务		

股本(股)	2009.12.31
总股本	544459617
国家股	0
境内发起人股	0
境外发起人股	0
社会法人股	0
其他非流通股	0
B股/H股	0
A股流通股	544459617

财务数据	2009.12.31
总资产(万元)	158556.4537
股东权益(万元)	54890.5751
营业收入(万元)	119695.9159
利润总额(万元)	1359.5635
投资收益(万元)	55.1814
净利润(万元)	380.3446
每股收益(元/股)	0.007
每股净资产(元/股)	1.01
净资产收益率(%)	0.7

A股融资与分红	
除权日/增发日	
送配/红利比例	
配股价/增发价	
上市日	

A股股票市场表现	
市价总值(万元)	460068.38
流通市值(万元)	460068.38
成交股数(万股)	724368.33
成交金额(万元)	5007699.72
换手率(%)	1330.44
市盈率(倍)	0.00
开盘(元)	4.75
最高(元)	8.80
最低(元)	4.70
收盘(元)	8.45

股票年度走势图

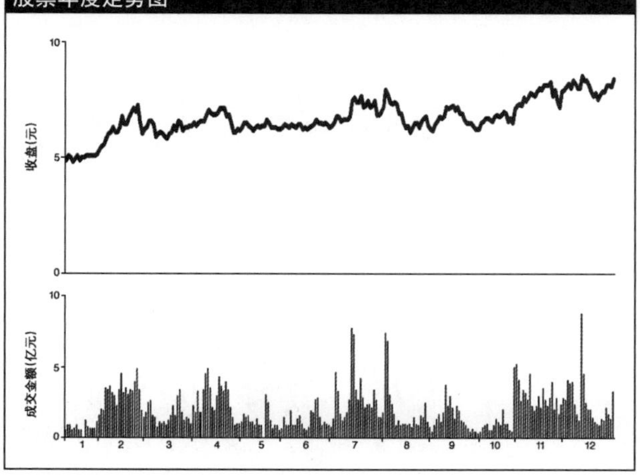

中青旅控股股份有限公司
China Cyts Tours Holding Co., Ltd.

基本情况		股票简称	中青旅
股票代码	600138	上市时间	1997-12-03
办公地址	北京市东城区东直门南大街5号中青旅大厦		
联系人	刘广明	联系电话	(010) 58158777
传真	(010) 58158708	邮政编码	100007
经营范围	从事旅游、高科技、风险投资、证券行业的投资；经营入境旅游、国内旅游等		

股本(股)	2009.12.31
总股本	415350000
国家股	68788816
境内发起人股	0
境外发起人股	0
社会法人股	0
其他非流通股	13650000
B股/H股	0
A股流通股	332911184

财务数据	2009.12.31
总资产(万元)	564708.9655
股东权益(万元)	214630.3413
营业收入(万元)	619087.1657
利润总额(万元)	63716.1043
投资收益(万元)	5367.7112
净利润(万元)	25261.9194
每股收益(元/股)	0.608
每股净资产(元/股)	5.167
净资产收益率(%)	11.77

A股融资与分红	红利
除权日/增发日	2009-06-03
送配/红利比例	0.12
配股价/增发价	–
上市日	–

A股股票市场表现	
市价总值(万元)	662483.25
流通市值(万元)	530993.34
成交股数(万股)	437376.30
成交金额(万元)	5175330.76
换手率(%)	1313.79
市盈率(倍)	50.94
开盘(元)	7.73
最高(元)	16.29
最低(元)	7.52
收盘(元)	15.95

股票年度走势图

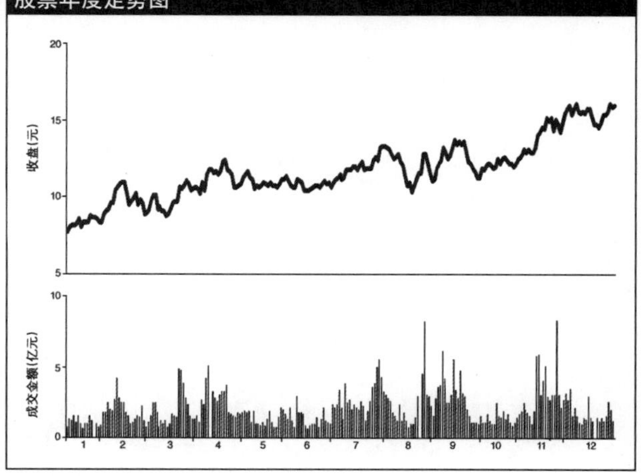

中国船舶工业股份有限公司
China CSSC Holdings Limited

基本情况		股票简称	中国船舶
股票代码	600150	上市时间	1998-05-202
办公地址	上海市浦东大道1号		
联系人	施卫东	联系电话	(021) 68860618
传真	(021) 68860568	邮政编码	200120
经营范围	船用柴油机及备配件、铸锻件的设计、制造、销售；陆用电站、冶金设备、工程机械等		

股本(股)	2009.12.31
总股本	662556538
国家股	395000000
境内发起人股	5000000
境外发起人股	0
社会法人股	0
其他非流通股	0
B股/H股	0
A股流通股	262556538
财务数据	**2009.12.31**
总资产(万元)	4303016.625
股东权益(万元)	1389120.574
营业收入(万元)	2484625.27
利润总额(万元)	314219.6348
投资收益(万元)	-2615.3396
净利润(万元)	250060.5199
每股收益(元/股)	3.774
每股净资产(元/股)	20.966
净资产收益率(%)	18
A股融资与分红	**红利**
除权日/增发日	2009-06-18
送配/红利比例	1.00
配股价/增发价	-
上市日	-
A股股票市场表现	
市价总值(万元)	5157340.09
流通市值(万元)	2043740.09
成交股数(万股)	143949.25
成交金额(万元)	9798592.02
换手率(%)	548.26
市盈率(倍)	12.40
开盘(元)	38.77
最高(元)	104.60
最低(元)	38.50
收盘(元)	77.84

股票年度走势图

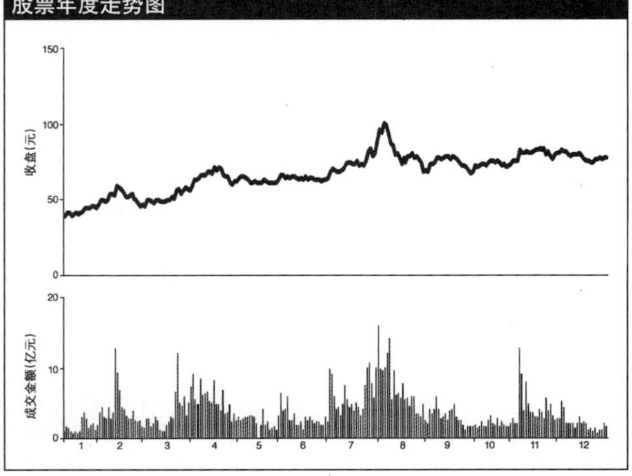

上海航天汽车机电股份有限公司
Shanghai Aerospace Automobile Electromechanical Co., Ltd.

基本情况		股票简称	航天机电
股票代码	600151	上市时间	1998-06-05
办公地址	上海市漕溪路222号航天大厦南楼8楼		
联系人	王慧莉	联系电话	(021) 64827176
传真	(021) 64827177	邮政编码	200235
经营范围	汽车空调器、传感器、电机、自动天线等汽车零部件、机械加工及设备、电子电器、通讯		

股本(股)	2009.12.31
总股本	748544000
国家股	0
境内发起人股	0
境外发起人股	0
社会法人股	0
其他非流通股	0
B股/H股	0
A股流通股	748544000
财务数据	**2009.12.31**
总资产(万元)	564523.8035
股东权益(万元)	130247.9226
营业收入(万元)	126157.0741
利润总额(万元)	11262.5819
投资收益(万元)	14178.7535
净利润(万元)	7748.2391
每股收益(元/股)	0.104
每股净资产(元/股)	1.74
净资产收益率(%)	5.95
A股融资与分红	**红利**
除权日/增发日	2009-05-15
送配/红利比例	0.025
配股价/增发价	-
上市日	-
A股股票市场表现	
市价总值(万元)	861574.14
流通市值(万元)	861574.14
成交股数(万股)	456153.70
成交金额(万元)	5206313.16
换手率(%)	609.39
市盈率(倍)	292.21
开盘(元)	4.51
最高(元)	16.57
最低(元)	4.51
收盘(元)	11.51

股票年度走势图

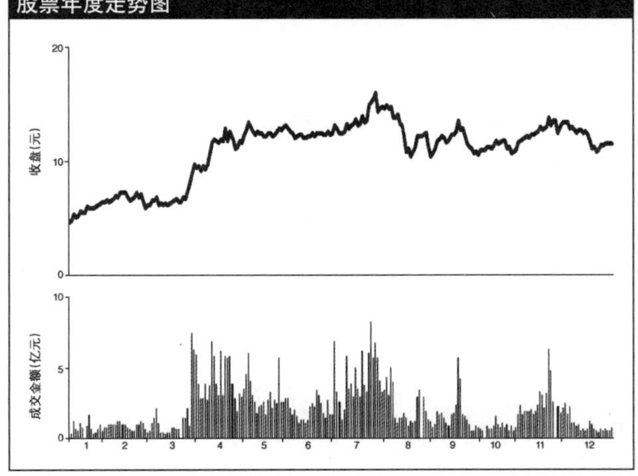

厦门建发股份有限公司
Xiamen C&D INC.

基本情况		股票简称	建发股份
股票代码	600153	上市时间	1998-06-16
办公地址	福建省厦门市鹭江道52号海滨大厦7楼		
联系人	林茂	联系电话	(0952) 2263616
传真	(0592) 2112185	邮政编码	361001
经营范围	进出口贸易、港口贸易配套服务、临港工业基地建设于一体的港口经济		

股本(股)	2009.12.31
总股本	1243194856
国家股	0
境内发起人股	0
境外发起人股	0
社会法人股	0
其他非流通股	0
B股/H股	0
A股流通股	1243194856
财务数据	**2009.12.31**
总资产(万元)	2688644.663
股东权益(万元)	464698.4953
营业收入(万元)	4049936.329
利润总额(万元)	165668.5412
投资收益(万元)	8788.9188
净利润(万元)	106370.4889
每股收益(元/股)	0.856
每股净资产(元/股)	3.738
净资产收益率(%)	22.89
A股融资与分红	**红利**
除权日/增发日	2009-08-25
送配/红利比例	0.25
配股价/增发价	–
上市日	–
A股股票市场表现	
市价总值(万元)	1611180.53
流通市值(万元)	1611180.53
成交股数(万股)	378189.46
成交金额(万元)	4330576.12
换手率(%)	304.21
市盈率(倍)	25.86
开盘(元)	6.36
最高(元)	15.98
最低(元)	6.36
收盘(元)	12.96

股票年度走势图

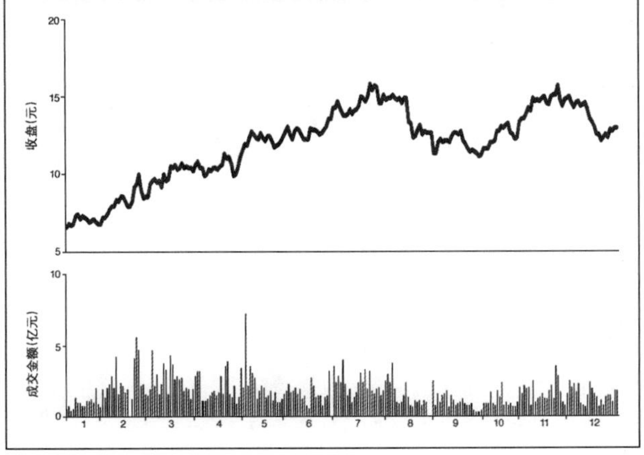

中体产业集团股份有限公司
China Sports Industry Group Co., Ltd.

基本情况		股票简称	中体产业
股票代码	600158	上市时间	1998-03-27
办公地址	北京市朝阳区朝外大街225号		
联系人	王戊一	联系电话	(010) 65536158-121
传真	(010) 65515338	邮政编码	100020
经营范围	体育产品的生产、加工、经销；体育场馆设施的建设、开发、经营；体育商品的国内贸易等		

股本(股)	2009.12.31
总股本	803557498
国家股	177371410
境内发起人股	0
境外发起人股	26151852
社会法人股	0
其他非流通股	0
B股/H股	0
A股流通股	600034236
财务数据	**2009.12.31**
总资产(万元)	333462.8098
股东权益(万元)	113369.3517
营业收入(万元)	95940.8448
利润总额(万元)	14544.8881
投资收益(万元)	2198.6523
净利润(万元)	5097.6871
每股收益(元/股)	0.063
每股净资产(元/股)	1.411
净资产收益率(%)	4.5
A股融资与分红	**红利**
除权日/增发日	2009-12-15
送配/红利比例	0.065
配股价/增发价	–
上市日	–
A股股票市场表现	
市价总值(万元)	662934.94
流通市值(万元)	495028.24
成交股数(万股)	914782.86
成交金额(万元)	8257431.37
换手率(%)	1524.55
市盈率(倍)	33.57
开盘(元)	5.03
最高(元)	11.59
最低(元)	4.96
收盘(元)	8.25

股票年度走势图

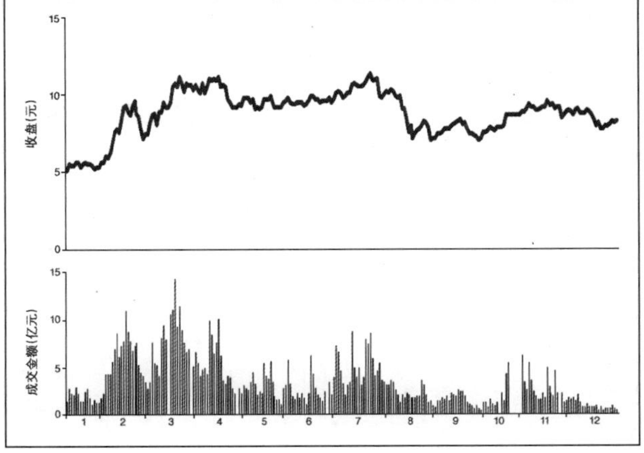

北京天坛生物制品股份有限公司
Beijing Tiantan Biological Products Co., Ltd.

基本情况		股票简称	天坛生物
股票代码	600161	上市时间	1998-06-16
办公地址	北京市朝阳区三间房南里4号		
联系人	张翼	联系电话	(010) 65762911
传真	(010) 65792747	邮政编码	100024
经营范围	疫苗、菌苗、类毒素、抗毒素、血液制品、诊断用品、新生物制品的研发、生产和销售		

股本(股)	2009.12.31
总股本	488250000
国家股	0
境内发起人股	0
境外发起人股	0
社会法人股	0
其他非流通股	0
B股/H股	0
A股流通股	488250000
财务数据	**2009.12.31**
总资产(万元)	216102.0418
股东权益(万元)	79866.1547
营业收入(万元)	107643.6176
利润总额(万元)	35102.935
投资收益(万元)	−128.5749
净利润(万元)	21165.9754
每股收益(元/股)	0.434
每股净资产(元/股)	1.636
净资产收益率(%)	26.5
A股融资与分红	
除权日/增发日	
送配/红利比例	
配股价/增发价	
上市日	
A股股票市场表现	
市价总值(万元)	1298745.00
流通市值(万元)	1298745.00
成交股数(万股)	336840.99
成交金额(万元)	8200737.92
换手率(%)	689.89
市盈率(倍)	97.37
开盘(元)	14.74
最高(元)	34.70
最低(元)	14.56
收盘(元)	26.60

股票年度走势图

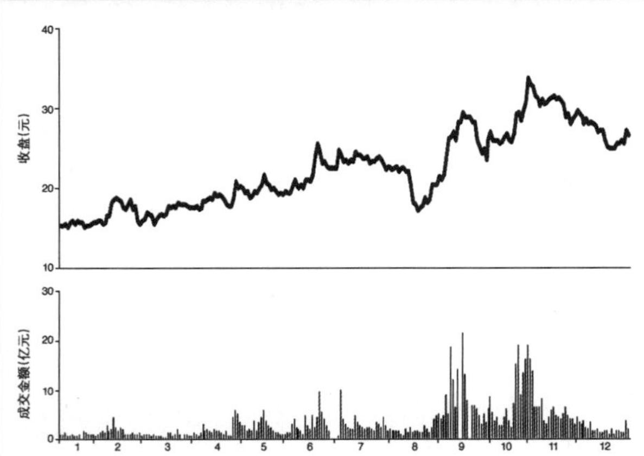

深圳香江控股股份有限公司
Shenzhen Heungkong Holding Co., Ltd.

基本情况		股票简称	香江控股
股票代码	600162	上市时间	1998-06-09
办公地址	广东省广州市番禺区迎宾路锦绣香江花园香江控股办公楼		
联系人	谢郁武	联系电话	(020) 34821006
传真	(020) 34821008	邮政编码	511442
经营范围	投资兴办实业(具体项目另行申报);在合法取得使用权的土地上从事房地产开发经营;物业管理;从事建筑工程和装饰工程的施工(须取得相应的资质证书后方可经营);企业形象策划;酒店管理;国内商业、物资供销业(不含专营、专控、专卖商品);经营进出口业务		

股本(股)	2009.12.31
总股本	767812619
国家股	0
境内发起人股	406115339
境外发起人股	0
社会法人股	0
其他非流通股	0
B股/H股	0
A股流通股	361697280
财务数据	**2009.12.31**
总资产(万元)	612054.1955
股东权益(万元)	134589.3688
营业收入(万元)	216791.6628
利润总额(万元)	52368.7651
投资收益(万元)	399.6808
净利润(万元)	25557.7401
每股收益(元/股)	0.333
每股净资产(元/股)	1.753
净资产收益率(%)	18.99
A股融资与分红	
除权日/增发日	
送配/红利比例	
配股价/增发价	
上市日	
A股股票市场表现	
市价总值(万元)	677210.73
流通市值(万元)	319017.00
成交股数(万股)	501236.32
成交金额(万元)	3824602.66
换手率(%)	1385.79
市盈率(倍)	32.13
开盘(元)	3.42
最高(元)	11.31
最低(元)	3.38
收盘(元)	8.82

股票年度走势图

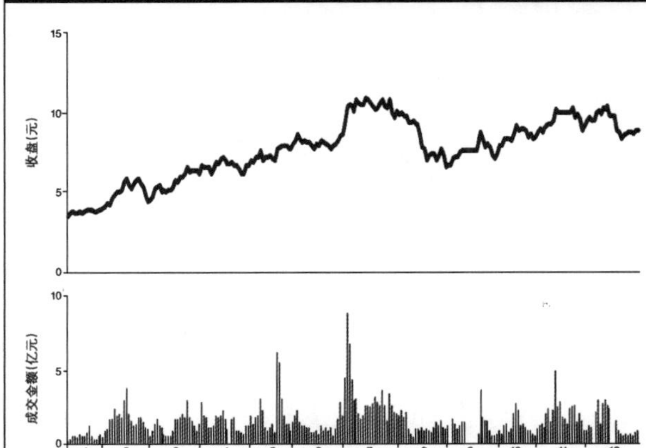

北汽福田汽车股份有限公司
Beiqi Foton Motor Co., Ltd.

基本情况		股票简称	福田汽车
股票代码	600166	上市时间	1998-06-02
办公地址	北京市昌平区沙河镇沙阳路		
联系人	龚敏	联系电话	(010) 80716459
传真	(010) 80716459	邮政编码	102206
经营范围	制造、销售汽车（不含小轿车）、农用车、农用机械、摩托车、拖拉机及配件、自行车、建筑材料、模具、冲压件、发动机、塑料机械、塑料制品、板材构件、机械电器设备；销售钢材、木材、五金交电、钢结构及网架工程施工；技术开发、技术转让、技术咨询、技术培训、技术服务		

股本(股)	2009.12.31
总股本	926408500
国家股	313612250
境内发起人股	0
境外发起人股	0
社会法人股	0
其他非流通股	0
B股/H股	0
A股流通股	602796250
财务数据	**2009.12.31**
总资产（万元）	1765732.665
股东权益（万元）	407438.9951
营业收入（万元）	4401351.372
利润总额（万元）	127955.1258
投资收益（万元）	-3798.5256
净利润（万元）	103732.8533
每股收益（元/股）	1.132
每股净资产（元/股）	4.446
净资产收益率（%）	25.46
A股融资与分红	**红利**
除权日/增发日	2009-06-12
送配/红利比例	0.02
配股价/增发价	-
上市日	-
A股股票市场表现	
市价总值（万元）	1745758.19
流通市值（万元）	1148326.86
成交股数（万股）	534831.56
成交金额（万元）	6633216.99
换手率（%）	887.25
市盈率（倍）	50.47
开盘（元）	5.01
最高（元）	21.89
最低（元）	4.81
收盘（元）	19.05

股票年度走势图

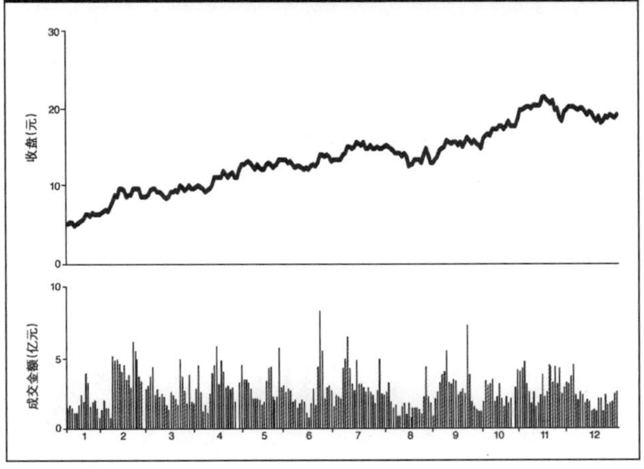

雅戈尔集团股份有限公司
Youngor Group Co., Ltd.

基本情况		股票简称	雅戈尔
股票代码	600177	上市时间	1998-11-19
办公地址	浙江宁波鄞县大道西段2号		
联系人	刘新宇	联系电话	(0574) 87425136
传真	(0574) 87425390	邮政编码	315153
经营范围	服装制造；技术咨询；房地产开发；项目投资；仓储；针纺织品、金属材料、化工产品、建筑材料、机电、家电、电子器材的批发、零售；经营本企业成员企业生产、科研所需的原辅材料、机械设备、仪器仪表及零配件等商品及相关的进口业务；承办中外合资经营、合作生产及开展"三来一补"业务		

股本(股)	2009.12.31
总股本	2226611695
国家股	0
境内发起人股	795916948
境外发起人股	0
社会法人股	0
其他非流通股	0
B股/H股	0
A股流通股	1430694747
财务数据	**2009.12.31**
总资产（万元）	4193400.112
股东权益（万元）	1443459.792
营业收入（万元）	1211534.073
利润总额（万元）	409760.1258
投资收益（万元）	197901.8707
净利润（万元）	326392.1146
每股收益（元/股）	1.466
每股净资产（元/股）	6.483
净资产收益率（%）	22.61
A股融资与分红	**红利**
除权日/增发日	2009-06-05
送配/红利比例	0.30
配股价/增发价	-
上市日	-
A股股票市场表现	
市价总值（万元）	3230813.57
流通市值（万元）	2075938.08
成交股数（万股）	592429.08
成交金额（万元）	7304732.64
换手率（%）	414.08
市盈率（倍）	20.41
开盘（元）	7.26
最高（元）	16.10
最低（元）	7.25
收盘（元）	14.51

股票年度走势图

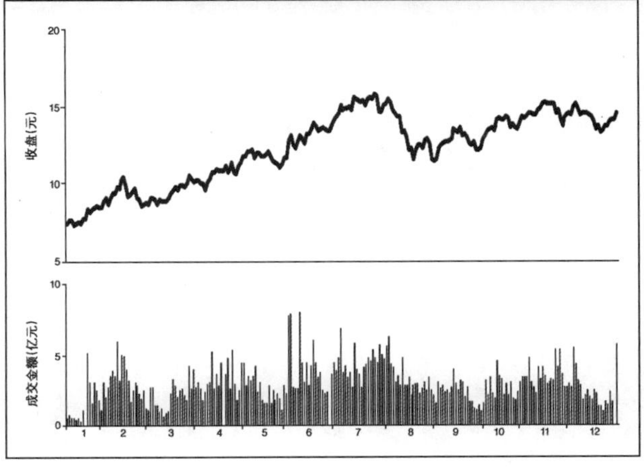

广东生益科技股份有限公司
Guangdong Shengyi Sci.Tech Co., Ltd.

基本情况		股票简称	生益科技
股票代码	600183	上市时间	1998-10-28
办公地址	广东省东莞市万江区莞穗大道 411 号		
联系人	温世龙	联系电话	(0769) 22271828-8183
传真	(0769) 22174183	邮政编码	523039
经营范围	生产、销售覆铜板和粘结片、印刷线路板、陶瓷电子原件、液晶产品、电子级玻璃布等		

股本(股)	2009.12.31
总股本	957023438
国家股	0
境内发起人股	365625
境外发起人股	0
社会法人股	0
其他非流通股	0
B 股 / H 股	0
A 股流通股	956657813
财务数据	**2009.12.31**
总资产(万元)	461537.9908
股东权益(万元)	222709.0164
营业收入(万元)	357162.5925
利润总额(万元)	38641.9949
投资收益(万元)	7962.2721
净利润(万元)	31618.8533
每股收益(元/股)	0.33
每股净资产(元/股)	2.327
净资产收益率(%)	14.2
A 股融资与分红	**红利**
除权日/增发日	2009-06-22
送配/红利比例	0.15
配股价/增发价	–
上市日	–
A 股股票市场表现	
市价总值(万元)	990519.26
流通市值(万元)	990140.84
成交股数(万股)	516573.22
成交金额(万元)	4055446.09
换手率(%)	539.98
市盈率(倍)	76.31
开盘(元)	4.70
最高(元)	10.93
最低(元)	4.58
收盘(元)	10.35

股票年度走势图

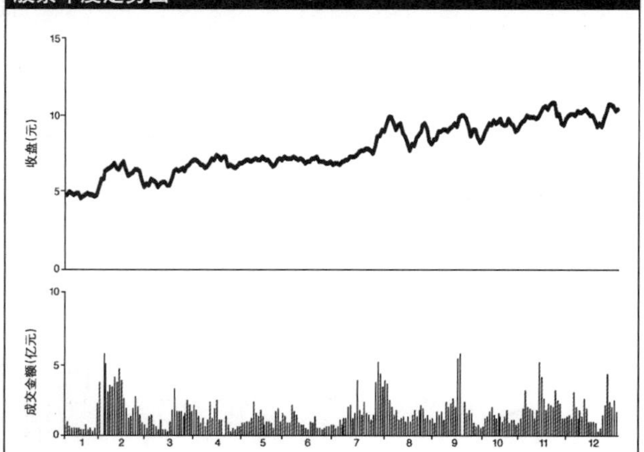

兖州煤业股份有限公司
Yanzhou Coal Mining Co., Ltd.

基本情况		股票简称	兖州煤业
股票代码	600188	上市时间	1998-07-01
办公地址	山东省邹城市凫山南路 298 号		
联系人	张宝才	联系电话	(0537) 5384031
传真	(0537) 5383311	邮政编码	273500
经营范围	煤炭的开采、洗选和销售		

股本(股)	2009.12.31
总股本	4918400000
国家股	2600000000
境内发起人股	0
境外发起人股	0
社会法人股	0
其他非流通股	0
B 股 / H 股	1958400000
A 股流通股	360000000
财务数据	**2009.12.31**
总资产(万元)	6225234.872
股东权益(万元)	2835778.542
营业收入(万元)	2067713.915
利润总额(万元)	541117.5648
投资收益(万元)	11207.389
净利润(万元)	388032.9329
每股收益(元/股)	0.789
每股净资产(元/股)	5.766
净资产收益率(%)	13.68
A 股融资与分红	**红利**
除权日/增发日	2009-07-21
送配/红利比例	0.40
配股价/增发价	–
上市日	–
A 股股票市场表现	
市价总值(万元)	6819840.00
流通市值(万元)	829440.00
成交股数(万股)	539391.32
成交金额(万元)	8979964.97
换手率(%)	1498.31
市盈率(倍)	17.48
开盘(元)	8.45
最高(元)	26.15
最低(元)	8.40
收盘(元)	23.04

股票年度走势图

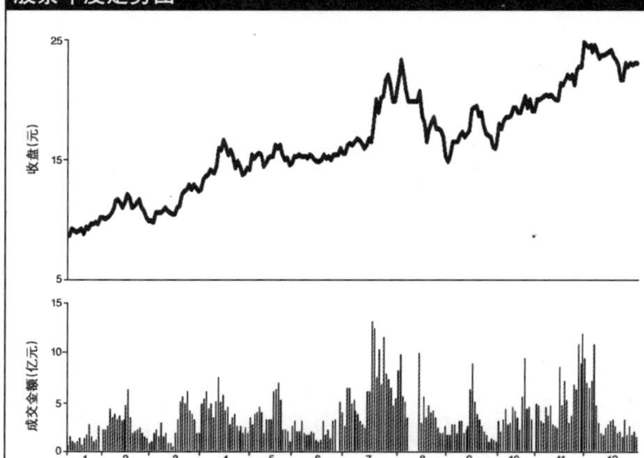

上海复星医药(集团)股份有限公司
Shanghai Fosun Pharmaceutical (group) Co., Ltd.

基本情况		股票简称	复星医药
股票代码	600196	上市时间	1998-08-07
办公地址	上海市复兴东路2号		
联系人	程阳锋	联系电话	(021) 63321165
传真	(021) 63325079	邮政编码	200010
经营范围	现代生物医药产品、试剂的开发与生产;生物四技服务;生产销售自身开发的产品和医疗器械		

股本(股)	2009.12.31
总股本	1237774909
国家股	0
境内发起人股	552125767
境外发起人股	0
社会法人股	0
其他非流通股	0
B股/H股	0
A股流通股	685649142
财务数据	**2009.12.31**
总资产(万元)	1152714.594
股东权益(万元)	647652.2231
营业收入(万元)	379585.4614
利润总额(万元)	326466.8429
投资收益(万元)	321913.9315
净利润(万元)	249820.1836
每股收益(元/股)	2.018
每股净资产(元/股)	5.232
净资产收益率(%)	38.57
A股融资与分红	**红利**
除权日/增发日	2009-08-19
送配/红利比例	0.10
配股价/增发价	–
上市日	–
A股股票市场表现	
市价总值(万元)	2422325.50
流通市值(万元)	1341815.37
成交股数(万股)	453406.26
成交金额(万元)	7136079.80
换手率(%)	661.28
市盈率(倍)	35.06
开盘(元)	10.82
最高(元)	21.73
最低(元)	10.50
收盘(元)	19.57

股票年度走势图

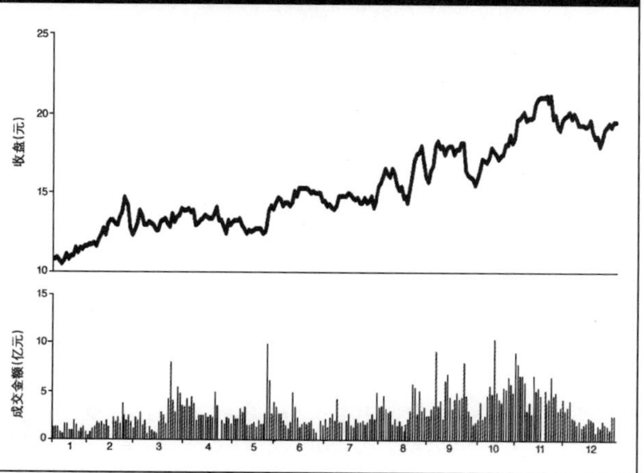

新湖中宝股份有限公司
Xinhu Zhongbao Co., Ltd.

基本情况		股票简称	新湖中宝
股票代码	600208	上市时间	1999-06-23
办公地址	浙江省杭州市西溪路128号新湖商务大厦11层		
联系人	虞迪锋	联系电话	(0571) 87395003
传真	(0571) 87395052	邮政编码	310007
经营范围	珠宝、黄金饰品生产、加工、批发、零售;珠宝玉器的加工与销售;矿产地质勘查、矿物分析		

股本(股)	2009.12.31
总股本	3384402426
国家股	0
境内发起人股	201453441
境外发起人股	0
社会法人股	0
其他非流通股	0
B股/H股	0
A股流通股	3182948985
财务数据	**2009.12.31**
总资产(万元)	2194532.091
股东权益(万元)	630635.8451
营业收入(万元)	636228.7685
利润总额(万元)	160491.3324
投资收益(万元)	48702.096
净利润(万元)	115017.0256
每股收益(元/股)	0.34
每股净资产(元/股)	1.863
净资产收益率(%)	18.24
A股融资与分红	
除权日/增发日	
送配/红利比例	
配股价/增发价	
上市日	
A股股票市场表现	
市价总值(万元)	3360711.61
流通市值(万元)	3160668.34
成交股数(万股)	524764.87
成交金额(万元)	5027245.72
换手率(%)	164.87
市盈率(倍)	39.98
开盘(元)	4.44
最高(元)	15.02
最低(元)	4.26
收盘(元)	9.93

股票年度走势图

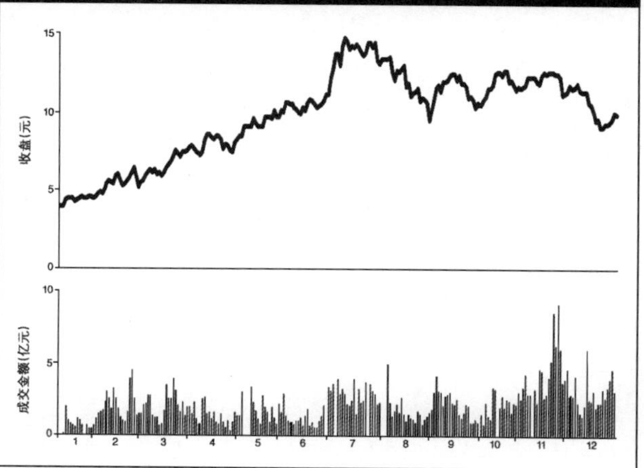

浙江医药股份有限公司
Zhejiang Medicine Co., Ltd.

基本情况		股票简称	浙江医药
股票代码	600216	上市时间	1999-10-21
办公地址	浙江省杭州市拱墅区登云路268号		
联系人	俞祝军	联系电话	(0571) 87213883
传真	(0571) 87213883	邮政编码	310011
经营范围	片剂、胶囊剂、口服液、注射剂、滴服剂、原料药的生产;化学原料药、化学药、抗生素制药		

股本(股)	2009.12.31
总股本	450060000
国家股	0
境内发起人股	81384
境外发起人股	0
社会法人股	0
其他非流通股	0
B股/H股	0
A股流通股	449978616
财务数据	**2009.12.31**
总资产(万元)	387963.9627
股东权益(万元)	284912.6623
营业收入(万元)	416989.6632
利润总额(万元)	142200.8718
投资收益(万元)	469.4238
净利润(万元)	121375.4826
每股收益(元/股)	2.697
每股净资产(元/股)	6.331
净资产收益率(%)	42.6
A股融资与分红	**红利**
除权日/增发日	2009-05-27
送配/红利比例	0.70
配股价/增发价	–
上市日	–
A股股票市场表现	
市价总值(万元)	1600863.42
流通市值(万元)	1600573.94
成交股数(万股)	262684.40
成交金额(万元)	5990315.39
换手率(%)	583.77
市盈率(倍)	16.46
开盘(元)	14.29
最高(元)	36.27
最低(元)	14.16
收盘(元)	35.57

股票年度走势图

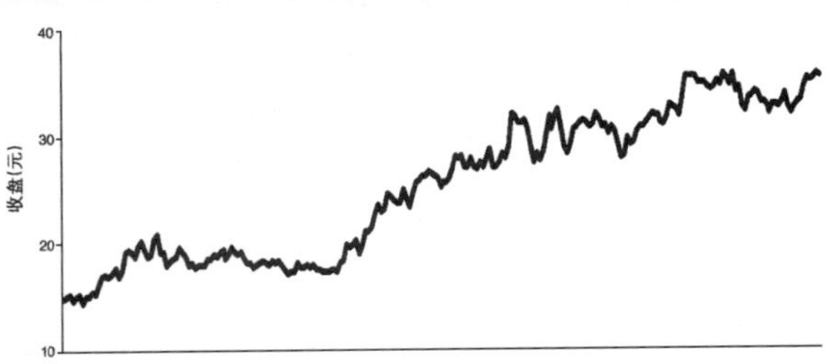

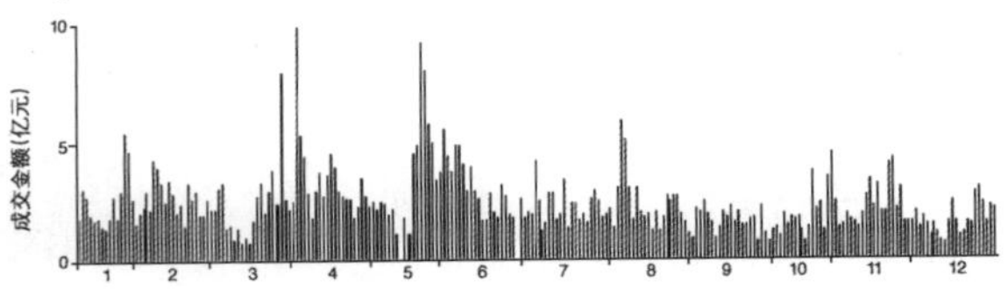

山东南山铝业股份有限公司
Shandong Nanshan Alumium Co., Ltd.

基本情况		股票简称	南山铝业
股票代码	600219	上市时间	1999-12-23
办公地址	山东省龙口市东江镇南山村		
联系人	邢美敏	联系电话	(0535) 8666352
传真	(0535) 8616188	邮政编码	265706
经营范围	石墨和碳素制品、铝及铝合金制品开发、生产、加工、销售;电力生产及供应;批准范围的自营进出口、进料加工和"三来一补"业务(以上国家有规定须凭许可批准经营);装饰装修及铝合金结构制品、铝门窗的安装(须凭资质证书经营);许可证范围内天然气销售、燃气灶具销售		

股本(股)	2009.12.31
总股本	1650714495
国家股	0
境内发起人股	822000000
境外发起人股	0
社会法人股	0
其他非流通股	0
B股/H股	0
A股流通股	828714495
财务数据	**2009.12.31**
总资产(万元)	1529664.696
股东权益(万元)	1159605.709
营业收入(万元)	702380.5337
利润总额(万元)	95238.073
投资收益(万元)	393.0016
净利润(万元)	71481.6148
每股收益(元/股)	0.433
每股净资产(元/股)	7.025
净资产收益率(%)	6.16
A股融资与分红	**红利**
除权日/增发日	2009-06-05
送配/红利比例	0.10
配股价/增发价	–
上市日	–
A股股票市场表现	
市价总值(万元)	2183895.28
流通市值(万元)	1096389.28
成交股数(万股)	746748.97
成交金额(万元)	8648737.57
换手率(%)	901.09
市盈率(倍)	34.73
开盘(元)	6.34
最高(元)	16.49
最低(元)	6.27
收盘(元)	13.23

股票年度走势图

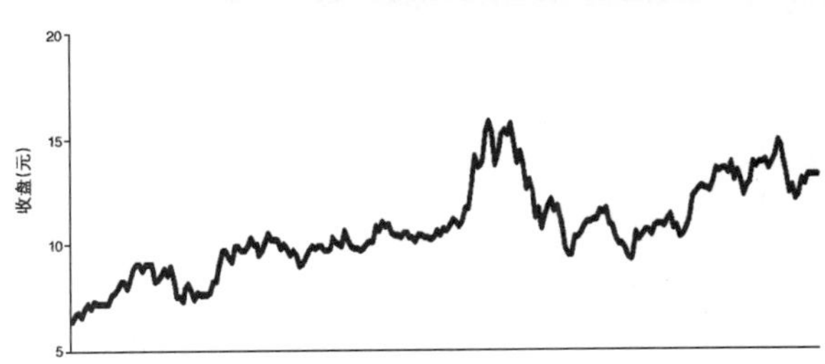

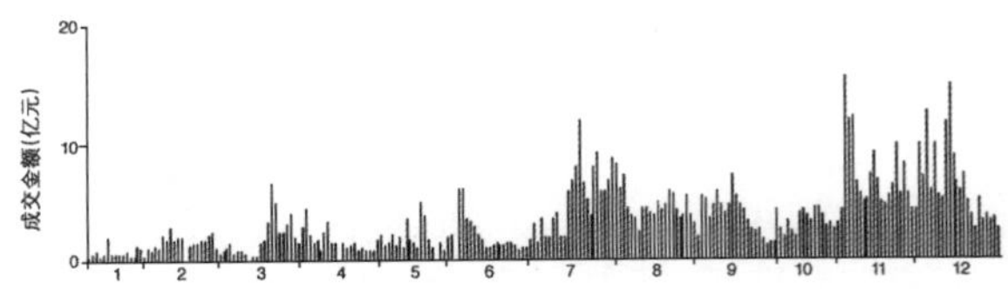

江苏阳光股份有限公司 Jiangsu Sunshine Co., Ltd.

基本情况		股票简称	江苏阳光
股票代码	600220	上市时间	1999-09-27
办公地址	江苏省江阴市新桥镇马嘶桥		
联系人	徐伟民	联系电话	(0510) 86121688
传真	(0510) 86121688	邮政编码	214426
经营范围	呢绒、毛纱、毛线、针纺织品、服装；纺织机械及配件的制造、销售；毛洗净分梳、纺织原料		

股本(股)	2009.12.31
总股本	1783340326
国家股	0
境内发起人股	509381384
境外发起人股	0
社会法人股	0
其他非流通股	0
B股/H股	0
A股流通股	1273958942

财务数据	2009.12.31
总资产(万元)	572058.3425
股东权益(万元)	282040.2728
营业收入(万元)	251862.4717
利润总额(万元)	15743.8535
投资收益(万元)	884.8814
净利润(万元)	10502.0371
每股收益(元/股)	0.059
每股净资产(元/股)	1.582
净资产收益率(%)	3.72

A股融资与分红	
除权日/增发日	
送配/红利比例	
配股价/增发价	
上市日	

A股股票市场表现	
市价总值(万元)	1032554.05
流通市值(万元)	737622.23
成交股数(万股)	1370188.81
成交金额(万元)	7895191.86
换手率(%)	1075.54
市盈率(倍)	70.10
开盘(元)	3.80
最高(元)	7.06
最低(元)	3.76
收盘(元)	5.79

股票年度走势图

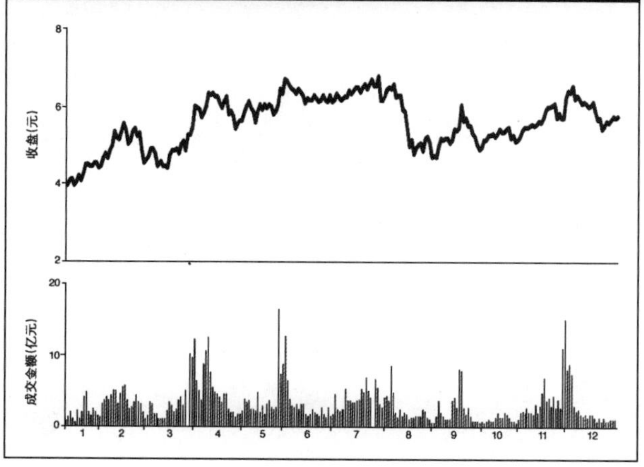

海南航空股份有限公司 Hainan Airlines Co., Ltd.

基本情况		股票简称	海南航空
股票代码	600221	上市时间	1999-11-25
办公地址	海南省海口市海秀路29号海航发展大厦		
联系人	吕广伟	联系电话	(0898) 66739996
传真	(0898) 66739960	邮政编码	570206
经营范围	经批准的国内航空客货运输业务、周边国家和地区公务包机飞机业务、航空器维修和服务等		

股本(股)	2009.12.31
总股本	3530252801
国家股	0
境内发起人股	335600
境外发起人股	0
社会法人股	0
其他非流通股	0
B股/H股	184723201
A股流通股	3345194000

财务数据	2009.12.31
总资产(万元)	5934342.5
股东权益(万元)	654882.7
营业收入(万元)	1554836.3
利润总额(万元)	48554.9
投资收益(万元)	889.2
净利润(万元)	33467
每股收益(元/股)	0.09
每股净资产(元/股)	1.86
净资产收益率(%)	5.27

A股融资与分红	
除权日/增发日	
送配/红利比例	
配股价/增发价	
上市日	

A股股票市场表现	
市价总值(万元)	2224777.18
流通市值(万元)	2224554.01
成交股数(万股)	804684.98
成交金额(万元)	4255657.86
换手率(%)	240.55
市盈率(倍)	0.00
开盘(元)	3.13
最高(元)	6.84
最低(元)	3.08
收盘(元)	6.65

股票年度走势图

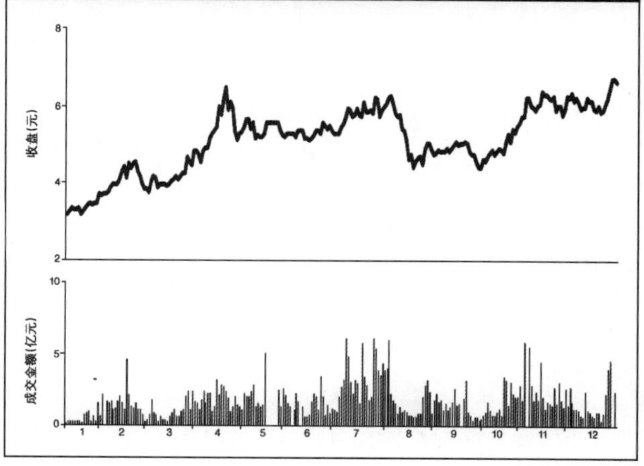

广西桂冠电力股份有限公司
Guangxi Guiguan Electric Power Co., Ltd.

基本情况		股票简称	桂冠电力
股票代码	600236	上市时间	2000-03-23
办公地址	中国广西南宁市民族大道 126 号		
联系人	张云	联系电话	(0771) 6118608
传真	(0771) 6118808	邮政编码	530022
经营范围	开发建设和经营水电站、火电厂及各种类型的电厂；经营房地产；电力、金融有关的经济、技术咨询；宾馆、餐饮、娱乐等服务业；机械、电子、百货等的批发和零售		

股本(股)	2009.12.31
总股本	1479892510
国家股	673784618
境内发起人股	545182
境外发起人股	0
社会法人股	0
其他非流通股	0
B 股 / H 股	0
A 股流通股	805562710

财务数据	2009.12.31
总资产（万元）	1505859.193
股东权益（万元）	414541.5235
营业收入（万元）	307152.074
利润总额（万元）	44577.5126
投资收益（万元）	3374.3814
净利润（万元）	32817.5911
每股收益（元/股）	0.222
每股净资产（元/股）	2.801
净资产收益率（%）	7.92

A 股融资与分红	红利
除权日 / 增发日	2009-07-15
送配 / 红利比例	0.13
配股价 / 增发价	–
上市日	–

A 股股票市场表现	
市价总值（万元）	1164675.41
流通市值（万元）	633977.85
成交股数（万股）	338447.22
成交金额（万元）	2703215.49
换手率（%）	420.14
市盈率（倍）	376.02
开盘（元）	6.27
最高（元）	9.49
最低（元）	6.10
收盘（元）	7.87

股票年度走势图

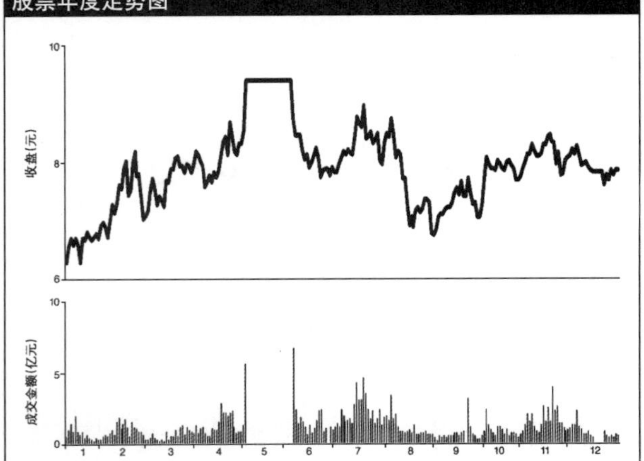

云南城投置业股份有限公司
YunNan Metropolitan Real Estate Development Co., Ltd.

基本情况		股票简称	云南城投
股票代码	600239	上市时间	1999-12-02
办公地址	云南省昆明市民航路 400 号云南城投大厦 3 楼		
联系人	石渝平	联系电话	(0871) 7199767
传真	(0871) 7199767	邮政编码	650200
经营范围	房地产开发与经营、商品房销售、房屋租赁、基础设施建设投资、土地开发		

股本(股)	2009.12.31
总股本	633407064
国家股	195481931
境内发起人股	0
境外发起人股	0
社会法人股	0
其他非流通股	207960282
B 股 / H 股	0
A 股流通股	229964951

财务数据	2009.12.31
总资产（万元）	930596.7472
股东权益（万元）	295559.2446
营业收入（万元）	209164.9467
利润总额（万元）	41774.8931
投资收益（万元）	0
净利润（万元）	21091.2105
每股收益（元/股）	0.333
每股净资产（元/股）	4.666
净资产收益率（%）	7.14

A 股融资与分红	增发	送股
除权日 / 增发日	2009-04-10	2009-06-16
送配 / 红利比例	–	0.50
配股价 / 增发价	15.18	–
上市日	2009-04-15	2009-06-17

A 股股票市场表现	
市价总值（万元）	1730468.10
流通市值（万元）	628264.25
成交股数（万股）	170115.00
成交金额（万元）	4434404.85
换手率（%）	739.74
市盈率（倍）	298.58
开盘（元）	17.81
最高（元）	34.20
最低（元）	17.38
收盘（元）	27.32

股票年度走势图

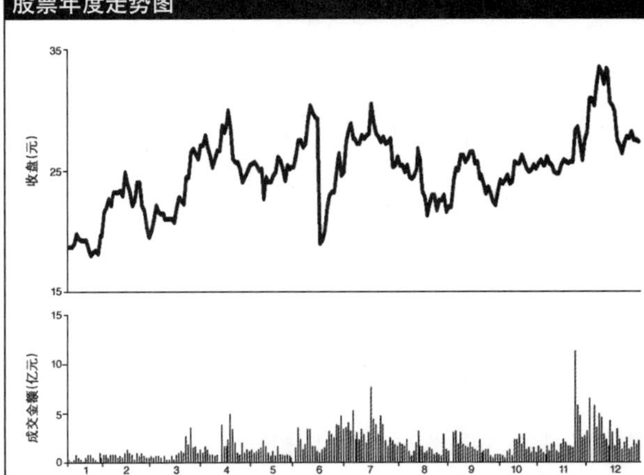

北京万通地产股份有限公司
Beijing Vantong Real Estate Co., Ltd.

基本情况		股票简称	万通地产
股票代码	600246	上市时间	2000-09-22
办公地址	北京市朝阳区朝外大街甲6万通中心写字楼D座4层		
联系人	程晓晞	联系电话	(010) 59070788
传真	(010) 59071159	邮政编码	100020
经营范围	房地产开发；投资管理；投资咨询；技术开发、技术咨询、技术转让、技术培训、技术服务；仓储服务；信息咨询；承办组织展览、展销；设备租赁；购销机械电器设备（汽车除外）、金属材料、建筑材料、装饰材料、工艺美术品、百货；建筑装饰、装修；制冷设备安装；住宿；餐饮；健身服务；零售图书、报纸、期刊、电子出版物；零售音像制品		

股本(股)	2009.12.31
总股本	1014000000
国家股	0
境内发起人股	0
境外发起人股	0
社会法人股	0
其他非流通股	0
B股/H股	0
A股流通股	1014000000

财务数据	2009.12.31
总资产（万元）	949956.6359
股东权益（万元）	298290.3834
营业收入（万元）	27550.29
利润总额（万元）	53553.9691
投资收益（万元）	8490.8759
净利润（万元）	27459.1002
每股收益（元/股）	0.271
每股净资产（元/股）	2.942
净资产收益率（%）	9.21

A股融资与分红	送股	红利
除权日/增发日	2009-04-16	2009-04-16
送配/红利比例	1.00	0.35
配股价/增发价	–	–
上市日	2009-04-17	–

A股股票市场表现	
市价总值（万元）	1016028.00
流通市值（万元）	1016028.00
成交股数（万股）	656400.85
成交金额（万元）	8118563.00
换手率（%）	647.34
市盈率（倍）	19.26
开盘（元）	8.68
最高（元）	24.85
最低（元）	8.55
收盘（元）	10.02

股票年度走势图

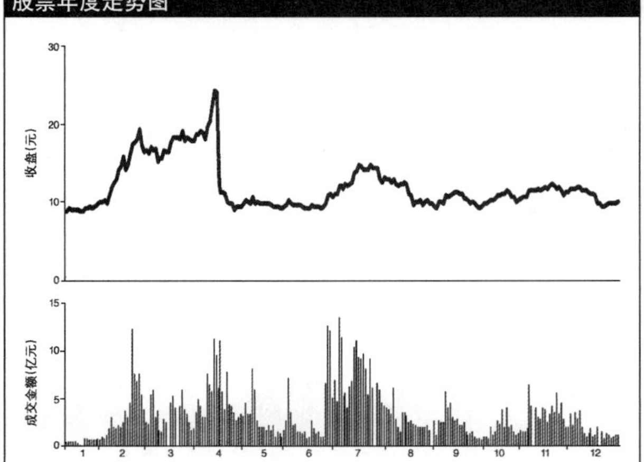

新疆冠农果茸股份有限公司
Xingjiang Guannong Fruit & Antler Co., Ltd.

基本情况		股票简称	冠农股份
股票代码	600251	上市时间	2003-06-09
办公地址	新疆库尔勒市团结南路48号小区		
联系人	孟琳	联系电话	(0996) 2113816
传真	(0996) 2113676	邮政编码	841000
经营范围	果业种植、仓储、加工及销售；农业综合开发；马鹿养殖；机电设备（汽车及国家有专项审批规定的除外）、五金交电产品、百货、建筑材料、化工产品（有毒除外）、钢材的销售；包装制品的开发、加工、销售；经营本企业自产产品及相关技术的出口业务等		

股本(股)	2009.12.31
总股本	362100000
国家股	0
境内发起人股	0
境外发起人股	0
社会法人股	0
其他非流通股	0
B股/H股	0
A股流通股	362100000

财务数据	2009.12.31
总资产（万元）	177233.9113
股东权益（万元）	81838.9127
营业收入（万元）	47313.3257
利润总额（万元）	3359.1777
投资收益（万元）	6933.0265
净利润（万元）	2746.3292
每股收益（元/股）	0.076
每股净资产（元/股）	2.26
净资产收益率（%）	3.36

A股融资与分红	送股	红利
除权日/增发日	2009-05-12	2009-05-12
送配/红利比例	0.50	0.10
配股价/增发价	–	–
上市日	2009-05-13	–

A股股票市场表现	
市价总值（万元）	920458.20
流通市值（万元）	920458.20
成交股数（万股）	109440.69
成交金额（万元）	3181092.27
换手率（%）	302.24
市盈率（倍）	320.11
开盘（元）	30.08
最高（元）	44.50
最低（元）	20.70
收盘（元）	25.42

股票年度走势图

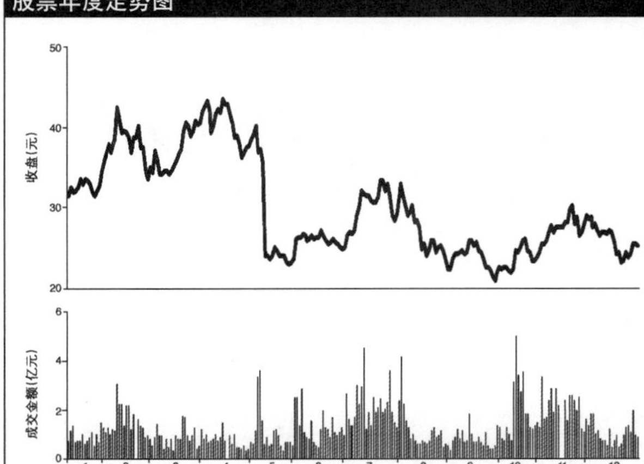

新疆广汇实业股份有限公司
Xinjiang Guanghui Industry Co., Ltd.

基本情况		股票简称	广汇股份
股票代码	600256	上市时间	2000-05-26
办公地址	新疆维吾尔自治区乌鲁木齐市经济技术开发区上海路16号		
联系人	王玉琴	联系电话	(0991) 3762327
传真	(0991) 8637008	邮政编码	830026
经营范围	液化天然气、石油和天然气、煤炭和煤化工、清洁燃料汽车应用、加注站建设等项目的投资（专项审批除外）；国内商业购销（除专项审批项目）；经营进出口业务（国家限定公司经营和禁止进出口的商品除外）		

股本(股)	2009.12.31
总股本	952667370
国家股	0
境内发起人股	399458084
境外发起人股	0
社会法人股	0
其他非流通股	0
B股/H股	0
A股流通股	553209286

财务数据	2009.12.31
总资产(万元)	920968.3076
股东权益(万元)	322488.5904
营业收入(万元)	306244.5305
利润总额(万元)	69590.575
投资收益(万元)	1582.979
净利润(万元)	53740.3189
每股收益(元/股)	0.564
每股净资产(元/股)	3.385
净资产收益率(%)	16.66

A股融资与分红	送股	红利
除权日/增发日	2009-04-23	2009-04-23
送配/红利比例	0.10	0.10
配股价/增发价	–	–
上市日	2009-04-24	–

A股股票市场表现	
市价总值(万元)	2181608.28
流通市值(万元)	1266849.26
成交股数(万股)	358124.94
成交金额(万元)	6139158.79
换手率(%)	647.36
市盈率(倍)	45.71
开盘(元)	9.32
最高(元)	24.98
最低(元)	8.98
收盘(元)	22.90

股票年度走势图

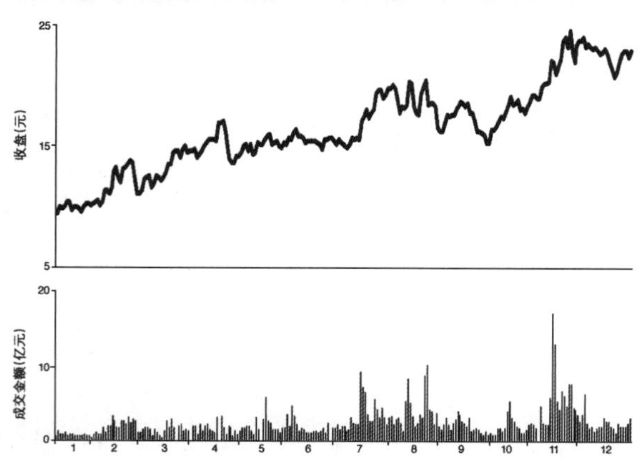

北京城建投资发展股份有限公司
Beijing Urban Construction Investment & Development Co., Ltd.

基本情况		股票简称	北京城建
股票代码	600266	上市时间	1999-02-03
办公地址	北京市朝阳区北土城西路11号城建开发大厦		
联系人	张财广	联系电话	(010) 82275538
传真	(010) 82275533	邮政编码	100029
经营范围	房地产开发、销售商品房；投资及投资管理；销售金属材料、木材、建筑材料、机械电器设备；信息咨询（不含中介服务）；环保技术开发、技术服务；法律、法规禁止的，不得经营；应经审批的，未获审批前不得经营；法律法规未规定审批的，企业自主选择经营项目，开展经营活动		

股本(股)	2009.12.31
总股本	741000000
国家股	20000000
境内发起人股	0
境外发起人股	0
社会法人股	0
其他非流通股	0
B股/H股	0
A股流通股	721000000

财务数据	2009.12.31
总资产(万元)	1505827.365
股东权益(万元)	479936.2726
营业收入(万元)	336547.403
利润总额(万元)	112644.3206
投资收益(万元)	14769.7626
净利润(万元)	84997.1464
每股收益(元/股)	1.147
每股净资产(元/股)	6.477
净资产收益率(%)	17.71

A股融资与分红	红利
除权日/增发日	2009-08-19
送配/红利比例	0.05
配股价/增发价	–
上市日	–

A股股票市场表现	
市价总值(万元)	1325649.00
流通市值(万元)	1289869.00
成交股数(万股)	261741.72
成交金额(万元)	4032917.31
换手率(%)	363.03
市盈率(倍)	41.93
开盘(元)	7.12
最高(元)	22.98
最低(元)	7.10
收盘(元)	17.89

股票年度走势图

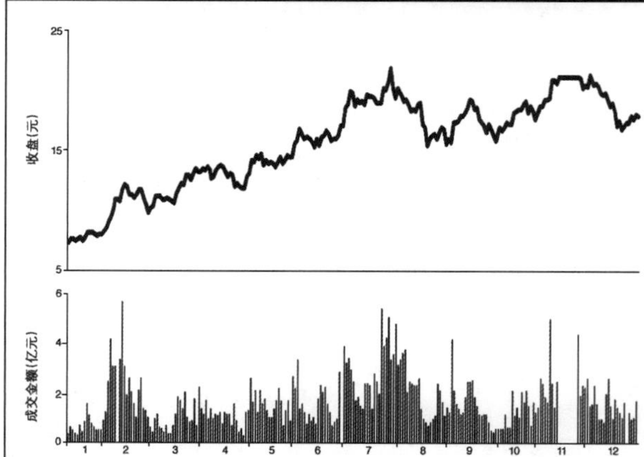

江西赣粤高速公路股份有限公司
Jiangxi Ganyue Expressway Co., Ltd.

基本情况		股票简称	赣粤高速
股票代码	600269	上市时间	2000-05-18
办公地址	南昌市西湖区朝阳洲中路367号赣粤大厦		
联系人	熊长水	联系电话	(0791) 6539322
传真	(0791) 6539322	邮政编码	330025
经营范围	项目融资、建设、管理、经营；公路、桥梁和其他交通基础设施的投资、建设、管理、收费、养护管理以及公路、桥梁和其他交通基础设施的附属设施（汽车维修、加油站、餐饮、广告等）的开发和经营；高等级公路通讯、监控、收费系统及其设备、交通配套设施的生产、加工、销售及施工；交通工程咨询；苗圃和园林绿化；筑路材料加工和经营		

股本(股)	2009.12.31
总股本	2335338422
国家股	0
境内发起人股	0
境外发起人股	0
社会法人股	0
其他非流通股	0
B股/H股	0
A股流通股	2335338422

财务数据	2009.12.31
总资产(万元)	1471119.708
股东权益(万元)	875205.2863
营业收入(万元)	318660.0416
利润总额(万元)	163246.4449
投资收益(万元)	848.631
净利润(万元)	122874.2154
每股收益(元/股)	0.526
每股净资产(元/股)	3.748
净资产收益率(%)	14.04

A股融资与分红	送股	红利
除权日/增发日	2009-09-14	2009-06-08
送配/红利比例	1.00	0.23
配股价/增发价	–	–
上市日	2009-09-15	–

A股股票市场表现	
市价总值(万元)	2029409.09
流通市值(万元)	2029409.09
成交股数(万股)	738601.28
成交金额(万元)	7407561.86
换手率(%)	316.27
市盈率(倍)	18.51
开盘(元)	7.87
最高(元)	17.58
最低(元)	6.50
收盘(元)	8.69

股票年度走势图

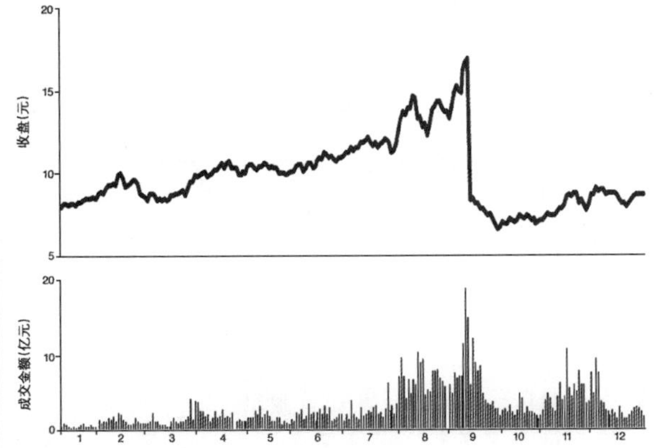

内蒙古鄂尔多斯羊绒制品股份有限公司
Inner Mongolia Eerduosi Cashmere Products Co., Ltd.

基本情况		股票简称	鄂尔多斯
股票代码	600295	上市时间	2001-04-26
办公地址	内蒙古鄂尔多斯市东胜区达拉特南路102号		
联系人	曾广春	联系电话	(0477) 8543509
传真	(0477) 8523812	邮政编码	170000
经营范围	羊绒制品的生产和销售		

股本(股)	2009.12.31
总股本	1032000000
国家股	0
境内发起人股	420000000
境外发起人股	0
社会法人股	0
其他非流通股	0
B股/H股	420000000
A股流通股	192000000

财务数据	2009.12.31
总资产(万元)	2061891.929
股东权益(万元)	396825.1272
营业收入(万元)	791824.0787
利润总额(万元)	74144.7443
投资收益(万元)	616.4308
净利润(万元)	39345.8804
每股收益(元/股)	0.381
每股净资产(元/股)	3.845
净资产收益率(%)	9.92

A股融资与分红	红利
除权日/增发日	2009-06-08
送配/红利比例	0.10
配股价/增发价	–
上市日	–

A股股票市场表现	
市价总值(万元)	789480.00
流通市值(万元)	247680.00
成交股数(万股)	259484.71
成交金额(万元)	3340479.66
换手率(%)	1351.48
市盈率(倍)	32.01
开盘(元)	8.12
最高(元)	17.78
最低(元)	7.98
收盘(元)	12.90

股票年度走势图

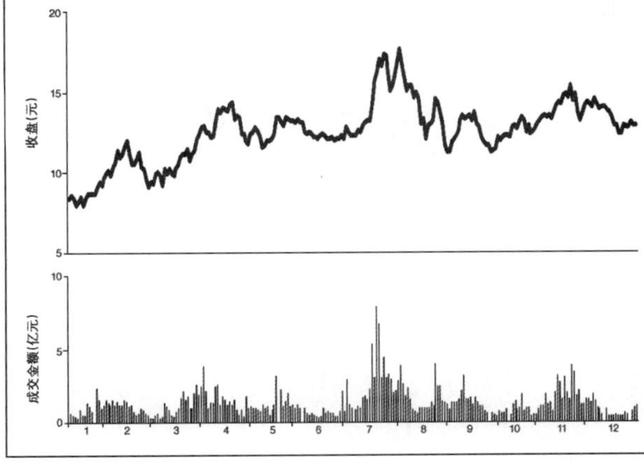

甘肃酒钢集团宏兴钢铁股份有限公司
Gan Su Jiu Steel Group Hong Xing Iron & Steel Co., Ltd.

基本情况		股票简称	酒钢宏兴
股票代码	600307	上市时间	2000–12–20
办公地址	甘肃省嘉峪关市雄关东路12号		
联系人	宋之国	联系电话	(0937) 6715370
传真	(0937) 6715507	邮政编码	735100
经营范围	钢铁压延加工；金属制品的生产、批发零售；科技开发、服务；进出口贸易（国家限制禁止项目除外）		

股本(股)	2009.12.31
总股本	2045678712
国家股	1172078712
境内发起人股	0
境外发起人股	0
社会法人股	0
其他非流通股	0
B股／H股	0
A股流通股	873600000
财务数据	**2009.12.31**
总资产（万元）	2608558.374
股东权益（万元）	988305.9187
营业收入（万元）	3446280.847
利润总额（万元）	41958.5498
投资收益（万元）	0
净利润（万元）	32090.9484
每股收益（元／股）	0.157
每股净资产（元／股）	4.831
净资产收益率（%）	3.25
A股融资与分红	**增发**
除权日／增发日	2009–10–29
送配／红利比例	–
配股价／增发价	5.79
上市日	2009–11–03
A股股票市场表现	
市价总值（万元）	3103294.61
流通市值（万元）	1325251.20
成交股数（万股）	391093.68
成交金额（万元）	4568479.91
换手率（%）	447.68
市盈率（倍）	700.69
开盘（元）	4.76
最高（元）	18.40
最低（元）	4.76
收盘（元）	15.17

股票年度走势图

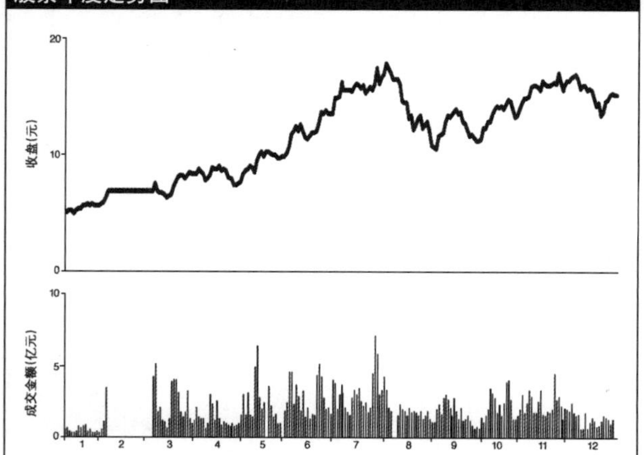

烟台万华聚氨脂股份有限公司
Yantai Wanhua Polyurethane Co., Ltd.

基本情况		股票简称	烟台万华
股票代码	600309	上市时间	2001–01–05
办公地址	山东省烟台市幸福南路7号		
联系人	寇光武	联系电话	(0535) 6698898
传真	(0535) 6837894	邮政编码	264002
经营范围	各种异氰酸酯产品及其衍生产品的开发、生产、经营、应用；各种聚氨酯系统料及其助剂的开发、生产、经营；实业投资及经营；技术服务；人员培训；登记范围内的进出口业务；铁路专线运输、货物装卸、仓储和仓库租赁等业务		

股本(股)	2009.12.31
总股本	1663334400
国家股	0
境内发起人股	0
境外发起人股	0
社会法人股	0
其他非流通股	0
B股／H股	0
A股流通股	1663334400
财务数据	**2009.12.31**
总资产（万元）	966117.8604
股东权益（万元）	505123.6706
营业收入（万元）	647109.3774
利润总额（万元）	145000.4069
投资收益（万元）	2302.9725
净利润（万元）	106637.8579
每股收益（元／股）	0.641
每股净资产（元／股）	3.037
净资产收益率（%）	21.11
A股融资与分红	**红利**
除权日／增发日	2009–04–14
送配／红利比例	0.50
配股价／增发价	–
上市日	–
A股股票市场表现	
市价总值（万元）	3993665.89
流通市值（万元）	3993665.89
成交股数（万股）	458061.01
成交金额（万元）	7925214.52
换手率（%）	275.39
市盈率（倍）	26.45
开盘（元）	10.20
最高（元）	25.30
最低（元）	10.05
收盘（元）	24.01

股票年度走势图

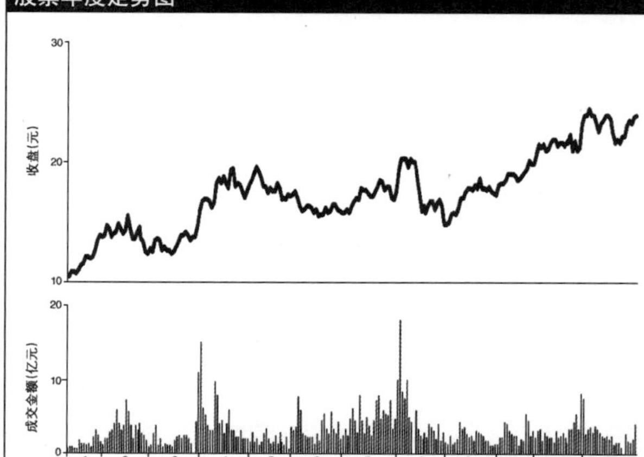

上海振华重工(集团)股份有限公司
Shanghai Zhenhua Port Machinery Co.,Ltd.

基本情况		股票简称	振华重工
股票代码	600320	上市时间	2000-12-21
办公地址	上海市浦东南路3470号		
联系人	王珏	联系电话	(021) 58395000
传真	(021) 58399555	邮政编码	200125
经营范围	设计、制造及销售大型港口设备、工程船舶以及大型金属结构和它们的部件、配件		

股本(股)	2009.12.31
总股本	4390294584
国家股	220733084
境内发起人股	0
境外发起人股	763963200
社会法人股	0
其他非流通股	0
B股/H股	858000000
A股流通股	2547598300

财务数据	2009.12.31
总资产(万元)	5106642.586
股东权益(万元)	1581224.525
营业收入(万元)	2623460.021
利润总额(万元)	76435.1771
投资收益(万元)	364.352
净利润(万元)	83985.3345
每股收益(元/股)	0.191
每股净资产(元/股)	3.602
净资产收益率(%)	5.31

A股融资与分红	增发	送股	红利
除权日/增发日	2009-03-17	2009-06-24	2009-06-24
送配/红利比例	–	0.30	0.034
配股价/增发价	17.78	–	–
上市日	2009-03-20	–	–

A股股票市场表现	
市价总值(万元)	3652392.60
流通市值(万元)	2634216.64
成交股数(万股)	694659.66
成交金额(万元)	7829206.97
换手率(%)	272.67
市盈率(倍)	17.79
开盘(元)	8.32
最高(元)	14.40
最低(元)	8.10
收盘(元)	10.34

股票年度走势图

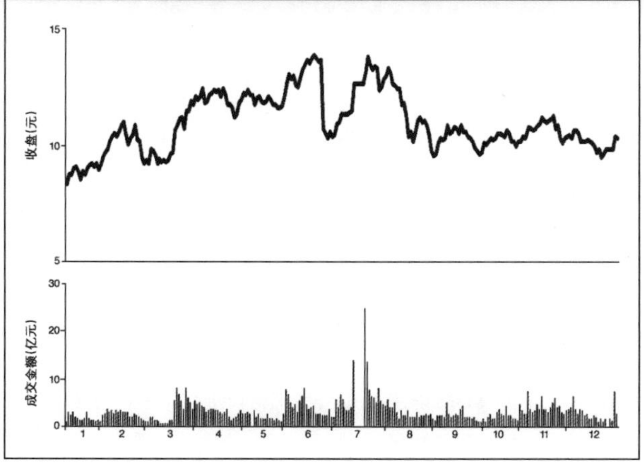

天津市房地产发展(集团)股份有限公司
Tianjin Reality Development (Group) Co., Ltd.

基本情况		股票简称	天房发展
股票代码	600322	上市时间	2001-09-10
办公地址	天津市和平区常德道80号		
联系人	陈长来	联系电话	(022) 23317192
传真	(022) 23317192	邮政编码	300050
经营范围	房地产开发和销售;房地产信息咨询服务、中介服务;商品房代理销售;自有房屋租赁;房屋置换;以下限分支机构经营:物业管理;建筑设计、咨询;金属材料、建筑材料(以上范围内国家有专营专项规定的按规定办理)		

股本(股)	2009.12.31
总股本	1105700000
国家股	64885166
境内发起人股	0
境外发起人股	0
社会法人股	0
其他非流通股	0
B股/H股	0
A股流通股	1040814834

财务数据	2009.12.31
总资产(万元)	1020861.024
股东权益(万元)	382696.7079
营业收入(万元)	108801.6022
利润总额(万元)	22450.049
投资收益(万元)	9823.7993
净利润(万元)	15641.6169
每股收益(元/股)	0.141
每股净资产(元/股)	3.461
净资产收益率(%)	4.09

A股融资与分红	红利
除权日/增发日	2009-05-12
送配/红利比例	0.03
配股价/增发价	–
上市日	–

A股股票市场表现	
市价总值(万元)	699908.10
流通市值(万元)	658835.79
成交股数(万股)	684797.83
成交金额(万元)	4113530.97
换手率(%)	657.94
市盈率(倍)	62.29
开盘(元)	3.26
最高(元)	7.72
最低(元)	3.24
收盘(元)	6.33

股票年度走势图

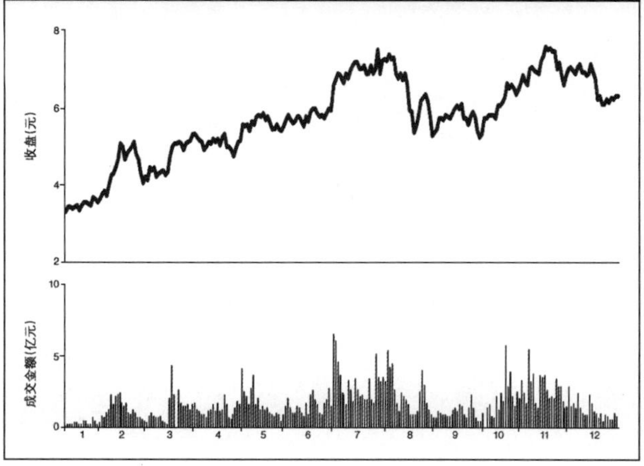

珠海华发实业股份有限公司
Huafa Industrial Co., Ltd. Zhuhai

基本情况		股票简称	华发股份
股票代码	600325	上市时间	2004-02-25
办公地址	广东省珠海市拱北丽景花园华发楼		
联系人	谢伟	联系电话	(0756) 8282111
传真	(0756) 8883298	邮政编码	519020
经营范围	房地产经营、物业管理；批发零售、代购代销；建筑材料、金属材料（不含金银）、建筑五金、五金工具、电子产品及通信设备（不含移动通信终端设备）、化工原料（不含化学危险品）、五金交电、化工		

股本（股）	2009.12.31
总股本	817045620
国家股	0
境内发起人股	0
境外发起人股	0
社会法人股	0
其他非流通股	0
B股／H股	0
A股流通股	817045620
财务数据	**2009.12.31**
总资产（万元）	1746443.062
股东权益（万元）	509419.0811
营业收入（万元）	391582.1638
利润总额（万元）	86524.9032
投资收益（万元）	276.0241
净利润（万元）	67973.9911
每股收益（元／股）	0.832
每股净资产（元／股）	6.235
净资产收益率（%）	13.34
A股融资与分红	**红利**
除权日／增发日	2009-04-02
送配／红利比例	0.11
配股价／增发价	–
上市日	–
A股股票市场表现	
市价总值（万元）	1531143.49
流通市值（万元）	1531143.49
成交股数（万股）	317870.65
成交金额（万元）	5843721.35
换手率（%）	389.05
市盈率（倍）	23.51
开盘（元）	9.32
最高（元）	25.81
最低（元）	9.31
收盘（元）	18.74

股票年度走势图

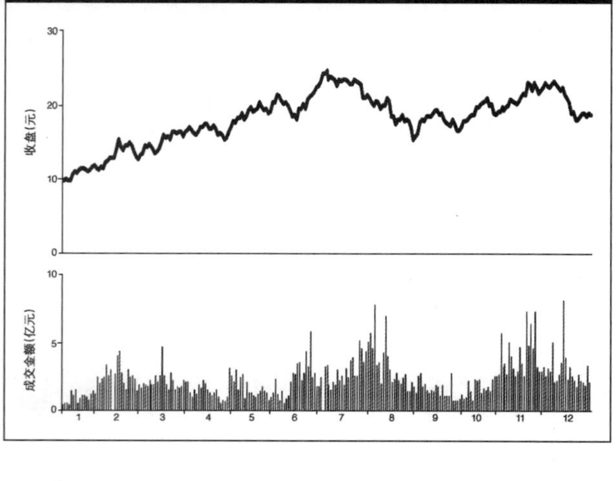

四川宏达股份有限公司
Sichuan Hongda Co.,Ltd.

基本情况		股票简称	宏达股份
股票代码	600331	上市时间	2001-12-20
办公地址	成都市锦里东路2号宏大大厦		
联系人	王延俊	联系电话	(028) 86141081
传真	(028) 86140372	邮政编码	610041
经营范围	工业硫酸、普通过磷酸钙、复合肥、锌锭及其相关金属材料（提炼）、氧化锌、硝酸钾、氯化铵、氟硅酸钠、塑料纺织袋、硫酸钾、磷酸二氢钾、磷酸氢钙、磷铵生产销售；建工建材、化工原料批发零售；饮食娱乐；矿产品（国家限制经营的除外）销售等		

股本（股）	2009.12.31
总股本	1032000000
国家股	0
境内发起人股	424000000
境外发起人股	0
社会法人股	0
其他非流通股	0
B股／H股	0
A股流通股	608000000
财务数据	**2009.12.31**
总资产（万元）	867103.3859
股东权益（万元）	158600.9906
营业收入（万元）	392512.1341
利润总额（万元）	31089.9293
投资收益（万元）	1735.3824
净利润（万元）	17513.7818
每股收益（元／股）	0.17
每股净资产（元／股）	1.537
净资产收益率（%）	11.04
A股融资与分红	
除权日／增发日	
送配／红利比例	
配股价／增发价	
上市日	
A股股票市场表现	
市价总值（万元）	1865856.00
流通市值（万元）	1099264.00
成交股数（万股）	886061.67
成交金额（万元）	13386823.52
换手率（%）	1457.34
市盈率（倍）	0.00
开盘（元）	5.26
最高（元）	24.98
最低（元）	5.22
收盘（元）	18.08

股票年度走势图

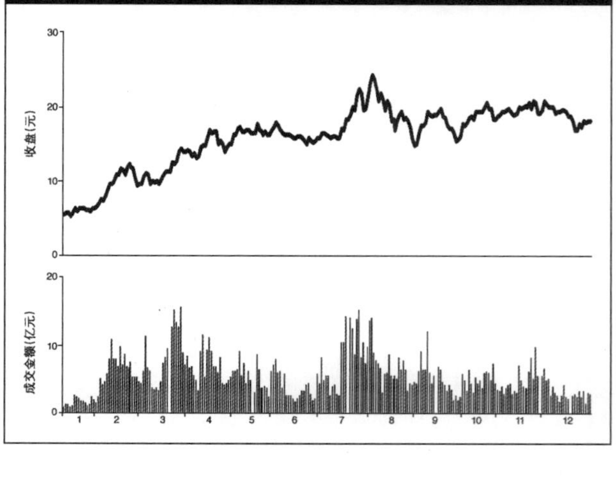

山西国阳新能股份有限公司
Shanxi Guoyang New Energe Co., Ltd.

基本情况		股票简称	国阳新能
股票代码	600348	上市时间	2003-08-21
办公地址	山西省阳泉市北大街5号		
联系人	张思维	联系电话	(0353) 7078568
传真	(0353) 7080589	邮政编码	450000
经营范围	煤炭生产、洗选加工、销售；电力、热力生产、销售		

股本(股)	2009.12.31
总股本	962000000
国家股	0
境内发起人股	0
境外发起人股	0
社会法人股	0
其他非流通股	0
B股/H股	0
A股流通股	962000000
财务数据	**2009.12.31**
总资产(万元)	1738446.72
股东权益(万元)	598563.4098
营业收入(万元)	1750666.184
利润总额(万元)	248698.5638
投资收益(万元)	0
净利润(万元)	185633.3055
每股收益(元/股)	1.93
每股净资产(元/股)	6.222
净资产收益率(%)	31.01
A股融资与分红	**红利**
除权日/增发日	2009-07-31
送配/红利比例	0.45
配股价/增发价	–
上市日	–
A股股票市场表现	
市价总值(万元)	4653194.00
流通市值(万元)	4653194.00
成交股数(万股)	461947.86
成交金额(万元)	12681051.15
换手率(%)	480.20
市盈率(倍)	31.99
开盘(元)	9.95
最高(元)	51.00
最低(元)	9.95
收盘(元)	48.37

股票年度走势图

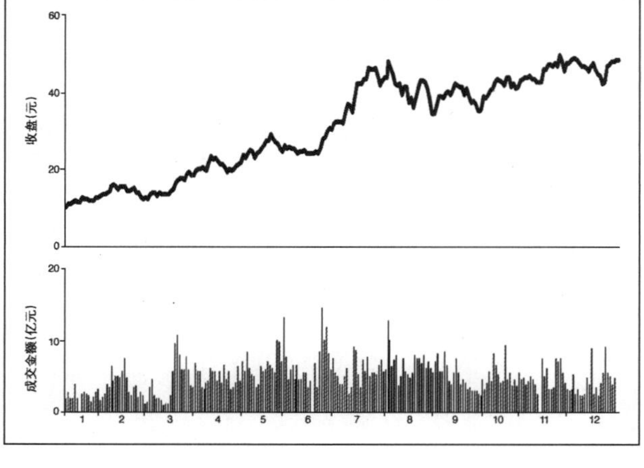

江西铜业股份有限公司
Jiangxi Copper Co., Ltd.

基本情况		股票简称	江西铜业
股票代码	600362	上市时间	2002-01-11
办公地址	江西省贵溪市冶金大道15号		
联系人	潘其方	联系电话	(0701) 3777736
传真	(0701) 3777013	邮政编码	335424
经营范围	有色金属矿、稀贵金属、非金属矿、有色金属及相关副产品的冶炼、压延加工与深加工；与上述业务相关的化工产品、永久性气体的生产和加工；自产产品的销售及售后服务、相关的咨询服务和业务；从事境外期货套期保值业务		

股本(股)	2009.12.31
总股本	3022833727
国家股	1282074893
境内发起人股	0
境外发起人股	0
社会法人股	0
其他非流通股	0
B股/H股	1387482000
A股流通股	353276834
财务数据	**2009.12.31**
总资产(万元)	3803421.547
股东权益(万元)	2281388.557
营业收入(万元)	5132038.024
利润总额(万元)	317614.8524
投资收益(万元)	-25521.5749
净利润(万元)	234925.4043
每股收益(元/股)	0.777
每股净资产(元/股)	7.547
净资产收益率(%)	10.3
A股融资与分红	**红利**
除权日/增发日	2009-07-13
送配/红利比例	0.08
配股价/增发价	–
上市日	–
A股股票市场表现	
市价总值(万元)	6575749.29
流通市值(万元)	1420526.15
成交股数(万股)	561964.53
成交金额(万元)	17117547.88
换手率(%)	1590.72
市盈率(倍)	53.19
开盘(元)	10.47
最高(元)	51.08
最低(元)	10.40
收盘(元)	40.21

股票年度走势图

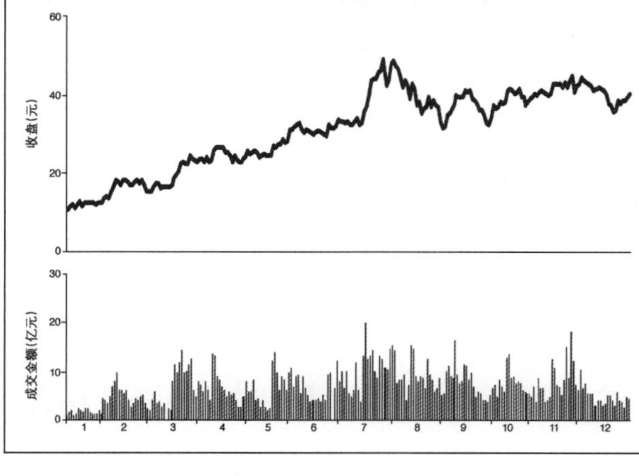

北京首都开发股份有限公司
Beijing Capital Development Co ., Ltd .

基本情况		股票简称	首开股份
股票代码	600376	上市时间	2001-03-12
办公地址	北京市西城区复兴门内大街156号		
联系人	王怡	联系电话	(010) 66428156
传真	(010) 66428061	邮政编码	100031
经营范围	房地产开发、商品房销售、房屋租赁；建筑工程咨询；室内外装饰装潢；技术开发、技术服务；销售自行开发的产品；购销建筑材料、化工轻工材料、工艺美术品、家具、机械电器设备(汽车除外)、五金交电、纺织品、百货、计算机软硬件、日用杂品；经贸信息咨询；劳务服务		

股本(股)	2009.12.31
总股本	1149750000
国家股	629640770
境内发起人股	304950000
境外发起人股	0
社会法人股	0
其他非流通股	35000000
B股/H股	0
A股流通股	180159230

财务数据	2009.12.31
总资产(万元)	3310259.368
股东权益(万元)	933457.9187
营业收入(万元)	519002.6499
利润总额(万元)	117267.0593
投资收益(万元)	67134.3481
净利润(万元)	93170.2262
每股收益(元/股)	0.81
每股净资产(元/股)	8.119
净资产收益率(%)	9.98

A股融资与分红	增发
除权日/增发日	2009-07-17
送配/红利比例	-
配股价/增发价	13.96
上市日	2009-07-22

A股股票市场表现	
市价总值(万元)	2262708.00
流通市值(万元)	354553.36
成交股数(万股)	171811.99
成交金额(万元)	2995075.63
换手率(%)	953.67
市盈率(倍)	39.65
开盘(元)	6.41
最高(元)	28.20
最低(元)	6.30
收盘(元)	19.68

股票年度走势图

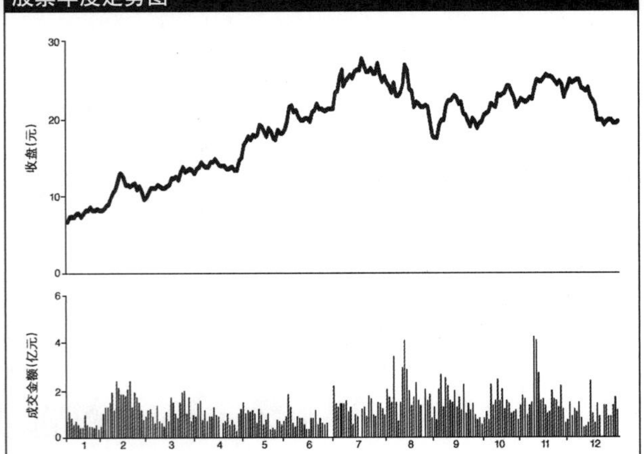

金地(集团)股份有限公司
Gemdale Corporation

基本情况		股票简称	金地集团
股票代码	600383	上市时间	2001-04-12
办公地址	广东省深圳市福田区福强路金地商业大楼5-6楼		
联系人	徐家俊	联系电话	(0755) 82039866
传真	(0755) 83844555	邮政编码	518048
经营范围	房地产开发经营；自有物业管理；兴办各类实体(具体项目需另报)；自营和代理各类商品和技术的进出口；但国家限定公司经营或禁止进出口的商品和技术除外		

股本(股)	2009.12.31
总股本	2484171429
国家股	0
境内发起人股	0
境外发起人股	0
社会法人股	0
其他非流通股	302571429
B股/H股	0
A股流通股	2181600000

财务数据	2009.12.31
总资产(万元)	5551781.415
股东权益(万元)	1500894.528
营业收入(万元)	1208605.909
利润总额(万元)	249809.2882
投资收益(万元)	1861.6039
净利润(万元)	177623.3153
每股收益(元/股)	0.715
每股净资产(元/股)	6.042
净资产收益率(%)	11.83

A股融资与分红	增发	送股	红利
除权日/增发日	2009-08-17	2009-06-02	2009-06-02
送配/红利比例	14.00	0.30	0.10
配股价/增发价	-	-	-
上市日	2009-08-20	2009-06-03	-

A股股票市场表现	
市价总值(万元)	3448029.94
流通市值(万元)	3028060.80
成交股数(万股)	1647267.54
成交金额(万元)	23256278.16
换手率(%)	755.07
市盈率(倍)	41.01
开盘(元)	6.67
最高(元)	20.30
最低(元)	6.55
收盘(元)	13.88

股票年度走势图

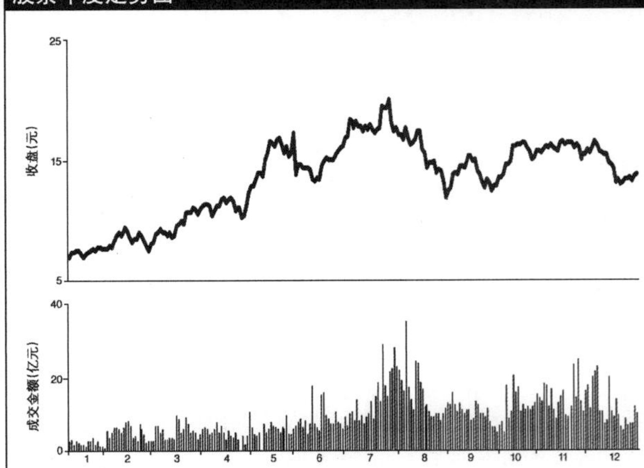

贵州盘江精煤股份有限公司
Guizhou Panjiang Refined Coal Co., Ltd.

基本情况		股票简称	盘江股份
股票代码	600395	上市时间	2001-05-31
办公地址	贵州省六盘水市红果经济开发区干沟桥		
联系人	伍正斌	联系电话	(0858) 3703046
传真	(0858) 3700328	邮政编码	553536
经营范围	原煤开采、洗选精煤、特殊加工煤、焦炭的销售；煤炭附产品的深加工；出口本企业自产的洗选精煤、动力煤、焦炭、特殊加工煤等商品及其相关技术；进口本企业生产、科研所需的原辅材料、机械设备、仪器仪表、零配件及其相关技术；电力的生产与销售		

股本(股)	2009.12.31
总股本	1103367907
国家股	834610629
境内发起人股	0
境外发起人股	0
社会法人股	0
其他非流通股	0
B股/H股	0
A股流通股	268757278

财务数据	2009.12.31
总资产(万元)	717135.72
股东权益(万元)	533971.2438
营业收入(万元)	449253.926
利润总额(万元)	116332.8136
投资收益(万元)	576
净利润(万元)	98742.0239
每股收益(元/股)	0.895
每股净资产(元/股)	4.839
净资产收益率(%)	18.49

A股融资与分红	增发	红利
除权日/增发日	2009-04-15	2009-06-15
送配/红利比例	–	0.58
配股价/增发价	13.68	–
上市日	2009-04-20	–

A股股票市场表现	
市价总值(万元)	3248315.12
流通市值(万元)	791221.43
成交股数(万股)	281671.47
成交金额(万元)	6448459.91
换手率(%)	1048.05
市盈率(倍)	50.83
开盘(元)	11.81
最高(元)	37.30
最低(元)	11.80
收盘(元)	29.44

股票年度走势图

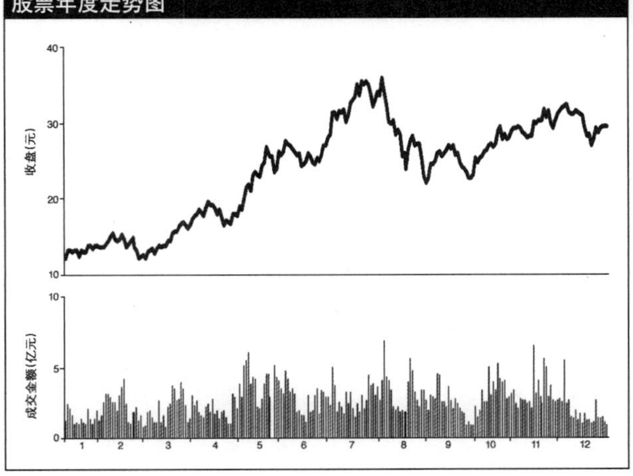

中远航运股份有限公司
Cosco Shipping Co., Ltd.

基本情况		股票简称	中远航运
股票代码	600428	上市时间	2002-04-18
办公地址	广东省广州市五羊新城江月路颐景轩2-3楼		
联系人	薛俊东	联系电话	(020) 62621288
传真	(020) 62621388	邮政编码	510600
经营范围	远洋运输及沿海运输业、水陆空联运(凭许可证经营)；批发、零售贸易(国家专营专控商品除外)；船舶代理、租赁、买卖、维修及制造；装卸服务；仓储(危险物品除外)；提供劳务服务；商品信息服务；通讯设备维修；进出口货物托运及代理业务；货物进出口、技术进出口		

股本(股)	2009.12.31
总股本	1310423625
国家股	0
境内发起人股	0
境外发起人股	0
社会法人股	0
其他非流通股	0
B股/H股	0
A股流通股	1310423625

财务数据	2009.12.31
总资产(万元)	732822.7625
股东权益(万元)	423337.6459
营业收入(万元)	369015.8031
利润总额(万元)	12773.3095
投资收益(万元)	549.1811
净利润(万元)	13550.0113
每股收益(元/股)	0.103
每股净资产(元/股)	3.231
净资产收益率(%)	3.2

A股融资与分红	红利
除权日/增发日	2009-07-06
送配/红利比例	0.20
配股价/增发价	–
上市日	–

A股股票市场表现	
市价总值(万元)	1382496.92
流通市值(万元)	1382496.92
成交股数(万股)	763699.94
成交金额(万元)	8222164.69
换手率(%)	582.79
市盈率(倍)	9.55
开盘(元)	6.48
最高(元)	15.78
最低(元)	6.38
收盘(元)	10.55

股票年度走势图

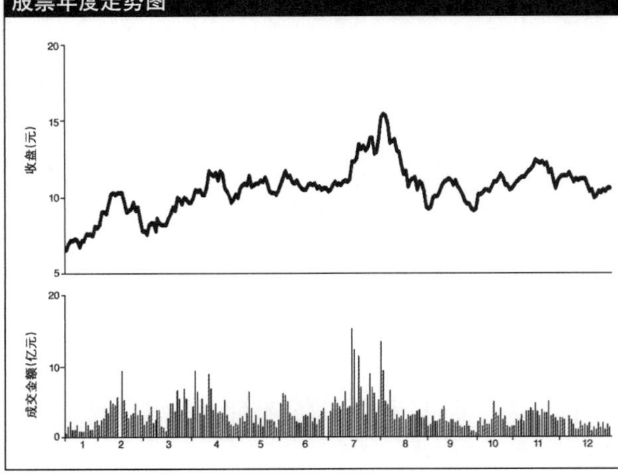

吉林吉恩镍业股份有限公司
Jilin Jien Nickel Industry Co., Ltd.

基本情况		股票简称	吉恩镍业
股票代码	600432	上市时间	2003-09-05
办公地址	吉林省磐石市红旗岭镇		
联系人	王行龙	联系电话	(0432) 65610887
传真	(0432) 65614429	邮政编码	132311
经营范围	镍、铜、钴、硫冶炼及副产品加工；企业经营本企业自产产品及相关技术的出口业务；经营本企业生产、科研所需的原辅材料、机械设备、仪器仪表、零配件及相关技术的进口业务；经营本企业的进料加工三来一补业务；工业硫酸生产；镍矿开采		

股本(股)	2009.12.31
总股本	763341042
国家股	57953973
境内发起人股	0
境外发起人股	0
社会法人股	0
其他非流通股	0
B股／H股	0
A股流通股	705387069

财务数据	2009.12.31
总资产(万元)	683254.7828
股东权益(万元)	282068.3975
营业收入(万元)	109384.1113
利润总额(万元)	14153.1657
投资收益(万元)	2345.32
净利润(万元)	11900.5228
每股收益(元／股)	0.16
每股净资产(元／股)	3.70
净资产收益率(%)	4.32

A股融资与分红	送股	红利
除权日／增发日	2009-05-18	2009-05-18
送配／红利比例	0.50	0.10
配股价／增发价	–	–
上市日	2009-05-19	–

A股股票市场表现	
市价总值(万元)	2244222.66
流通市值(万元)	2073837.98
成交股数(万股)	446780.24
成交金额(万元)	11484795.89
换手率(%)	633.38
市盈率(倍)	96.14
开盘(元)	10.86
最高(元)	40.88
最低(元)	10.86
收盘(元)	29.40

股票年度走势图

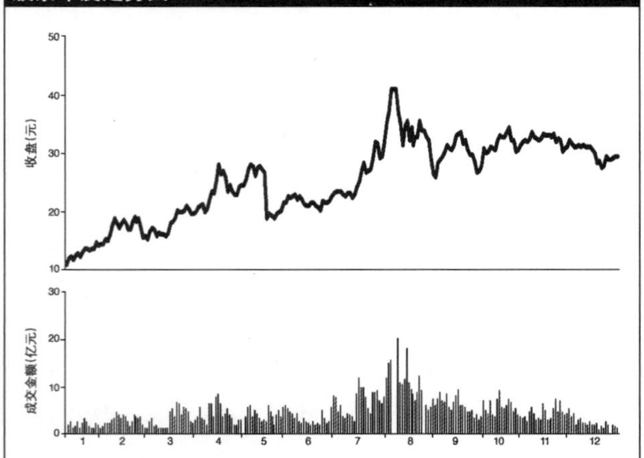

通威股份有限公司
Tomgweo Co., Ltd.

基本情况		股票简称	通威股份
股票代码	600438	上市时间	2004-03-02
办公地址	四川省成都市二环路南4段11号		
联系人	李高飞	联系电话	(028) 86168571
传真	(028) 85150999	邮政编码	610041
经营范围	生产饲料及饲料添加剂；销售兽药；收购粮食；(以上经营项目与期限以许可证为准，且仅限分支机构经营)(以下项目不含前置许可项目，后置许可项目凭许可证或审批文件经营)非全民水域的水产养殖及技术咨询服务、畜禽养殖及技术咨询服务		

股本(股)	2009.12.31
总股本	687520000
国家股	0
境内发起人股	0
境外发起人股	0
社会法人股	0
其他非流通股	0
B股／H股	0
A股流通股	687520000

财务数据	2009.12.31
总资产(万元)	561122.2585
股东权益(万元)	122582.8911
营业收入(万元)	1029754.749
利润总额(万元)	20633.9368
投资收益(万元)	174.7322
净利润(万元)	14660.5896
每股收益(元／股)	0.213
每股净资产(元／股)	1.783
净资产收益率(%)	11.96

A股融资与分红	
除权日／增发日	
送配／红利比例	
配股价／增发价	
上市日	

A股股票市场表现	
市价总值(万元)	721896.00
流通市值(万元)	721896.00
成交股数(万股)	376793.81
成交金额(万元)	3672785.84
换手率(%)	548.05
市盈率(倍)	68.37
开盘(元)	6.82
最高(元)	12.08
最低(元)	6.77
收盘(元)	10.50

股票年度走势图

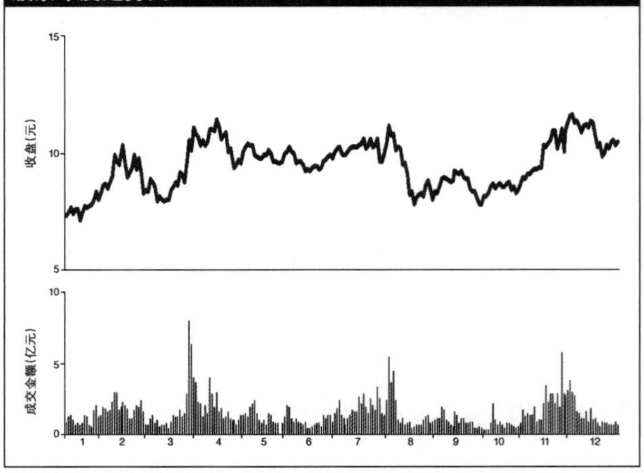

宝鸡钛业股份有限公司
Baoji Titanium Industry Co., Ltd.

基本情况		股票简称	宝钛股份
股票代码	600456	上市时间	2002–04–12
办公地址	宝鸡市钛城路1号		
联系人	郑海山	联系电话	(0917) 3382636
传真	(0917) 3382308	邮政编码	721014
经营范围	钛及钛合金等稀有金属材料、各种金属复合材料的生产、加工、销售；对外投资、科技开发等		

股本(股)	2009.12.31
总股本	430265700
国家股	220736952
境内发起人股	0
境外发起人股	0
社会法人股	0
其他非流通股	0
B股/H股	0
A股流通股	209528748

财务数据	2009.12.31
总资产（万元）	532859.9307
股东权益（万元）	373059.3417
营业收入（万元）	216100.5592
利润总额（万元）	2207.152
投资收益（万元）	632.7701
净利润（万元）	1642.6159
每股收益（元/股）	0.038
每股净资产（元/股）	8.67
净资产收益率（%）	0.44

A股融资与分红	红利
除权日/增发日	2009–06–15
送配/红利比例	0.25
配股价/增发价	–
上市日	–

A股股票市场表现	
市价总值（万元）	987459.78
流通市值（万元）	480868.48
成交股数（万股）	289616.12
成交金额（万元）	6257826.64
换手率（%）	1382.23
市盈率（倍）	32.84
开盘（元）	11.80
最高（元）	30.44
最低（元）	11.71
收盘（元）	22.95

股票年度走势图

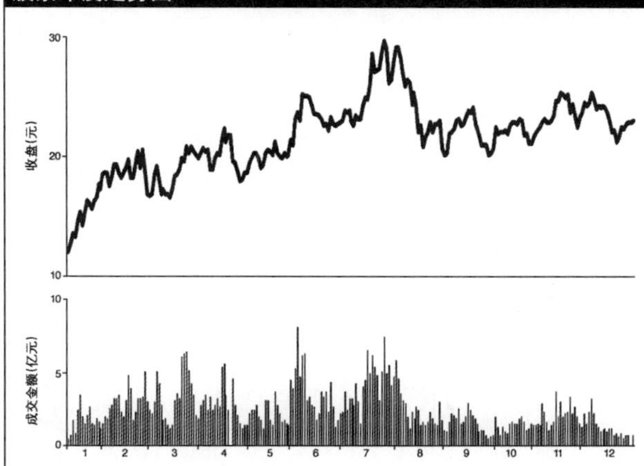

中金黄金股份有限公司
Zhongjin Gold Corporation. Limited

基本情况		股票简称	中金黄金
股票代码	600489	上市时间	2003–08–14
办公地址	北京市安外青年湖北街1号5–7层		
联系人	李跃清	联系电话	(010) 84121198
传真	(010) 84121006	邮政编码	100011
经营范围	黄金等有色金属地质勘查、采选、冶炼；金条、高纯度金等产品生产、加工和批发；黄金生产的副产品加工、销售；黄金生产所需原材料、燃料、设备仓储、销售；黄金生产技术研究开发、咨询服务；国际贸易、保税仓储、商品展销；用自有资金兴办企业和投资项目		

股本(股)	2009.12.31
总股本	790605970
国家股	414239848
境内发起人股	0
境外发起人股	0
社会法人股	0
其他非流通股	0
B股/H股	0
A股流通股	376366122

财务数据	2009.12.31
总资产（万元）	1255259.575
股东权益（万元）	391256.3584
营业收入（万元）	1861189.502
利润总额（万元）	102895.4603
投资收益（万元）	924.0205
净利润（万元）	52142.6165
每股收益（元/股）	0.66
每股净资产（元/股）	4.949
净资产收益率（%）	13.33

A股融资与分红	送股	红利
除权日/增发日	2009–06–05	2009–06–05
送配/红利比例	1.20	0.02
配股价/增发价	–	–
上市日	2009–06–08	–

A股股票市场表现	
市价总值（万元）	4607651.59
流通市值（万元）	2193461.76
成交股数（万股）	479274.89
成交金额（万元）	28191018.79
换手率（%）	1273.43
市盈率（倍）	96.20
开盘（元）	37.60
最高（元）	96.45
最低（元）	34.50
收盘（元）	58.28

股票年度走势图

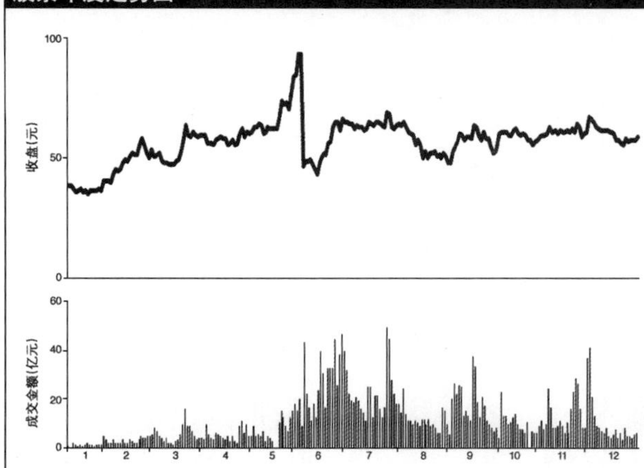

云南驰宏锌锗股份有限公司
Yunnan Chihong Zinc & Germanium Co., Ltd.

基本情况		股票简称	驰宏锌锗
股票代码	600497	上市时间	2004-04-20
办公地址	云南省曲靖市经济技术开发区翠峰路延长线		
联系人	唐云沧	联系电话	(0874) 8966699
传真	(0874) 89667699	邮政编码	655000
经营范围	铅、锌、锗系列产品的探矿、选矿、开采、冶炼、加工；进出口业务和国内贸易（属专项管理的凭许可证经营）；物流硫酸、硫酸锌、硫酸铵、银（提炼）、镉及技术服务；废旧物资回收及利用、对外投资；矿山地质、水文勘察、矿山勘探；矿山其井下建设工程的设计与施工等		

股本（股）	2009.12.31
总股本	1007765961
国家股	132316432
境内发起人股	0
境外发起人股	0
社会法人股	0
其他非流通股	0
B股/H股	0
A股流通股	875449529

财务数据	2009.12.31
总资产（万元）	783937.3888
股东权益（万元）	423215.2701
营业收入（万元）	373892.5448
利润总额（万元）	30143.3936
投资收益（万元）	-2550.8741
净利润（万元）	26293.0728
每股收益（元/股）	0.261
每股净资产（元/股）	4.2
净资产收益率（%）	6.21

A股融资与分红	配股	红利
除权日/增发日	2009-12-09	2009-06-22
送配/红利比例	0.30	0.15
配股价/增发价	7.69	-
上市日	2009-12-16	-

A股股票市场表现	
市价总值（万元）	2665540.97
流通市值（万元）	2315564.00
成交股数（万股）	441915.18
成交金额（万元）	10231777.96
换手率（%）	504.79
市盈率（倍）	174.61
开盘（元）	10.30
最高（元）	34.90
最低（元）	10.18
收盘（元）	26.45

股票年度走势图

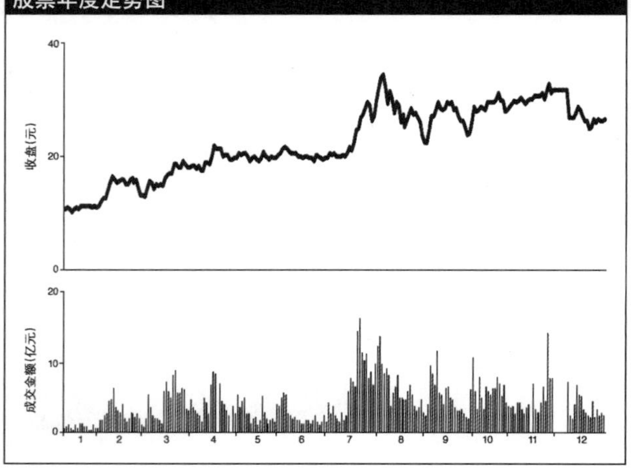

烽火通信科技股份有限公司
Fiberhome Telecommunication Technologies Co., Ltd.

基本情况		股票简称	烽火通信
股票代码	600498	上市时间	2001-08-23
办公地址	武汉市洪山区关东科技园东信路6号线缆楼		
联系人	熊向峰	联系电话	(027) 87693931
传真	(027) 87691704	邮政编码	430074
经营范围	从事光纤通信设备及系统、光接入网设备、光纤、光缆、电缆等的科研开发、生产和销售		

股本（股）	2009.12.31
总股本	441800000
国家股	215588943
境内发起人股	15800000
境外发起人股	6000000
社会法人股	0
其他非流通股	4500000
B股/H股	0
A股流通股	199911057

财务数据	2009.12.31
总资产（万元）	724101.51
股东权益（万元）	319841.8461
营业收入（万元）	465775.3868
利润总额（万元）	39046.5305
投资收益（万元）	2832.6209
净利润（万元）	26211.6091
每股收益（元/股）	0.63
每股净资产（元/股）	7.24
净资产收益率（%）	9.27

A股融资与分红	增发	红利
除权日/增发日	2009-10-16	2009-07-06
送配/红利比例	-	0.15
配股价/增发价	17.57	-
上市日	2009-10-21	-

A股股票市场表现	
市价总值（万元）	1180489.60
流通市值（万元）	534162.34
成交股数（万股）	125237.06
成交金额（万元）	2260482.97
换手率（%）	626.46
市盈率（倍）	67.35
开盘（元）	11.01
最高（元）	28.40
最低（元）	10.20
收盘（元）	26.72

股票年度走势图

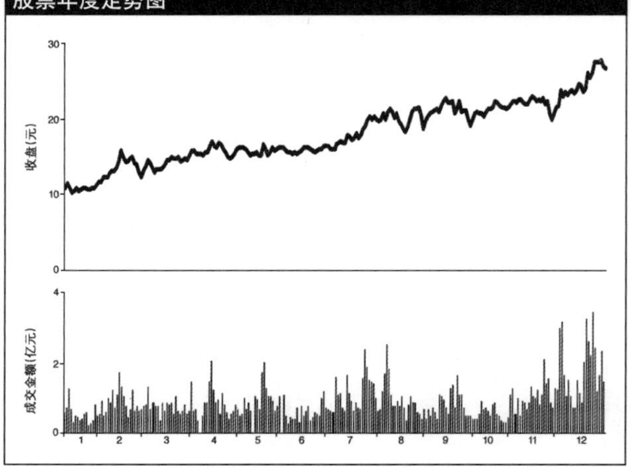

中化国际(控股)股份有限公司
Sinochem International Co., Ltd.

基本情况		股票简称	中化国际
股票代码	600500	上市时间	2000-03-01
办公地址	上海市浦东新区世纪大道88号号金茂大厦三区18层		
联系人	刘翔	联系电话	(021) 50475048
传真	(021) 50470206	邮政编码	200121
经营范围	从事化工原料、精细化工、农用化工、塑料、橡胶制品的进出口贸易及仓储运输、货运代理		

股本(股)	2009.12.31
总股本	1437589571
国家股	0
境内发起人股	0
境外发起人股	0
社会法人股	0
其他非流通股	0
B股/H股	0
A股流通股	1437589571
财务数据	**2009.12.31**
总资产(万元)	2001335.685
股东权益(万元)	584835.0385
营业收入(万元)	2266117.967
利润总额(万元)	93674.4154
投资收益(万元)	34376.5315
净利润(万元)	61990.1024
每股收益(元/股)	0.431
每股净资产(元/股)	4.068
净资产收益率(%)	10.6
A股融资与分红	**红利**
除权日/增发日	2009-05-27
送配/红利比例	0.20
配股价/增发价	–
上市日	–
A股股票市场表现	
市价总值(万元)	1706418.82
流通市值(万元)	1706418.82
成交股数(万股)	467761.28
成交金额(万元)	5344273.39
换手率(%)	325.38
市盈率(倍)	24.18
开盘(元)	7.95
最高(元)	14.74
最低(元)	7.86
收盘(元)	11.87

股票年度走势图

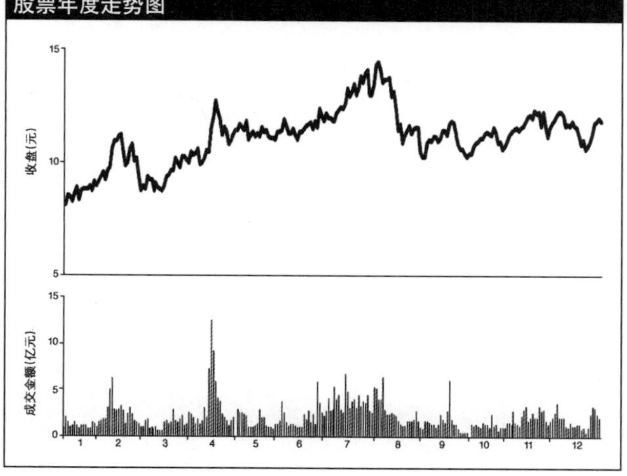

上海大屯能源股份有限公司
Shanghai Datun Energy Resources Co., Ltd.

基本情况		股票简称	上海能源
股票代码	600508	上市时间	2001-08-29
办公地址	上海浦东新区浦东南路256号(华夏银行大厦12层)		
联系人	戚后勤	联系电话	(021) 68865597
传真	(021) 68865615	邮政编码	200120
经营范围	煤炭开采、洗选加工;煤炭销售;铁路运输(限管辖内的煤矿专用铁路);矿山采掘设备、洗选设备、交通运输设备、普通机械、电器机械及设备的制造、维修、销售;实业投资;国内贸易(除专项审批项目);普通货物运输、建筑工程用机械修理、技术开发与转让、货物及技术进出口业务等		

股本(股)	2009.12.31
总股本	722718000
国家股	0
境内发起人股	0
境外发起人股	0
社会法人股	0
其他非流通股	0
B股/H股	0
A股流通股	722718000
财务数据	**2009.12.31**
总资产(万元)	833857.0728
股东权益(万元)	474819.7875
营业收入(万元)	713776.925
利润总额(万元)	126459.1833
投资收益(万元)	–269.5564
净利润(万元)	94977.7393
每股收益(元/股)	1.314
每股净资产(元/股)	6.57
净资产收益率(%)	20
A股融资与分红	**红利**
除权日/增发日	2009-06-15
送配/红利比例	0.10
配股价/增发价	–
上市日	–
A股股票市场表现	
市价总值(万元)	1817635.77
流通市值(万元)	1817635.77
成交股数(万股)	317498.49
成交金额(万元)	6163706.69
换手率(%)	439.31
市盈率(倍)	16.34
开盘(元)	8.90
最高(元)	28.45
最低(元)	8.82
收盘(元)	25.15

股票年度走势图

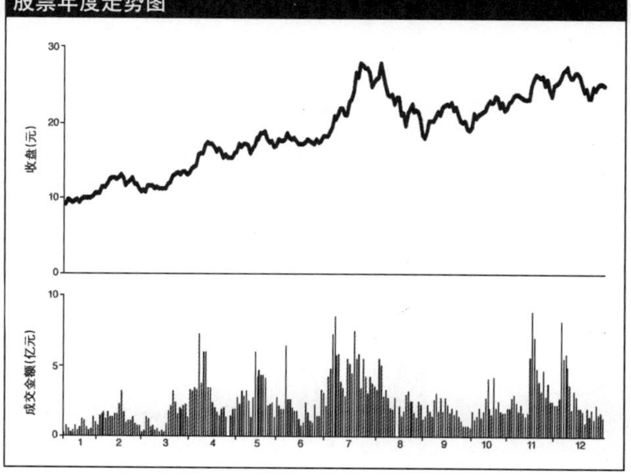

康美药业股份有限公司
Kangmei Pharmaceutical Co., Ltd.

基本情况		股票简称	康美药业
股票代码	600518	上市时间	2001-03-19
办公地址	广东省普宁市长春路中段		
联系人	邱锡伟	联系电话	(0663) 2913819
传真	(0663) 2916111	邮政编码	515300
经营范围	片剂、胶囊剂（均含头孢菌素、青霉素类），原料药（甲磺酸多沙唑嗪、盐酸丙哌唯林）；中药饮片（含毒性饮片，含净制、切制、醋制、盐制、炒、烫、煅、蒸、煮、炖、制炭、姜汁灸、蜜灸、制霜、水飞）；颗粒剂、直接口服饮片；药食同源食品生产		

股本(股)	2009.12.31
总股本	1694370052
国家股	0
境内发起人股	0
境外发起人股	0
社会法人股	0
其他非流通股	0
B股/H股	0
A股流通股	1694370052

财务数据	2009.12.31
总资产（万元）	621699.6959
股东权益（万元）	427185.5408
营业收入（万元）	237716.0901
利润总额（万元）	58200.0012
投资收益（万元）	5641.2315
净利润（万元）	50150.8535
每股收益（元/股）	0.296
每股净资产（元/股）	2.521
净资产收益率（%）	11.74

A股融资与分红	送股	红利
除权日/增发日	2009-04-22	2009-04-22
送配/红利比例	1.00	0.06
配股价/增发价	–	–
上市日	2009-04-23	–

A股股票市场表现	
市价总值（万元）	1801115.37
流通市值（万元）	1801115.37
成交股数（万股）	1004191.09
成交金额（万元）	9410212.87
换手率（%）	592.66
市盈率（倍）	61.14
开盘（元）	9.25
最高（元）	16.68
最低（元）	6.90
收盘（元）	10.63

股票年度走势图

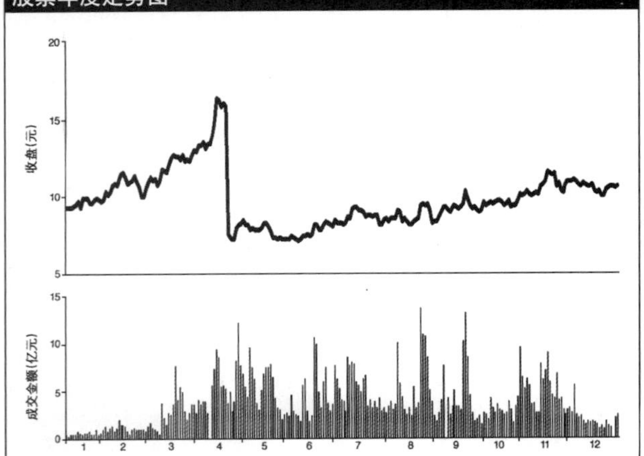

贵州茅台酒股份有限公司
Kweichow Moutai Co., Ltd.

基本情况		股票简称	贵州茅台
股票代码	600519	上市时间	2001-08-27
办公地址	贵州省仁怀市茅台镇		
联系人	樊宁屏	联系电话	(0852) 2386002
传真	(0852) 2386193	邮政编码	564501
经营范围	茅台酒系列产品的生产与销售；饮料、食品、包装材料的生产与销售；防伪技术开发；信息产业相关产品的研制		

股本(股)	2009.12.31
总股本	943800000
国家股	0
境内发起人股	0
境外发起人股	0
社会法人股	0
其他非流通股	0
B股/H股	0
A股流通股	943800000

财务数据	2009.12.31
总资产（万元）	1976962.315
股东权益（万元）	1446598.284
营业收入（万元）	966967.001
利润总额（万元）	608053.9885
投资收益（万元）	120.9447
净利润（万元）	431244.6125
每股收益（元/股）	4.569
每股净资产（元/股）	15.327
净资产收益率（%）	29.81

A股融资与分红	红利
除权日/增发日	2009-07-01
送配/红利比例	1.156
配股价/增发价	–
上市日	–

A股股票市场表现	
市价总值（万元）	16027611.60
流通市值（万元）	16027611.60
成交股数（万股）	73698.94
成交金额（万元）	10270113.22
换手率（%）	78.09
市盈率（倍）	42.18
开盘（元）	109.50
最高（元）	181.06
最低（元）	99.00
收盘（元）	169.82

股票年度走势图

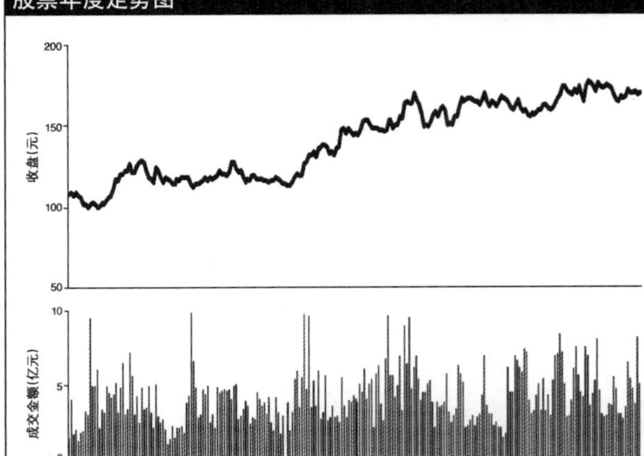

中铁二局股份有限公司
China Railway Erju Co., Ltd. (crec)

基本情况		股票简称	中铁二局
股票代码	600528	上市时间	2001-05-28
办公地址	成都市通锦路16号中铁二局大厦		
联系人	邓爱民	联系电话	(028) 66752811
传真	(028) 66752889	邮政编码	610032
经营范围	承担各类型工业、能源、交通、民用等工程项目施工的承包;机械租赁		

股本(股)	2009.12.31
总股本	1459200000
国家股	166400000
境内发起人股	0
境外发起人股	0
社会法人股	0
其他非流通股	0
B股/H股	0
A股流通股	1292800000
财务数据	**2009.12.31**
总资产(万元)	2577327.878
股东权益(万元)	418872.6238
营业收入(万元)	4049764.99
利润总额(万元)	80981.832
投资收益(万元)	5332.7463
净利润(万元)	68400.1679
每股收益(元/股)	0.469
每股净资产(元/股)	2.871
净资产收益率(%)	16.33
A股融资与分红	**送股**
除权日/增发日	2009-06-08
送配/红利比例	0.20
配股价/增发价	–
上市日	–
A股股票市场表现	
市价总值(万元)	1905715.20
流通市值(万元)	1688396.80
成交股数(万股)	836806.46
成交金额(万元)	9773906.71
换手率(%)	647.28
市盈率(倍)	41.35
开盘(元)	8.38
最高(元)	16.79
最低(元)	8.26
收盘(元)	13.06

股票年度走势图

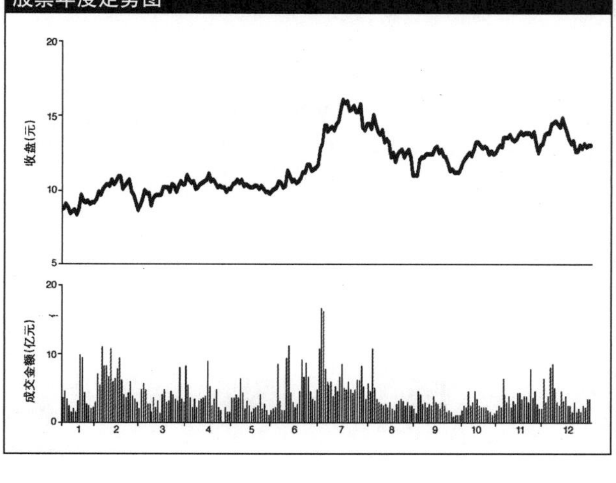

南京栖霞建设股份有限公司
Nanjing Chixia Development Co., Ltd.

基本情况		股票简称	栖霞建设
股票代码	600533	上市时间	2002-03-28
办公地址	南京市龙蟠路9号兴隆大厦		
联系人	王建优	联系电话	(025) 85633668-2101
传真	(025) 85502482	邮政编码	210037
经营范围	住宅小区综合开发建设;商品房销售、租赁、售后服务;新型住宅构配件、建筑材料、装璜材料生产、加工、销售;国内贸易(专项审批项目等领取许可证后方可经营);投资兴办实业;教育产业投资		

股本(股)	2009.12.31
总股本	1050000000
国家股	0
境内发起人股	0
境外发起人股	0
社会法人股	0
其他非流通股	0
B股/H股	0
A股流通股	1050000000
财务数据	**2009.12.31**
总资产(万元)	900213.6958
股东权益(万元)	270901.9816
营业收入(万元)	219473.79
利润总额(万元)	39704.6343
投资收益(万元)	118.1897
净利润(万元)	22317.3632
每股收益(元/股)	0.213
每股净资产(元/股)	2.58
净资产收益率(%)	8.24
A股融资与分红	**红利**
除权日/增发日	2009-07-14
送配/红利比例	0.10
配股价/增发价	–
上市日	–
A股股票市场表现	
市价总值(万元)	704550.00
流通市值(万元)	704550.00
成交股数(万股)	636384.65
成交金额(万元)	3915086.57
换手率(%)	606.08
市盈率(倍)	37.50
开盘(元)	3.20
最高(元)	8.98
最低(元)	3.13
收盘(元)	6.71

股票年度走势图

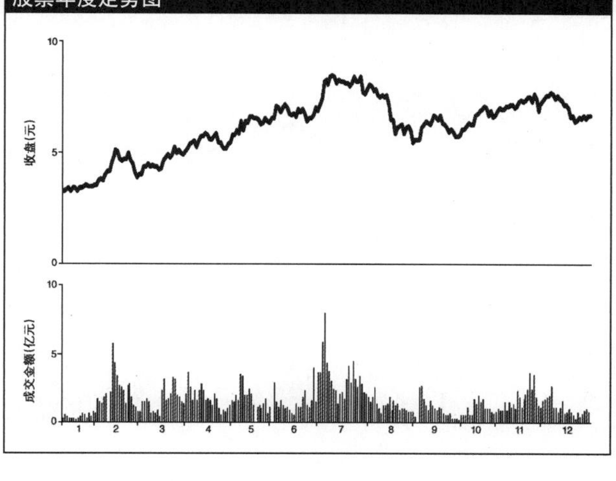

山东黄金矿业股份有限公司
Shandong Gold Mining Co., Ltd.

基本情况		股票简称	山东黄金
股票代码	600547	上市时间	2003-08-28
办公地址	山东济南市解放路 16 号		
联系人	林朴芳	联系电话	(0531) 88562836
传真	(0531) 88562836	邮政编码	250014
经营范围	黄金地质探矿、开采、选冶；贵金属、有色金属制品、黄金珠宝饰品提纯、加工、生产、销售；黄金矿山专用设备及物资、建筑材料的生产、销售等		

股本(股)	2009.12.31
总股本	711536204
国家股	365576204
境内发起人股	0
境外发起人股	0
社会法人股	0
其他非流通股	0
B股／H股	0
A股流通股	345960000

财务数据	2009.12.31
总资产(万元)	626265.7648
股东权益(万元)	287969.8769
营业收入(万元)	2333167.93
利润总额(万元)	109400.4654
投资收益(万元)	2000.9143
净利润(万元)	74581.9938
每股收益(元／股)	1.048
每股净资产(元／股)	4.047
净资产收益率(%)	25.9

A股融资与分红	送股	红利
除权日／增发日	2009-04-27	2009-04-27
送配／红利比例	1.00	0.30
配股价／增发价	–	–
上市日	2009-04-28	–

A股股票市场表现	
市价总值(万元)	5713635.72
流通市值(万元)	2778058.80
成交股数(万股)	472372.66
成交金额(万元)	29549331.76
换手率(%)	1365.40
市盈率(倍)	89.72
开盘(元)	48.66
最高(元)	93.30
最低(元)	36.30
收盘(元)	80.30

股票年度走势图

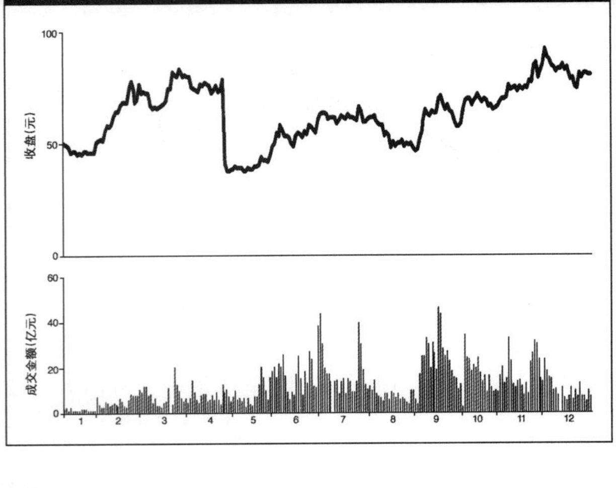

保定天威保变电气股份有限公司
Baoding Tianwei Baobian Electric Co., Ltd.

基本情况		股票简称	天威保变
股票代码	600550	上市时间	2001-02-28
办公地址	河北省保定市天威西路 2222 号		
联系人	张继承	联系电话	(0312) 3308501
传真	(0312) 3230382	邮政编码	71056
经营范围	变压器、互感器、电抗器等输变电设备及辅助设备、零部件的制造与销售；输变电专用制造设备的生产与销售；相关技术、产品及计算机应用技术的开发与销售；经营本企业自产产品的出口业务和本企业所需的机械设备、零配件、原辅材料的进口业务，但国家限定公司经营或禁止出口的商品及技术除外		

股本(股)	2009.12.31
总股本	1168000000
国家股	595680000
境内发起人股	0
境外发起人股	0
社会法人股	0
其他非流通股	0
B股／H股	0
A股流通股	572320000

财务数据	2009.12.31
总资产(万元)	1560179.761
股东权益(万元)	410436.9362
营业收入(万元)	497894.5085
利润总额(万元)	67722.4387
投资收益(万元)	19441.5864
净利润(万元)	58615.5356
每股收益(元／股)	0.502
每股净资产(元／股)	3.514
净资产收益率(%)	14.28

A股融资与分红	红利
除权日／增发日	2009-04-14
送配／红利比例	0.20
配股价／增发价	–
上市日	–

A股股票市场表现	
市价总值(万元)	3688544.00
流通市值(万元)	1807386.56
成交股数(万股)	455538.65
成交金额(万元)	15149792.07
换手率(%)	795.95
市盈率(倍)	39.11
开盘(元)	20.67
最高(元)	43.15
最低(元)	20.22
收盘(元)	31.58

股票年度走势图

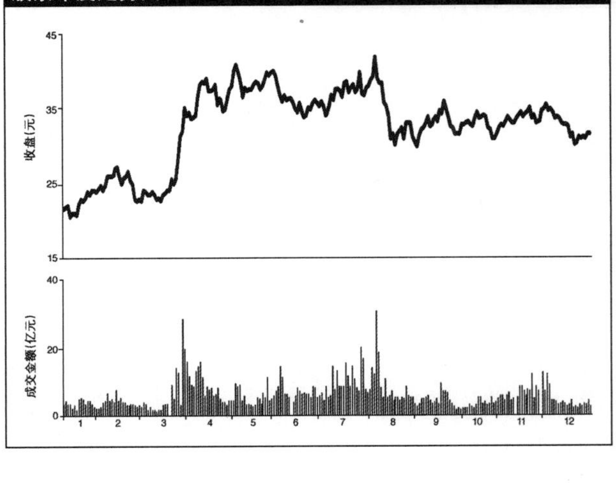

海洋石油工程股份有限公司
Offshore Oil Engineering Co., Ltd.

基本情况		股票简称	海油工程
股票代码	600583	上市时间	2002-02-05
办公地址	天津市塘沽区丹江路1078号		
联系人	刘连举	联系电话	(022) 66908035
传真	(022) 66908800	邮政编码	300451
经营范围	工程总承包；石油天然气(海洋石油工程、石油机械制造与修理工程、管道输送工程、油气处理加工工程、油气化工及综合利用工作)及建筑工程的设计；承担各类海洋石油建设工程的施工和其他海洋工程施工；承担各种类型的钢结构、网架工程的制作与安装；压力容器制造等		

股本(股)	2009.12.31
总股本	3241200000
国家股	117000000
境内发起人股	0
境外发起人股	0
社会法人股	0
其他非流通股	0
B股/H股	0
A股流通股	3124200000

财务数据	2009.12.31
总资产(万元)	1636858.041
股东权益(万元)	895968.1185
营业收入(万元)	1395723.877
利润总额(万元)	121118.0209
投资收益(万元)	710.9666
净利润(万元)	98299.637
每股收益(元/股)	0.303
每股净资产(元/股)	2.764
净资产收益率(%)	10.97

A股融资与分红	送股	红利
除权日/增发日	2009-05-26	2009-05-26
送配/红利比例	0.50	0.10
配股价/增发价	–	–
上市日	2009-05-27	–

A股股票市场表现	
市价总值(万元)	3694968.00
流通市值(万元)	3561588.00
成交股数(万股)	520711.30
成交金额(万元)	6676539.96
换手率(%)	166.67
市盈率(倍)	30.96
开盘(元)	15.65
最高(元)	18.85
最低(元)	10.00
收盘(元)	11.40

股票年度走势图

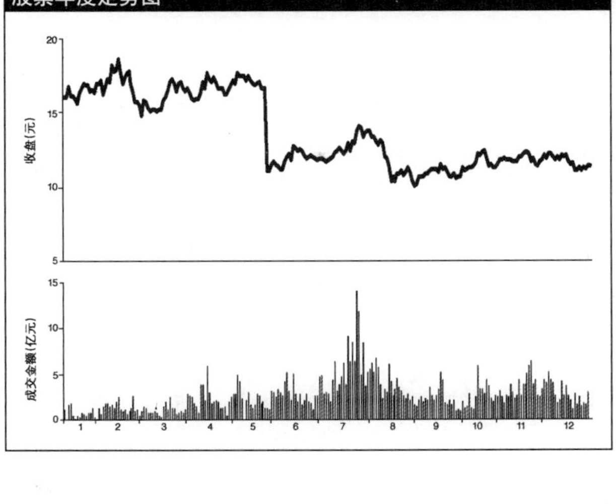

安徽海螺水泥股份有限公司
Anhui Conch Cement Co., Ltd.

基本情况		股票简称	海螺水泥
股票代码	600585	上市时间	2002-02-07
办公地址	安徽省芜湖市九华南路1011号海螺国际会议中心		
联系人	章明静	联系电话	(0553) 8398918
传真	(0553) 8398931	邮政编码	241070
经营范围	水泥及辅料、水泥制品生产、销售、出口；机械设备、仪器仪表、零配件及企业生产、科研所需的原辅材料生产、销售、进口；煤炭批发、零售；电子设备生产、销售；技术服务		

股本(股)	2009.12.31
总股本	1766434193
国家股	22755147
境内发起人股	287999046
境外发起人股	0
社会法人股	0
其他非流通股	0
B股/H股	433200000
A股流通股	1022480000

财务数据	2009.12.31
总资产(万元)	4714849.783
股东权益(万元)	2875963.899
营业收入(万元)	2468363.752
利润总额(万元)	447654.2598
投资收益(万元)	1594.0483
净利润(万元)	354436.5174
每股收益(元/股)	2.007
每股净资产(元/股)	16.281
净资产收益率(%)	12.32

A股融资与分红	红利
除权日/增发日	2009-06-24
送配/红利比例	0.30
配股价/增发价	–
上市日	–

A股股票市场表现	
市价总值(万元)	6647505.69
流通市值(万元)	5098085.28
成交股数(万股)	184886.35
成交金额(万元)	7437899.13
换手率(%)	180.82
市盈率(倍)	33.78
开盘(元)	27.02
最高(元)	53.13
最低(元)	27.02
收盘(元)	49.86

股票年度走势图

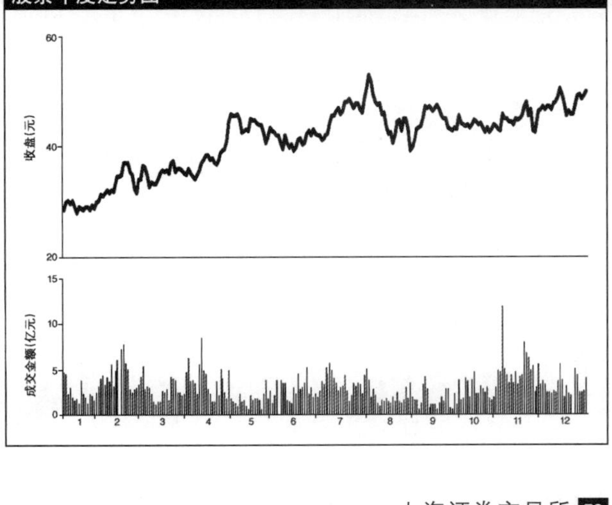

浙江新安化工集团股份有限公司
Zhejiang Xinan Chemical Industrial Group Co., Ltd.

基本情况		股票简称	新安股份
股票代码	600596	上市时间	2001-09-06
办公地址	浙江省建德市新安江镇新安东路555号		
联系人	姜永平	联系电话	(0571) 64715693
传真	(0571) 64715693	邮政编码	311600
经营范围	化工原料及产品、化工机械、农药、化肥、包装物的制造和经营；本企业自产的化工原料及化工产品		

股本(股)	2009.12.31
总股本	308720288
国家股	22161880
境内发起人股	67881000
境外发起人股	0
社会法人股	0
其他非流通股	0
B股/H股	0
A股流通股	218677408

财务数据	2009.12.31
总资产(万元)	569406.3553
股东权益(万元)	394876.5844
营业收入(万元)	370294.7137
利润总额(万元)	34582.1135
投资收益(万元)	66.9079
净利润(万元)	29468.6778
每股收益(元/股)	0.955
每股净资产(元/股)	12.791
净资产收益率(%)	7.46

A股融资与分红	增发	红利
除权日/增发日	2009-08-13	2009-05-14
送配/红利比例	–	1.10
配股价/增发价	44.68	–
上市日	2009-08-27	–

A股股票市场表现	
市价总值(万元)	1392637.22
流通市值(万元)	986453.79
成交股数(万股)	90814.73
成交金额(万元)	3749253.57
换手率(%)	415.29
市盈率(倍)	8.24
开盘(元)	31.72
最高(元)	51.10
最低(元)	31.43
收盘(元)	45.11

股票年度走势图

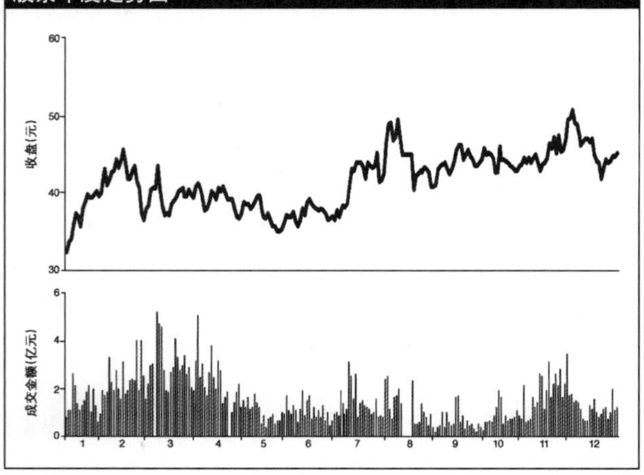

黑龙江北大荒农业股份有限公司
Heilongjiang Agriculture Co., Ltd.

基本情况		股票简称	北大荒
股票代码	600598	上市时间	2002-03-29
办公地址	黑龙江省哈尔滨市南岗区汉水路263号		
联系人	史晓丹	联系电话	(0451) 55196916
传真	(0451) 55195993	邮政编码	150090
经营范围	水稻、大豆、小麦、玉米等粮食作物的生产、销售；尿素的生产与销售；种子引进、繁育、加工、销售；造纸；中草药材种植、加工；自营进出口和投资兴办实业；化肥(尿素)、二氧化碳、液氨、氧气等		

股本(股)	2009.12.31
总股本	1714480684
国家股	0
境内发起人股	0
境外发起人股	0
社会法人股	0
其他非流通股	0
B股/H股	0
A股流通股	1714480684

财务数据	2009.12.31
总资产(万元)	1198181.5
股东权益(万元)	495649.366
营业收入(万元)	618912.5926
利润总额(万元)	33494.872
投资收益(万元)	31.6351
净利润(万元)	35852.4686
每股收益(元/股)	0.209
每股净资产(元/股)	2.891
净资产收益率(%)	7.23

A股融资与分红	红利
除权日/增发日	2009-06-12
送配/红利比例	0.2679
配股价/增发价	–
上市日	–

A股股票市场表现	
市价总值(万元)	2614583.04
流通市值(万元)	2614583.04
成交股数(万股)	797717.10
成交金额(万元)	11097922.26
换手率(%)	465.28
市盈率(倍)	44.46
开盘(元)	10.93
最高(元)	16.30
最低(元)	10.72
收盘(元)	15.25

股票年度走势图

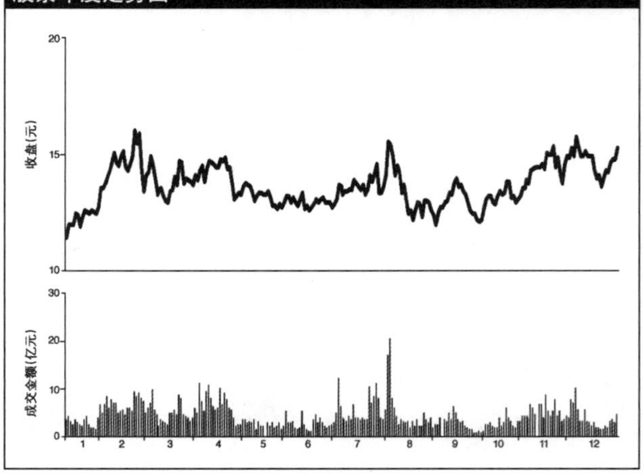

青岛啤酒股份有限公司
Tsingtao Brewery Co., Ltd.

基本情况		股票简称	青岛啤酒
股票代码	600600	上市时间	1993-08-27
办公地址	山东省青岛市香港中路五四广场青啤大厦		
联系人	张学举	联系电话	(0532) 85713831
传真	(0532) 85713240	邮政编码	266071
经营范围	啤酒的生产与销售		

股本(股)	2009.12.31
总股本	1350982795
国家股	399820000
境内发起人股	17574505
境外发起人股	0
社会法人股	0
其他非流通股	0
B股/H股	655069178
A股流通股	278519112
财务数据	**2009.12.31**
总资产(万元)	1486745.264
股东权益(万元)	822057.9997
营业收入(万元)	1776053.635
利润总额(万元)	173933.3591
投资收益(万元)	1006.7304
净利润(万元)	125329.1425
每股收益(元/股)	0.928
每股净资产(元/股)	6.085
净资产收益率(%)	15.25
A股融资与分红	**红利**
除权日/增发日	2009-07-27
送配/红利比例	0.25
配股价/增发价	–
上市日	–
A股股票市场表现	
市价总值(万元)	2617331.11
流通市值(万元)	1047510.38
成交股数(万股)	100949.55
成交金额(万元)	2727949.18
换手率(%)	362.45
市盈率(倍)	72.63
开盘(元)	20.00
最高(元)	37.76
最低(元)	17.99
收盘(元)	37.61

股票年度走势图

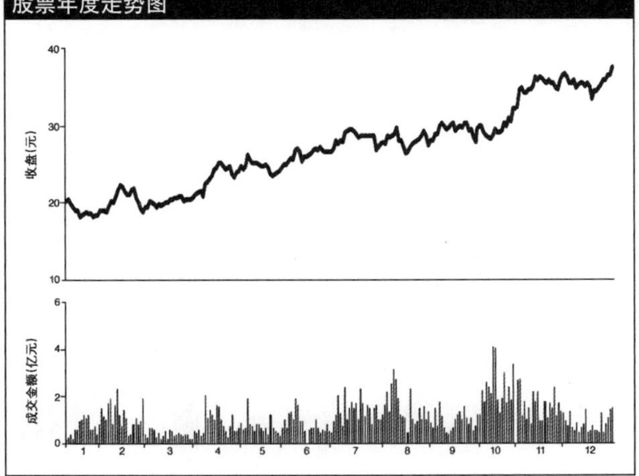

方正科技集团股份有限公司
Founder Technology Group Corp.

基本情况		股票简称	方正科技
股票代码	600601	上市时间	1990-12-19
办公地址	上海市浦东南路360号新上海国际大厦36层		
联系人	侯郁波	联系电话	(021) 58400030
传真	(021) 58408970	邮政编码	200120
经营范围	电子计算机及配件、软件；非危险品化工产品；办公设备及消耗材料；电子仪器；建筑、装潢材料；百货；五金交电；包装材料；经营各类商品和技术的进出口，但国家限定公司经营或禁止进出口的商品及技术除外，税控收款机（涉及许可经营的凭许可证经营）		

股本(股)	2009.12.31
总股本	1726486674
国家股	0
境内发起人股	0
境外发起人股	0
社会法人股	0
其他非流通股	0
B股/H股	0
A股流通股	1726486674
财务数据	**2009.12.31**
总资产(万元)	562290.4887
股东权益(万元)	286957.2203
营业收入(万元)	772924.4456
利润总额(万元)	10944.8816
投资收益(万元)	136.7584
净利润(万元)	9800.351
每股收益(元/股)	0.057
每股净资产(元/股)	1.662
净资产收益率(%)	3.42
A股融资与分红	**红利**
除权日/增发日	2009-05-25
送配/红利比例	0.022
配股价/增发价	–
上市日	–
A股股票市场表现	
市价总值(万元)	889140.64
流通市值(万元)	889140.64
成交股数(万股)	1023552.20
成交金额(万元)	4474162.37
换手率(%)	592.85
市盈率(倍)	71.61
开盘(元)	2.70
最高(元)	5.57
最低(元)	2.66
收盘(元)	5.15

股票年度走势图

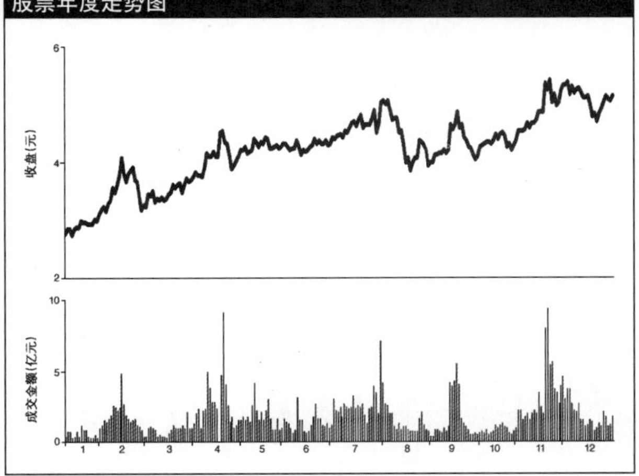

大众交通（集团）股份有限公司
Dazhong Transportation (Group) Co., Ltd.

基本情况		股票简称	大众交通
股票代码	600611	上市时间	1992-08-07
办公地址	上海市中山西路1515号大众大厦11楼		
联系人	赵思渊	联系电话	(021) 64285708
传真	(021) 64285642	邮政编码	200235
经营范围	企业经营管理咨询、现代物流、交通运输及相关的车辆维修、洗车场、停车场、汽车旅馆业务（限分公司经营）、机动车驾驶员培训、会务服务、展览展示服务（主办、承办除外）、演艺票务代理、计算机、电子、汽车技术领域内的咨询服务；投资举办符合国家产业政策的企业		

股本(股)	2009.12.31
总股本	1576081909
国家股	0
境内发起人股	327179412
境外发起人股	0
社会法人股	0
其他非流通股	0
B股／H股	533871000
A股流通股	715031497
财务数据	**2009.12.31**
总资产（万元）	911674.9486
股东权益（万元）	503629.6599
营业收入（万元）	337990.3068
利润总额（万元）	75659.2064
投资收益（万元）	45997.4262
净利润（万元）	61169.8381
每股收益（元／股）	0.388
每股净资产（元／股）	3.195
净资产收益率（%）	12.15
A股融资与分红	**红利**
除权日／增发日	2009-06-02
送配／红利比例	0.13
配股价／增发价	–
上市日	–
A股股票市场表现	
市价总值（万元）	1266286.25
流通市值（万元）	868763.27
成交股数（万股）	656574.23
成交金额（万元）	7619394.07
换手率（%）	918.25
市盈率（倍）	49.96
开盘（元）	5.73
最高（元）	17.68
最低（元）	5.69
收盘（元）	12.15

股票年度走势图

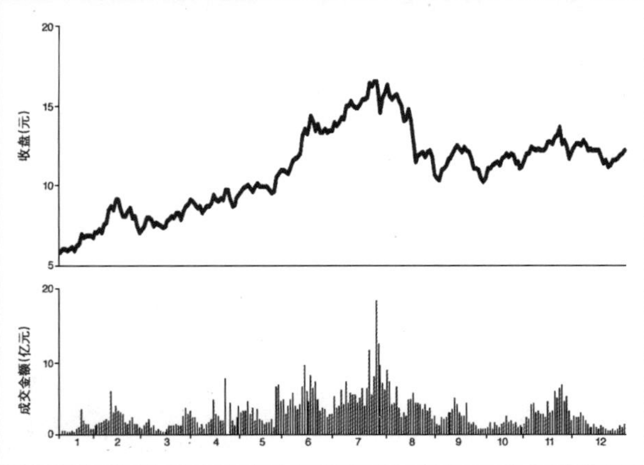

上海嘉宝实业（集团）股份有限公司
Shanghai Jiabao Industry & Commerce (Group) Co., Ltd.

基本情况		股票简称	嘉宝集团
股票代码	600622	上市时间	1992-12-03
办公地址	上海市嘉定区清河路55号嘉宝商厦6-7F		
联系人	孙红良	联系电话	(021) 59529711
传真	(021) 59536891	邮政编码	201800
经营范围	生产经营激光、光电、精密仪器、照明电器、家用电器、化工、百货、五金、机电产品等		

股本(股)	2009.12.31
总股本	514303802
国家股	61576962
境内发起人股	260000
境外发起人股	0
社会法人股	0
其他非流通股	0
B股／H股	0
A股流通股	452466840
财务数据	**2009.12.31**
总资产（万元）	364194.6648
股东权益（万元）	175879.651
营业收入（万元）	104161.3224
利润总额（万元）	36906.7275
投资收益（万元）	8614.952
净利润（万元）	27915.9958
每股收益（元／股）	0.543
每股净资产（元／股）	3.42
净资产收益率（%）	15.87
A股融资与分红	**红利**
除权日／增发日	2009-07-14
送配／红利比例	0.12
配股价／增发价	–
上市日	–
A股股票市场表现	
市价总值（万元）	631050.77
流通市值（万元）	555176.81
成交股数（万股）	472812.68
成交金额（万元）	4697697.83
换手率（%）	1044.97
市盈率（倍）	37.93
开盘（元）	4.05
最高（元）	16.10
最低（元）	4.01
收盘（元）	12.27

股票年度走势图

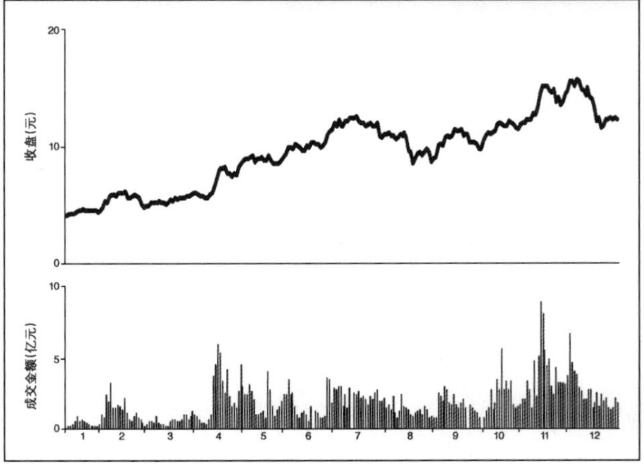

上海百货集团股份有限公司
Shanghai Bailian Group Co., Ltd.

基本情况		股票简称	百联股份
股票代码	600631	上市时间	1993-02-19
办公地址	上海市南京东路800号新一百大厦22楼		
联系人	董小春	联系电话	(021) 63223344
传真	(021) 63603298	邮政编码	200001
经营范围	国内贸易、货物及技术进出口业务、汽车修理及汽车配件、货运代理（一级）、普通货物运输、收费停车库、广告、音像制品、医疗器械、房地产开发；自有办公楼、房屋出租、商业咨询；附设分支机构（涉及许可经营的凭许可证经营）；电子商务（不得从事增值电信、金融业务）		

股本(股)	2009.12.31
总股本	1101027295
国家股	0
境内发起人股	0
境外发起人股	0
社会法人股	0
其他非流通股	0
B股／H股	0
A股流通股	1101027295

财务数据	2009.12.31
总资产（万元）	1511147.582
股东权益（万元）	658529.8045
营业收入（万元）	966241.5474
利润总额（万元）	64096.5742
投资收益（万元）	8508.7447
净利润（万元）	40431.6828
每股收益（元／股）	0.367
每股净资产（元／股）	5.981
净资产收益率（%）	6.14

A股融资与分红	红利
除权日／增发日	2009-07-10
送配／红利比例	0.10
配股价／增发价	–
上市日	–

A股股票市场表现	
市价总值（万元）	1984051.19
流通市值（万元）	1984051.19
成交股数（万股）	385507.47
成交金额（万元）	4948697.84
换手率（%）	350.13
市盈率（倍）	55.65
开盘（元）	8.44
最高（元）	18.62
最低（元）	7.95
收盘（元）	18.02

股票年度走势图

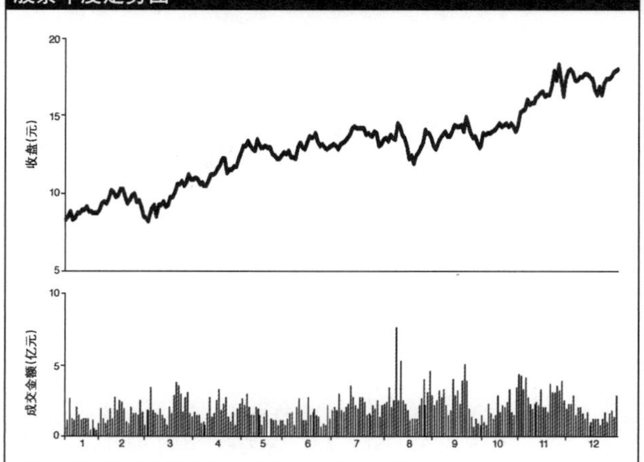

上海大众公用事业（集团）股份有限公司
Shanghai Dazhong Public Unilities(Group) Co., Ltd.

基本情况		股票简称	大众公用
股票代码	600635	上市时间	1993-03-04
办公地址	上海中山西路1515号大众大厦8楼		
联系人	梁嘉玮	联系电话	(021) 64288888-5609
传真	(021) 64288727	邮政编码	200235
经营范围	实业投资、兴办各类经济实体、国内商业（除专项审批规定）；附设各类分支机构、项目投资、投资控股、资产重组、收购兼并及相关业务咨询与转让；房地产开发、咨询、建材（上述经营范围涉及审批或许可经营的凭审批件和许可证经营）		

股本(股)	2009.12.31
总股本	1495336166
国家股	0
境内发起人股	0
境外发起人股	0
社会法人股	0
其他非流通股	0
B股／H股	0
A股流通股	1495336166

财务数据	2009.12.31
总资产（万元）	814141.3264
股东权益（万元）	276511.9762
营业收入（万元）	336443.3565
利润总额（万元）	37346.8938
投资收益（万元）	37298.9941
净利润（万元）	22063.5466
每股收益（元／股）	0.148
每股净资产（元／股）	1.849
净资产收益率（%）	7.98

A股融资与分红	红利
除权日／增发日	2009-06-18
送配／红利比例	0.055
配股价／增发价	–
上市日	–

A股股票市场表现	
市价总值（万元）	1600009.70
流通市值（万元）	1600009.70
成交股数（万股）	1119996.80
成交金额（万元）	12346431.45
换手率（%）	748.99
市盈率（倍）	92.47
开盘（元）	5.88
最高（元）	13.97
最低（元）	5.81
收盘（元）	10.70

股票年度走势图

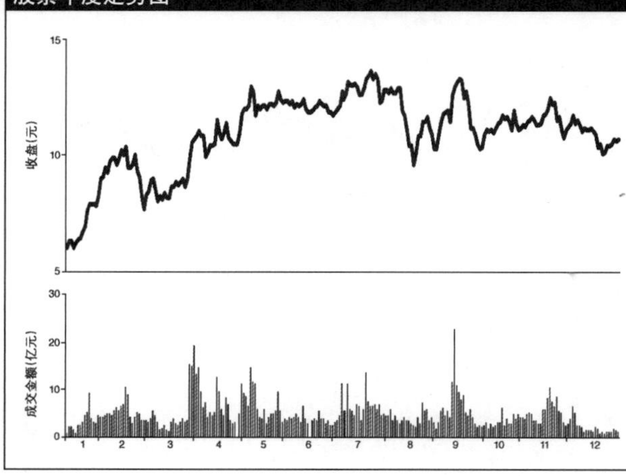

上海新黄浦置业股份有限公司
Shanghai New Huang Pu Real Estate Co., Ltd.

基本情况		股票简称	新黄浦
股票代码	600638	上市时间	1993-03-26
办公地址	上海北京东路668号西楼32、33层		
联系人	李薇洁	联系电话	(021) 53086681
传真	(021) 53080628	邮政编码	200001
经营范围	危旧房改造、房地产经营、建筑施工、装饰装潢、物业管理		

股本(股)	2009.12.31
总股本	561163988
国家股	0
境内发起人股	0
境外发起人股	0
社会法人股	0
其他非流通股	0
B股/H股	0
A股流通股	561163988
财务数据	**2009.12.31**
总资产(万元)	643037.0549
股东权益(万元)	266918.4527
营业收入(万元)	49958.5978
利润总额(万元)	19286.908
投资收益(万元)	10330.799
净利润(万元)	15968.0124
每股收益(元/股)	0.285
每股净资产(元/股)	4.757
净资产收益率(%)	5.98
A股融资与分红	**红利**
除权日/增发日	2009-07-08
送配/红利比例	0.13
配股价/增发价	–
上市日	–
A股股票市场表现	
市价总值(万元)	968007.88
流通市值(万元)	968007.88
成交股数(万股)	424909.57
成交金额(万元)	5860455.33
换手率(%)	757.19
市盈率(倍)	55.87
开盘(元)	9.30
最高(元)	17.40
最低(元)	9.21
收盘(元)	17.25

股票年度走势图

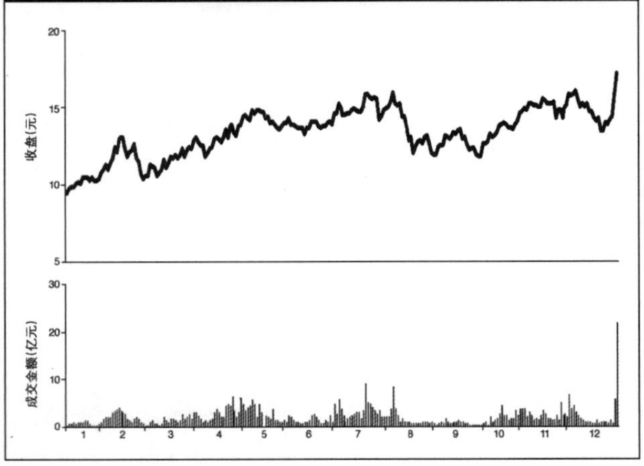

上海金桥出口加工区开发股份有限公司
Shanghai Jinqiao Export Processing Zone Development Co., Ltd.

基本情况		股票简称	浦东金桥
股票代码	600639	上市时间	1993-03-26
办公地址	上海浦东新金桥路27号1号楼		
联系人	代燕妮	联系电话	(021) 50307702
传真	(021) 50301533	邮政编码	201206
经营范围	房地产开发、经营、销售和土地使用权投资及投资兴办企业		

股本(股)	2009.12.31
总股本	844386400
国家股	0
境内发起人股	0
境外发起人股	0
社会法人股	0
其他非流通股	0
B股/H股	247432900
A股流通股	596953500
财务数据	**2009.12.31**
总资产(万元)	739974.3057
股东权益(万元)	335238.5807
营业收入(万元)	83904.5233
利润总额(万元)	50797.1957
投资收益(万元)	20405.3777
净利润(万元)	36012.5352
每股收益(元/股)	0.426
每股净资产(元/股)	3.97
净资产收益率(%)	10.74
A股融资与分红	**红利**
除权日/增发日	2009-08-10
送配/红利比例	0.125
配股价/增发价	–
上市日	–
A股股票市场表现	
市价总值(万元)	816632.39
流通市值(万元)	816632.39
成交股数(万股)	216430.45
成交金额(万元)	3067147.65
换手率(%)	362.56
市盈率(倍)	41.63
开盘(元)	7.81
最高(元)	18.15
最低(元)	7.80
收盘(元)	13.68

股票年度走势图

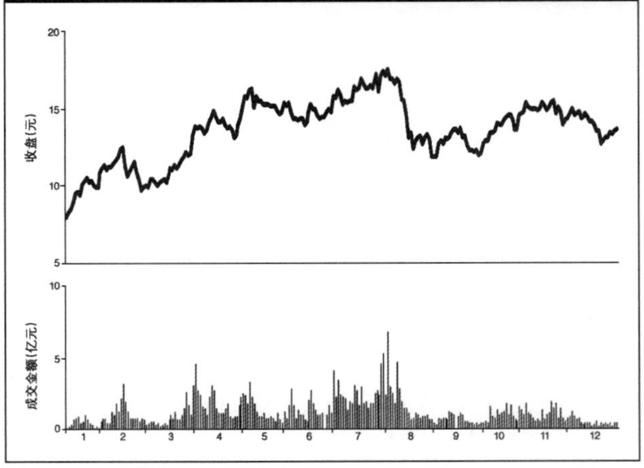

上海万业企业股份有限公司
Shanghai Wanye Enterprises Co., Ltd.

基本情况		股票简称	万业企业
股票代码	600641	上市时间	1993-04-07
办公地址	上海市浦东大道720号9层		
联系人	吴云韶	联系电话	(021) 50367878
传真	(021) 50366858	邮政编码	200120
经营范围	实业投资、资产经营、房地产开发经营国内贸易(除专项规定外)、钢材、木材等		

股本(股)	2009.12.31
总股本	806158748
国家股	0
境内发起人股	0
境外发起人股	0
社会法人股	0
其他非流通股	0
B股/H股	0
A股流通股	806158748

财务数据	2009.12.31
总资产(万元)	526003.6028
股东权益(万元)	261324.2983
营业收入(万元)	136876.0501
利润总额(万元)	39087.6296
投资收益(万元)	16881.2823
净利润(万元)	29626.364
每股收益(元/股)	0.367
每股净资产(元/股)	3.242
净资产收益率(%)	11.34

A股融资与分红	送股	红利
除权日/增发日	2009-06-08	2009-06-08
送配/红利比例	0.80	0.45
配股价/增发价	–	–
上市日	2009-06-09	–

A股股票市场表现	
市价总值(万元)	767463.13
流通市值(万元)	767463.13
成交股数(万股)	333799.41
成交金额(万元)	3942466.56
换手率(%)	414.06
市盈率(倍)	20.72
开盘(元)	7.78
最高(元)	20.49
最低(元)	7.56
收盘(元)	9.52

股票年度走势图

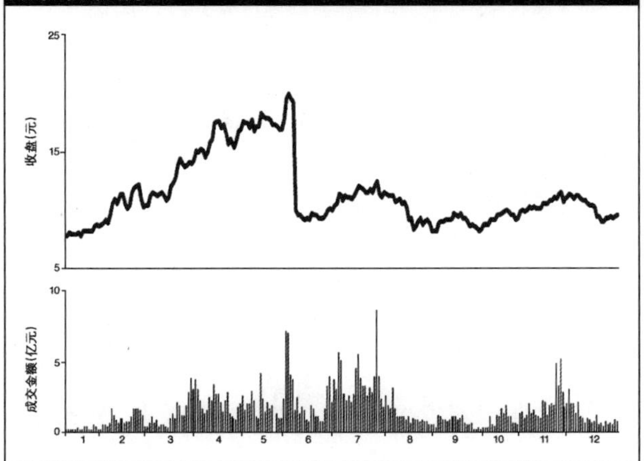

申能股份有限公司
Shenergy Co., Ltd.

基本情况		股票简称	申能股份
股票代码	600642	上市时间	1993-04-16
办公地址	上海市复兴中路1号22楼		
联系人	周燕飞	联系电话	(021) 63900133
传真	(021) 63900456	邮政编码	200021
经营范围	电力建设、能源、节能、资源综合利用及相关项目;与能源建设相关的原材料、高新技术		

股本(股)	2009.12.31
总股本	2889631654
国家股	0
境内发起人股	0
境外发起人股	0
社会法人股	0
其他非流通股	0
B股/H股	0
A股流通股	2889631654

财务数据	2009.12.31
总资产(万元)	3166602.817
股东权益(万元)	1529372.455
营业收入(万元)	1539268.593
利润总额(万元)	263822.823
投资收益(万元)	91911.8639
净利润(万元)	160070.5665
每股收益(元/股)	0.554
每股净资产(元/股)	5.293
净资产收益率(%)	10.47

A股融资与分红	红利
除权日/增发日	2009-06-23
送配/红利比例	0.10
配股价/增发价	–
上市日	–

A股股票市场表现	
市价总值(万元)	3288400.82
流通市值(万元)	3288400.82
成交股数(万股)	776877.29
成交金额(万元)	8101414.63
换手率(%)	268.85
市盈率(倍)	55.49
开盘(元)	6.12
最高(元)	14.32
最低(元)	5.90
收盘(元)	11.38

股票年度走势图

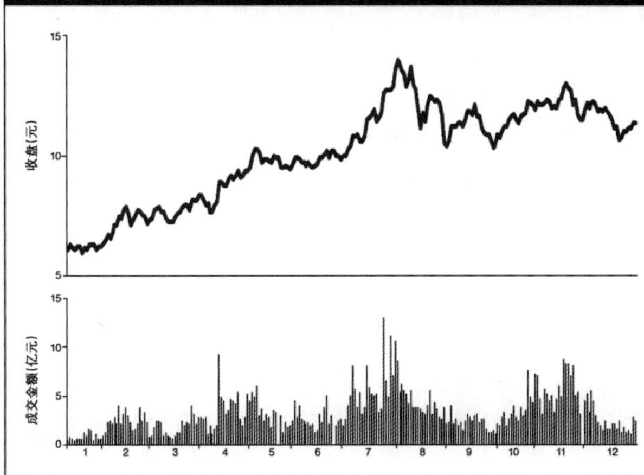

上海爱建股份有限公司
Shanghai AJ Corporation

基本情况		股票简称	爱建股份
股票代码	600643	上市时间	1993-04-26
办公地址	上海市零陵路599号（爱建城内）		
联系人	徐宜阳	联系电话	(021) 64396600
传真	(021) 64691602	邮政编码	200030
经营范围	实业投资；房地产开发、经营及咨询；外经贸部批准的进出口业务（按批文）、商务咨询		

股本（股）	2009.12.31
总股本	820404488
国家股	0
境内发起人股	97518820
境外发起人股	0
社会法人股	0
其他非流通股	0
B股／H股	0
A股流通股	722885668
财务数据	**2009.12.31**
总资产（万元）	208388.5947
股东权益（万元）	115506.7302
营业收入（万元）	44442.9635
利润总额（万元）	6182.2798
投资收益（万元）	9255.3334
净利润（万元）	6258.7086
每股收益（元／股）	0.076
每股净资产（元／股）	1.408
净资产收益率（%）	5.42
A股融资与分红	
除权日／增发日	
送配／红利比例	
配股价／增发价	
上市日	
A股股票市场表现	
市价总值（万元）	949207.99
流通市值（万元）	836378.72
成交股数（万股）	628448.30
成交金额（万元）	6684740.79
换手率（%）	869.36
市盈率（倍）	583.75
开盘（元）	5.74
最高（元）	15.10
最低（元）	5.67
收盘（元）	11.57

股票年度走势图

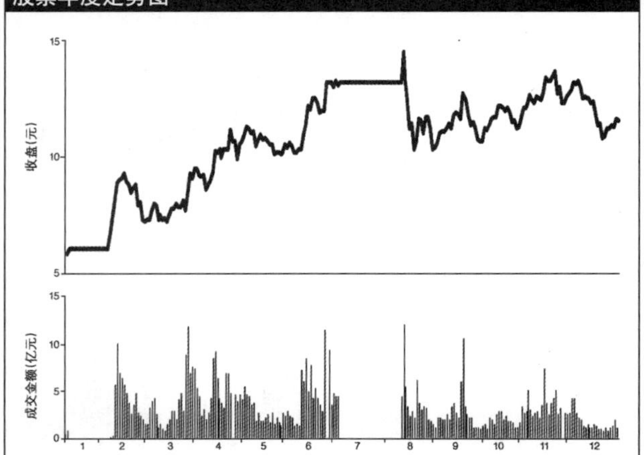

上海市城投控股股份有限公司
Shanghai Chengtou Holding Co., Ltd.

基本情况		股票简称	城投控股
股票代码	600649	上市时间	1993-05-18
办公地址	上海市浦东南路500号国家开发银行大厦39楼		
联系人	俞有勤	联系电话	(021) 58772103
传真	(021) 58765191	邮政编码	200120
经营范围	原水供应、自来水开发，给水工程建设、排管施工工程、机电设备安装、污水治理和排水等业务、实业投资		

股本（股）	2009.12.31
总股本	2298095014
国家股	1183855655
境内发起人股	0
境外发起人股	0
社会法人股	0
其他非流通股	0
B股／H股	0
A股流通股	1114239359
财务数据	**2009.12.31**
总资产（万元）	2023539.798
股东权益（万元）	1100072.04
营业收入（万元）	329992.8645
利润总额（万元）	97055.7872
投资收益（万元）	19784.8613
净利润（万元）	76111.0902
每股收益（元／股）	0.331
每股净资产（元／股）	4.787
净资产收益率（%）	6.92
A股融资与分红	**红利**
除权日／增发日	2009-08-10
送配／红利比例	0.10
配股价／增发价	–
上市日	–
A股股票市场表现	
市价总值（万元）	2902494.00
流通市值（万元）	1407284.31
成交股数（万股）	563215.74
成交金额（万元）	7138468.03
换手率（%）	505.47
市盈率（倍）	22.84
开盘（元）	8.40
最高（元）	17.47
最低（元）	8.26
收盘（元）	12.63

股票年度走势图

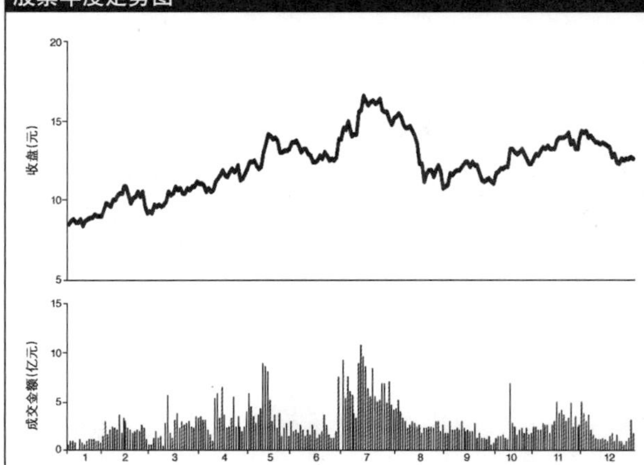

上海豫园旅游商城股份有限公司
Shanghai Yuyuan Tourist Mart Co., Ltd.

基本情况		股票简称	豫园商城
股票代码	600655	上市时间	1992-09-12
办公地址	中国上海市方浜中路269号		
联系人	蒋伟	联系电话	(021) 63552405
传真	(021) 63113289	邮政编码	200010
经营范围	日用百货、药材药品、餐饮服务、文化娱乐、旅游、宾馆饭店		

股本(股)	2009.12.31
总股本	798512209
国家股	0
境内发起人股	0
境外发起人股	0
社会法人股	0
其他非流通股	0
B股/H股	0
A股流通股	798512209

财务数据	2009.12.31
总资产(万元)	865053.2263
股东权益(万元)	398670.0159
营业收入(万元)	802434.1436
利润总额(万元)	57211.4473
投资收益(万元)	27190.7661
净利润(万元)	48147.1665
每股收益(元/股)	0.603
每股净资产(元/股)	4.993
净资产收益率(%)	12.08

A股融资与分红	送股	红利
除权日/增发日	2009-06-12	2009-06-12
送配/红利比例	0.10	0.07
配股价/增发价	–	–
上市日	2009-06-15	–

A股股票市场表现	
市价总值(万元)	2182333.87
流通市值(万元)	2182333.87
成交股数(万股)	341837.17
成交金额(万元)	6229982.52
换手率(%)	428.09
市盈率(倍)	66.42
开盘(元)	10.05
最高(元)	28.99
最低(元)	9.97
收盘(元)	27.33

股票年度走势图

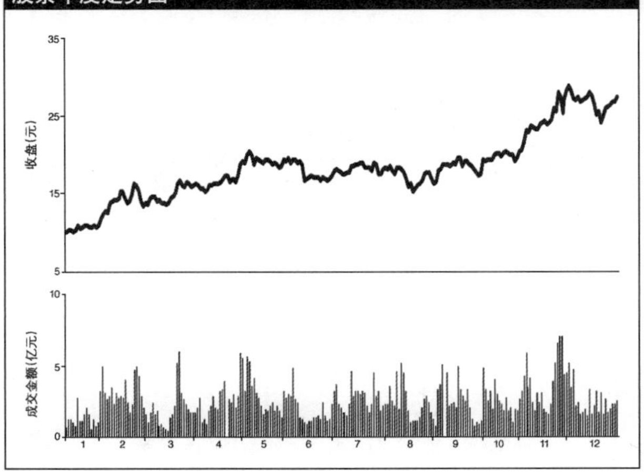

福耀玻璃工业集团股份有限公司
Fuyao Glass Industries Group Co., Ltd.

基本情况		股票简称	福耀玻璃
股票代码	600660	上市时间	1993-06-10
办公地址	福建省福青市宏路镇福耀工业村		
联系人	陈跃丹	联系电话	(0591) 85363956
传真	(0591) 85383666	邮政编码	350301
经营范围	汽车用安全玻璃、建筑安全玻璃、装饰玻璃等各种工业技术玻璃		

股本(股)	2009.12.31
总股本	2002986332
国家股	0
境内发起人股	240089084
境外发起人股	0
社会法人股	0
其他非流通股	0
B股/H股	0
A股流通股	1762897248

财务数据	2009.12.31
总资产(万元)	905130.1689
股东权益(万元)	438648.2854
营业收入(万元)	590659.1929
利润总额(万元)	128229.3294
投资收益(万元)	2094.0242
净利润(万元)	111802.92
每股收益(元/股)	0.558
每股净资产(元/股)	2.19
净资产收益率(%)	25.49

A股融资与分红	
除权日/增发日	
送配/红利比例	
配股价/增发价	
上市日	

A股股票市场表现	
市价总值(万元)	2992461.58
流通市值(万元)	2633768.49
成交股数(万股)	699144.81
成交金额(万元)	6469695.23
换手率(%)	396.59
市盈率(倍)	121.62
开盘(元)	3.92
最高(元)	15.44
最低(元)	3.92
收盘(元)	14.94

股票年度走势图

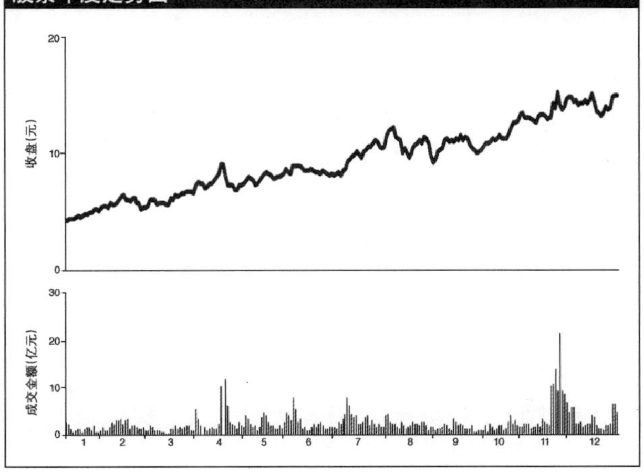

上海陆家嘴金融贸易区开发股份有限公司
Shanghai Lujiazui Finance & Trade Zone Development Co., Ltd.

基本情况		股票简称	陆家嘴
股票代码	600663	上市时间	1993-06-28
办公地址	上海峨山路101号1号楼		
联系人	蒋平	联系电话	(021) 33848816
传真	(021) 33848799	邮政编码	200127
经营范围	房地产经营；市政公用基础设施开发；仓储、运输、旅游		

股本(股)	2009.12.31
总股本	1867684000
国家股	0
境内发起人股	0
境外发起人股	0
社会法人股	0
其他非流通股	0
B股/H股	509600000
A股流通股	1358084000

财务数据	2009.12.31
总资产(万元)	1945726.419
股东权益(万元)	949755.0691
营业收入(万元)	347083.5967
利润总额(万元)	233653.9313
投资收益(万元)	6992.6418
净利润(万元)	113221.1307
每股收益(元/股)	0.606
每股净资产(元/股)	5.085
净资产收益率(%)	11.92

A股融资与分红	红利
除权日/增发日	2009-07-02
送配/红利比例	0.114
配股价/增发价	–
上市日	–

A股股票市场表现	
市价总值(万元)	3433236.35
流通市值(万元)	3433236.35
成交股数(万股)	243797.16
成交金额(万元)	6098137.99
换手率(%)	179.52
市盈率(倍)	53.63
开盘(元)	13.60
最高(元)	31.58
最低(元)	13.35
收盘(元)	25.28

股票年度走势图

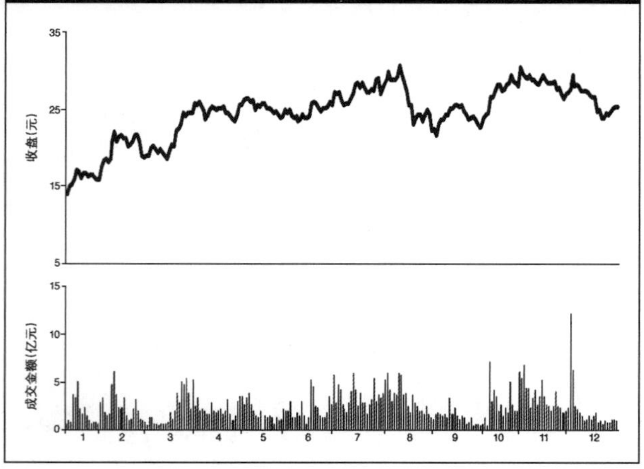

四川川投能源股份有限公司
Sichuan Chuantou Energy Co., Ltd.

基本情况		股票简称	川投能源
股票代码	600674	上市时间	1993-09-24
办公地址	四川省成都市小南街23号		
联系人	谢洪先	联系电话	(028) 86098646
传真	(028) 86098646	邮政编码	610015
经营范围	铁合金生产与销售；铁路、交通系统自动化及智能控制产品开发、制造、销售		

股本(股)	2009.12.31
总股本	932921505
国家股	595959456
境内发起人股	0
境外发起人股	0
社会法人股	0
其他非流通股	0
B股/H股	0
A股流通股	336962049

财务数据	2009.12.31
总资产(万元)	990147.0459
股东权益(万元)	518964.5239
营业收入(万元)	90161.2649
利润总额(万元)	22554.7446
投资收益(万元)	8118.1865
净利润(万元)	17172.7322
每股收益(元/股)	0.184
每股净资产(元/股)	5.563
净资产收益率(%)	3.31

A股融资与分红	增发	红利
除权日/增发日	2009-12-16	2009-05-06
送配/红利比例	–	0.07
配股价/增发价	11.06	–
上市日	2009-12-18	–

A股股票市场表现	
市价总值(万元)	1511332.84
流通市值(万元)	545878.52
成交股数(万股)	401954.44
成交金额(万元)	7398391.66
换手率(%)	1192.88
市盈率(倍)	42.14
开盘(元)	14.95
最高(元)	22.75
最低(元)	14.60
收盘(元)	16.20

股票年度走势图

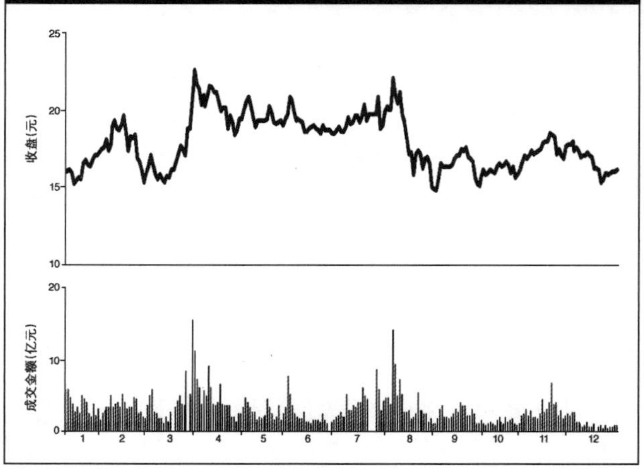

中华企业股份有限公司
China Enterprise Co., Ltd.

基本情况		股票简称	中华企业
股票代码	600675	上市时间	1993-09-24
办公地址	上海市华山路2号中华企业大厦		
联系人	印学青	联系电话	(021) 62170088
传真	(021) 62179197	邮政编码	200040
经营范围	房地产开发、旧房改造、私房买卖及代理经租		

股本(股)	2009.12.31
总股本	1088029952
国家股	284712296
境内发起人股	0
境外发起人股	0
社会法人股	0
其他非流通股	0
B股/H股	0
A股流通股	803317656
财务数据	**2009.12.31**
总资产(万元)	1378546.468
股东权益(万元)	370431.2334
营业收入(万元)	411992.2575
利润总额(万元)	101938.3428
投资收益(万元)	25236.1676
净利润(万元)	63641.2513
每股收益(元/股)	0.585
每股净资产(元/股)	3.405
净资产收益率(%)	17.18
A股融资与分红	**红利**
除权日/增发日	2009-06-12
送配/红利比例	0.16
配股价/增发价	–
上市日	–
A股股票市场表现	
市价总值(万元)	1603756.15
流通市值(万元)	1184090.22
成交股数(万股)	712507.40
成交金额(万元)	10343906.04
换手率(%)	886.96
市盈率(倍)	34.56
开盘(元)	5.73
最高(元)	20.80
最低(元)	5.70
收盘(元)	14.74

股票年度走势图

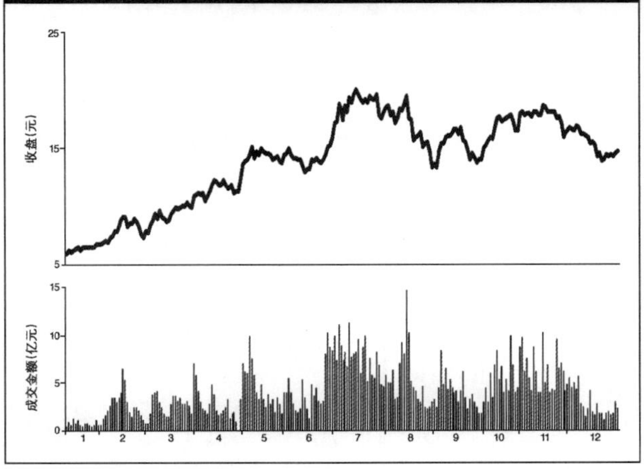

广州广船国际股份有限公司
Guangzhou Shipyard International Co., Ltd.

基本情况		股票简称	广船国际
股票代码	600685	上市时间	1993-01-18
办公地址	广州芳村大道南40号		
联系人	李志东	联系电话	(020) 81807839
传真	(020) 81891575	邮政编码	510382
经营范围	船舶、集装箱、金属构件、轴承模具、玻璃钢、通用机械、压力容器		

股本(股)	2009.12.31
总股本	494677580
国家股	0
境内发起人股	0
境外发起人股	0
社会法人股	0
其他非流通股	0
B股/H股	157398000
A股流通股	337279580
财务数据	**2009.12.31**
总资产(万元)	980522.3078
股东权益(万元)	316884.0359
营业收入(万元)	645882.2948
利润总额(万元)	61368.7829
投资收益(万元)	12032.9636
净利润(万元)	51496.1903
每股收益(元/股)	1.041
每股净资产(元/股)	6.406
净资产收益率(%)	16.25
A股融资与分红	**红利**
除权日/增发日	2009-06-26
送配/红利比例	0.46
配股价/增发价	–
上市日	–
A股股票市场表现	
市价总值(万元)	893453.61
流通市值(万元)	893453.61
成交股数(万股)	227403.57
成交金额(万元)	5347606.29
换手率(%)	674.23
市盈率(倍)	15.97
开盘(元)	12.55
最高(元)	35.16
最低(元)	12.46
收盘(元)	26.49

股票年度走势图

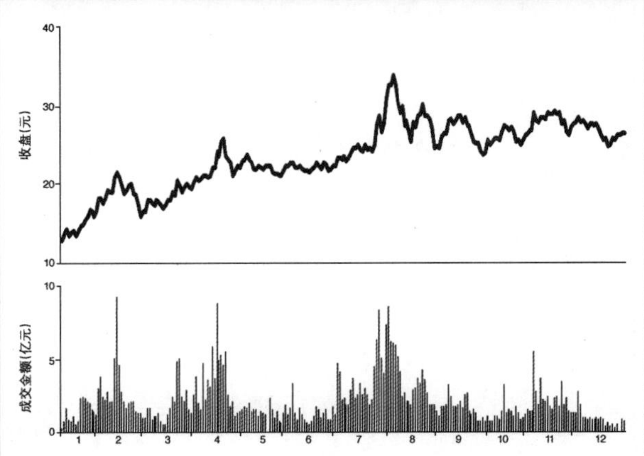

中国石化上海石油华工股份有限公司
Sinopec Shanghai Petrochemical Co., Ltd.

基本情况		股票简称	S上石化
股票代码	600688	上市时间	1993-11-08
办公地址	上海市金山区金一路48号		
联系人	张经明	联系电话	(021) 57943143
传真	(021) 57940050	邮政编码	200540
经营范围	原油加工、油品、化工产品、合成纤维及单体、塑料等		

股本(股)	2009.12.31
总股本	7200000000
国家股	4000000000
境内发起人股	0
境外发起人股	0
社会法人股	150000000
其他非流通股	0
B股/H股	2330000000
A股流通股	720000000

财务数据	2009.12.31
总资产(万元)	3045832.2
股东权益(万元)	1534607.3
营业收入(万元)	5133316.1
利润总额(万元)	213625.1
投资收益(万元)	52639.7
净利润(万元)	156160.5
每股收益(元/股)	0.217
每股净资产(元/股)	2.131
净资产收益率(%)	10.18

A股融资与分红	
除权日/增发日	
送配/红利比例	
配股价/增发价	
上市日	

A股股票市场表现	
市价总值(万元)	5342390.00
流通市值(万元)	789840.00
成交股数(万股)	322359.07
成交金额(万元)	2968010.00
换手率(%)	447.72
市盈率(倍)	0.00
开盘(元)	5.58
最高(元)	12.48
最低(元)	5.06
收盘(元)	10.97

股票年度走势图

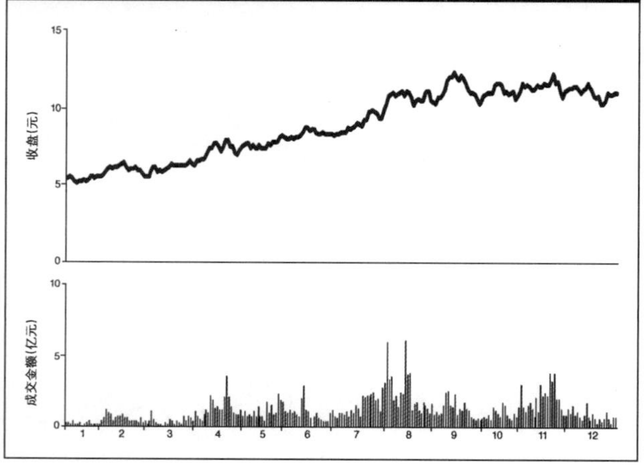

青岛海尔股份有限公司
Qingdao Haier Co., Ltd.

基本情况		股票简称	青岛海尔
股票代码	600690	上市时间	1993-11-19
办公地址	青岛市经济技术开发区前湾港路海尔工业园内		
联系人	明国珍	联系电话	(0532) 88938355
传真	(0532) 88938313	邮政编码	266555
经营范围	家用电冰箱、电冰柜、洗碗机、注塑件等产品的制造和销售		

股本(股)	2009.12.31
总股本	1338518770
国家股	0
境内发起人股	582823897
境外发起人股	0
社会法人股	0
其他非流通股	0
B股/H股	0
A股流通股	755694873

财务数据	2009.12.31
总资产(万元)	1749715.253
股东权益(万元)	772073.3484
营业收入(万元)	3237181.397
利润总额(万元)	174015.038
投资收益(万元)	16707.1754
净利润(万元)	114947.462
每股收益(元/股)	0.859
每股净资产(元/股)	5.768
净资产收益率(%)	14.89

A股融资与分红	红利
除权日/增发日	2009-07-13
送配/红利比例	0.15
配股价/增发价	–
上市日	–

A股股票市场表现	
市价总值(万元)	3318188.03
流通市值(万元)	1873367.59
成交股数(万股)	494934.15
成交金额(万元)	6486602.69
换手率(%)	654.94
市盈率(倍)	43.20
开盘(元)	9.21
最高(元)	25.99
最低(元)	8.49
收盘(元)	24.79

股票年度走势图

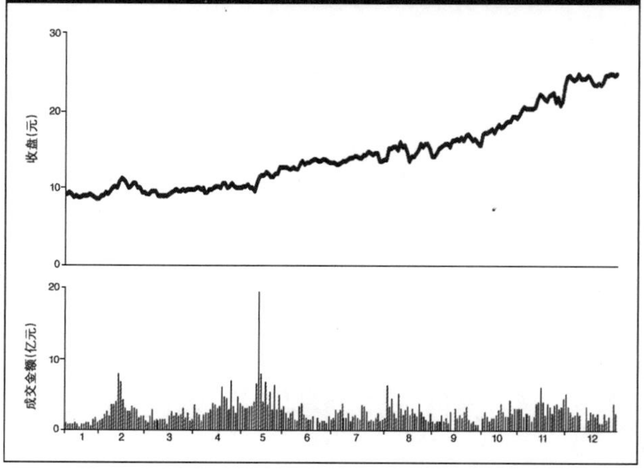

大商集团股份有限公司
Dashang Group Co., Ltd.

基本情况		股票简称	大商股份
股票代码	600694	上市时间	1993-11-22
办公地址	辽宁省大连市中山区青三街1号		
联系人	韩德胜	联系电话	(0411) 83643215
传真	(0411) 83880798	邮政编码	116001
经营范围	商品零售兼批发、加工服务、仓储、收购、计算机技术服务、进出口业务等		

股本(股)	2009.12.31
总股本	293718653
国家股	25988713
境内发起人股	0
境外发起人股	0
社会法人股	0
其他非流通股	0
B股/H股	0
A股流通股	267729940

财务数据	2009.12.31
总资产(万元)	1103219.37
股东权益(万元)	300366.4901
营业收入(万元)	1985989.93
利润总额(万元)	2992.9825
投资收益(万元)	−144.9148
净利润(万元)	−11616.0622
每股收益(元/股)	−0.395
每股净资产(元/股)	10.226
净资产收益率(%)	−3.87

A股融资与分红	
除权日/增发日	
送配/红利比例	
配股价/增发价	
上市日	

A股股票市场表现	
市价总值(万元)	1286193.98
流通市值(万元)	1172389.41
成交股数(万股)	126599.57
成交金额(万元)	3702060.68
换手率(%)	472.86
市盈率(倍)	55.54
开盘(元)	18.32
最高(元)	46.60
最低(元)	15.16
收盘(元)	43.79

股票年度走势图

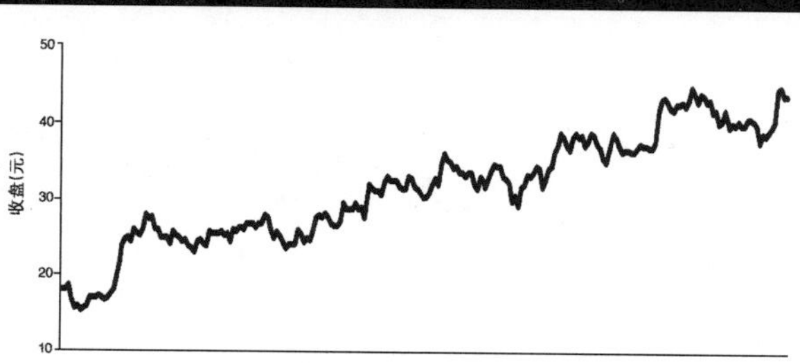

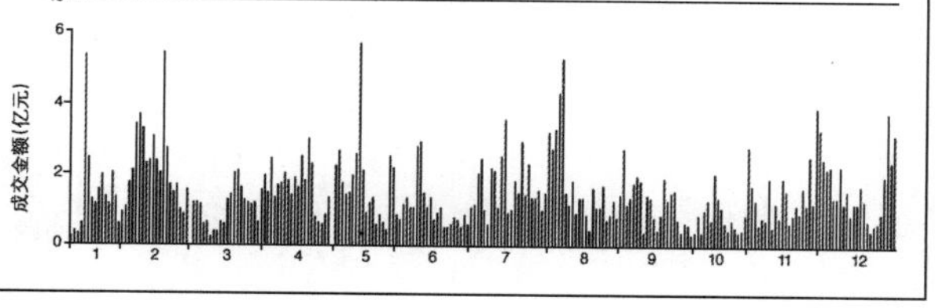

天津港股份有限公司
Tianjin Port Co., Ltd.

基本情况		股票简称	天津港
股票代码	600717	上市时间	1996-06-14
办公地址	天津市塘沽区津港路99号		
联系人	姚志刚	联系电话	(022) 25705418
传真	(022) 25705419	邮政编码	300461
经营范围	商品储存、中转联运、汽车运输、装卸搬运、集装箱储运		

股本(股)	2009.12.31
总股本	1674769120
国家股	805464855
境内发起人股	0
境外发起人股	0
社会法人股	0
其他非流通股	0
B股/H股	0
A股流通股	869304265

财务数据	2009.12.31
总资产(万元)	2141854.452
股东权益(万元)	971686.3603
营业收入(万元)	923252.5905
利润总额(万元)	100084.9557
投资收益(万元)	7919.5858
净利润(万元)	64366.4803
每股收益(元/股)	0.384
每股净资产(元/股)	5.802
净资产收益率(%)	6.62

A股融资与分红	
除权日/增发日	
送配/红利比例	
配股价/增发价	
上市日	

A股股票市场表现	
市价总值(万元)	2081738.02
流通市值(万元)	1080545.20
成交股数(万股)	397221.68
成交金额(万元)	4852261.62
换手率(%)	456.94
市盈率(倍)	22.11
开盘(元)	8.78
最高(元)	15.40
最低(元)	8.69
收盘(元)	12.43

股票年度走势图

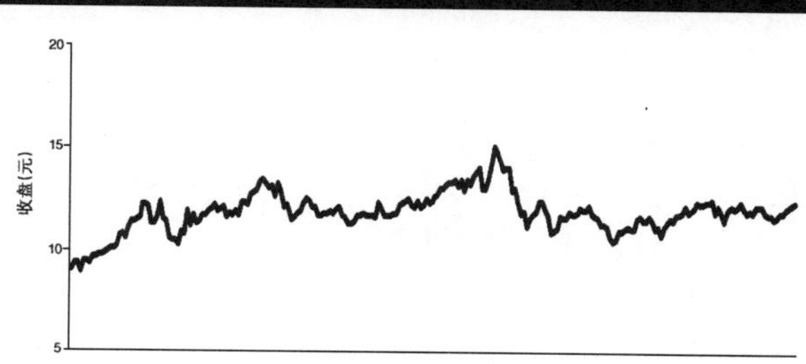

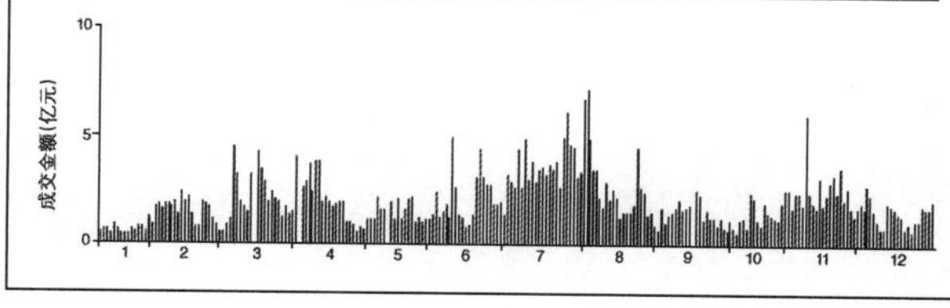

东软集团股份有限公司
Neusoft Co., Ltd.

基本情况		股票简称	东软集团
股票代码	600718	上市时间	1996-06-18
办公地址	沈阳市浑南新区新秀街2号		
联系人	王自栋	联系电话	(024) 83663371
传真	(024) 23783375	邮政编码	110179
经营范围	计算机软、硬件、机电一体化产品开发、销售；技术咨询服务；场地出租；计算机软硬件租赁等		

股本(股)	2009.12.31
总股本	944303265
国家股	0
境内发起人股	692533877
境外发起人股	0
社会法人股	0
其他非流通股	0
B股/H股	0
A股流通股	251769388

财务数据	2009.12.31
总资产(万元)	6209047971
股东权益(万元)	399756.2677
营业收入(万元)	416605.54
利润总额(万元)	72775.6717
投资收益(万元)	11221.4666
净利润(万元)	64056.4034
每股收益(元/股)	0.678
每股净资产(元/股)	4.233
净资产收益率(%)	16.02

A股融资与分红	
除权日/增发日	
送配/红利比例	
配股价/增发价	
上市日	

A股股票市场表现	
市价总值(万元)	2135069.68
流通市值(万元)	569250.59
成交股数(万股)	186622.27
成交金额(万元)	3523231.95
换手率(%)	741.24
市盈率(倍)	43.50
开盘(元)	11.88
最高(元)	25.20
最低(元)	10.82
收盘(元)	22.61

股票年度走势图

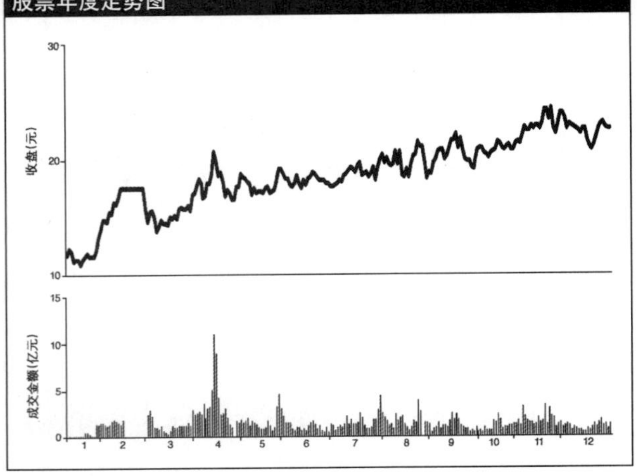

北京市西单商场股份有限公司
Beijing Xidan Department Store Co., Ltd.

基本情况		股票简称	西单商场
股票代码	600723	上市时间	1996-07-16
办公地址	北京市西城区西单北大街120号西单商场五楼证券办公室		
联系人	王健	联系电话	(010) 66024984
传真	(010) 66014501	邮政编码	100031
经营范围	购销针纺织品、百货、五金交电、化工、机械电器设备等		

股本(股)	2009.12.31
总股本	409718038
国家股	110467427
境内发起人股	1980564
境外发起人股	0
社会法人股	0
其他非流通股	0
B股/H股	0
A股流通股	297270047

财务数据	2009.12.31
总资产(万元)	187535.8982
股东权益(万元)	108316.7864
营业收入(万元)	237307.2853
利润总额(万元)	4974.4683
投资收益(万元)	0
净利润(万元)	3020.608
每股收益(元/股)	0.074
每股净资产(元/股)	2.644
净资产收益率(%)	2.79

A股融资与分红	
除权日/增发日	
送配/红利比例	
配股价/增发价	
上市日	

A股股票市场表现	
市价总值(万元)	445363.51
流通市值(万元)	323132.54
成交股数(万股)	486770.58
成交金额(万元)	3930832.46
换手率(%)	1637.47
市盈率(倍)	0.00
开盘(元)	4.04
最高(元)	11.75
最低(元)	4.00
收盘(元)	10.87

股票年度走势图

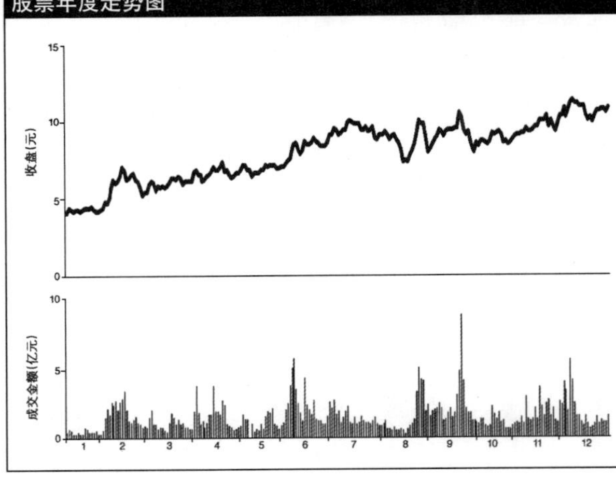

苏州新区高新技术产业股份有限公司
Suzhou New District Hi-Tech Industrial Co., Ltd.

基本情况		股票简称	苏州高新
股票代码	600736	上市时间	1996-08-15
办公地址	苏州市高新区狮山路35号金河大厦25层		
联系人	缪凯	联系电话	(0512) 68096283
传真	(0512) 5571600	邮政编码	68099281
经营范围	高新技术产品的投资和开发生产；能源、交通、通讯等基础产业和市政基础设施的投资经营		

股本(股)	2009.12.31
总股本	881568000
国家股	0
境内发起人股	360000
境外发起人股	0
社会法人股	0
其他非流通股	23256000
B股/H股	0
A股流通股	857952000

财务数据	2009.12.31
总资产(万元)	1307461.178
股东权益(万元)	267225.6596
营业收入(万元)	311623.6967
利润总额(万元)	32986.1284
投资收益(万元)	2191.1281
净利润(万元)	20994.6458
每股收益(元/股)	0.238
每股净资产(元/股)	3.031
净资产收益率(%)	7.86

A股融资与分红	红利
除权日/增发日	2009-05-21
送配/红利比例	0.09
配股价/增发价	–
上市日	–

A股股票市场表现	
市价总值(万元)	741398.69
流通市值(万元)	721537.63
成交股数(万股)	503540.44
成交金额(万元)	3294397.72
换手率(%)	586.91
市盈率(倍)	36.11
开盘(元)	3.13
最高(元)	10.70
最低(元)	3.08
收盘(元)	8.41

股票年度走势图

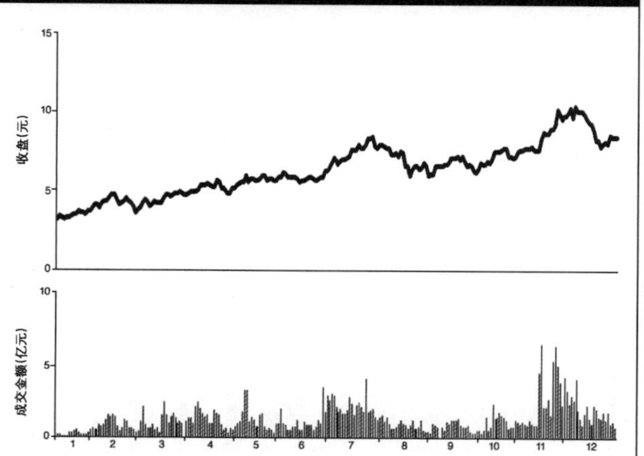

中粮新疆屯河股份有限公司
Cofco Xinjiang Tunhe Co., Ltd.

基本情况		股票简称	中粮屯河
股票代码	600737	上市时间	1996-07-31
办公地址	新疆乌市黄河路2号招商银行大厦20楼		
联系人	蒋学工	联系电话	(0991) 5571601
传真	(0991) 5571600	邮政编码	830000
经营范围	番茄、其他农副产品(除粮、棉)的加工、制造及销售；水泥及其制品、活性石灰的制造及销售		

股本(股)	2009.12.31
总股本	1005604226
国家股	518758778
境内发起人股	0
境外发起人股	0
社会法人股	0
其他非流通股	0
B股/H股	0
A股流通股	486845448

财务数据	2009.12.31
总资产(万元)	299113.8275
股东权益(万元)	280843.7825
营业收入(万元)	28351.1311
利润总额(万元)	6470.9718
投资收益(万元)	26769.2699
净利润(万元)	0.266
每股收益(元/股)	2.974
每股净资产(元/股)	8.95
净资产收益率(%)	9.12

A股融资与分红	红利
除权日/增发日	2009-07-10
送配/红利比例	0.073
配股价/增发价	–
上市日	–

A股股票市场表现	
市价总值(万元)	1684387.08
流通市值(万元)	815466.13
成交股数(万股)	385377.51
成交金额(万元)	5127949.16
换手率(%)	791.58
市盈率(倍)	54.18
开盘(元)	9.04
最高(元)	18.09
最低(元)	8.96
收盘(元)	16.75

股票年度走势图

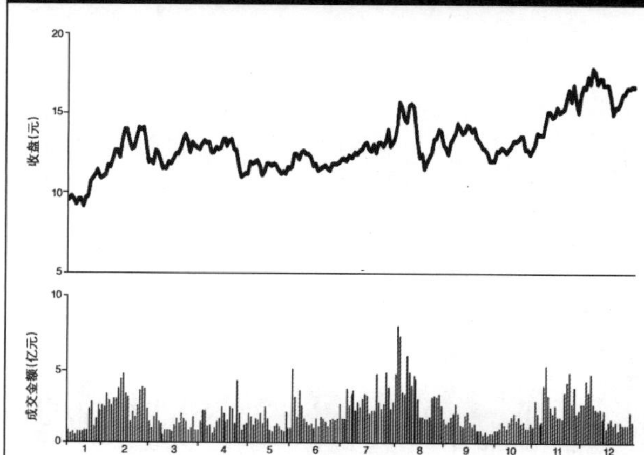

辽宁成大股份有限公司
Liaoning Chengda Co., Ltd.

基本情况		股票简称	辽宁成大
股票代码	600739	上市时间	1996-08-19
办公地址	辽宁省大连市人民路71号		
联系人	于占洋	联系电话	(0411) 82512731
传真	(0411) 82691187	邮政编码	116001
经营范围	棉针织品、毛针织品、家用纺织品及服装的进出口业务；同时经营外经业务		

股本(股)	2009.12.31
总股本	901852544
国家股	0
境内发起人股	0
境外发起人股	0
社会法人股	0
其他非流通股	0
B股/H股	0
A股流通股	901852544

财务数据	2009.12.31
总资产(万元)	838290.2588
股东权益(万元)	648891.2962
营业收入(万元)	395800.8526
利润总额(万元)	146634.3897
投资收益(万元)	129180.7709
净利润(万元)	134127.6779
每股收益(元/股)	1.487
每股净资产(元/股)	7.195
净资产收益率(%)	20.67

A股融资与分红	
除权日/增发日	
送配/红利比例	
配股价/增发价	
上市日	

A股股票市场表现	
市价总值(万元)	3435156.34
流通市值(万元)	3435156.34
成交股数(万股)	391301.93
成交金额(万元)	11088077.79
换手率(%)	433.89
市盈率(倍)	36.56
开盘(元)	12.50
最高(元)	42.80
最低(元)	12.30
收盘(元)	38.09

股票年度走势图

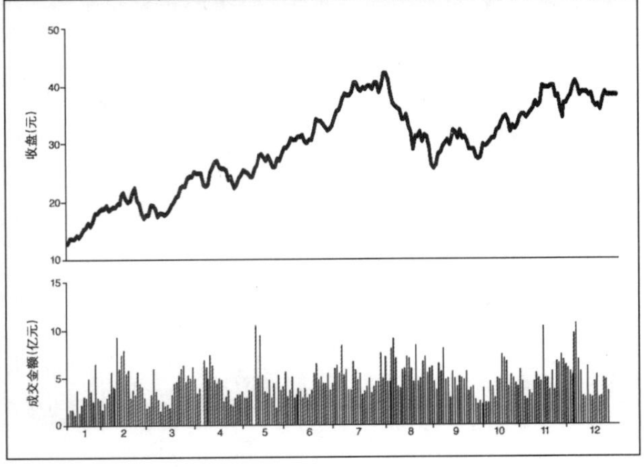

上海实业发展股份有限公司
Shanghai Industrial Development Co., Ltd.

基本情况		股票简称	上实发展
股票代码	600748	上市时间	1996-09-25
办公地址	上海市淮海中路98号金钟广场19层		
联系人	阚兆森	联系电话	(021) 53859026
传真	(021) 53859026	邮政编码	200021
经营范围	生产、加工、销售热轧薄板及冷轧不锈薄板及其延伸制品		

股本(股)	2009.12.31
总股本	1083370873
国家股	212427339
境内发起人股	0
境外发起人股	0
社会法人股	0
其他非流通股	0
B股/H股	0
A股流通股	870943534

财务数据	2009.12.31
总资产(万元)	1307442.15
股东权益(万元)	252523.601
营业收入(万元)	224386.6793
利润总额(万元)	36824.661
投资收益(万元)	-3424.7393
净利润(万元)	24449.9958
每股收益(元/股)	0.226
每股净资产(元/股)	2.331
净资产收益率(%)	9.68

A股融资与分红	红利
除权日/增发日	2009-08-13
送配/红利比例	0.03
配股价/增发价	-
上市日	-

A股股票市场表现	
市价总值(万元)	1511302.37
流通市值(万元)	1214966.23
成交股数(万股)	366073.05
成交金额(万元)	5150965.79
换手率(%)	420.32
市盈率(倍)	41.60
开盘(元)	6.18
最高(元)	22.76
最低(元)	6.11
收盘(元)	13.95

股票年度走势图

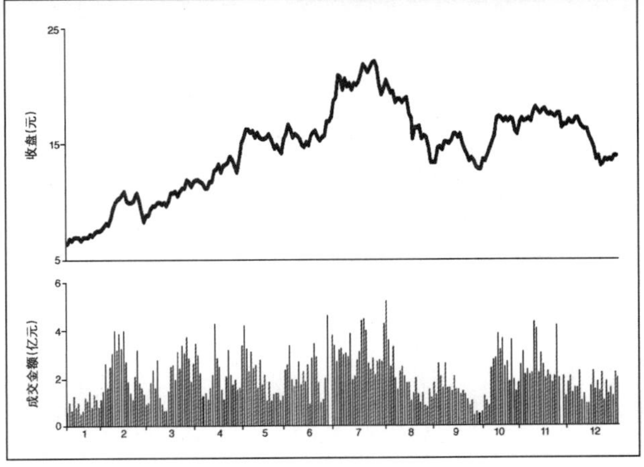

厦门国贸集团股份有限公司
Xiamen International Trade Group Co., Ltd.

基本情况		股票简称	厦门国贸
股票代码	600755	上市时间	1996-10-03
办公地址	中国福建省厦门市湖滨南路国贸大厦16-18层		
联系人	陈晓华	联系电话	(0592) 5898578
传真	(0592) 5160280	邮政编码	361004
经营范围	经营进出口及代理进出口贸易、承办合资合作和"三来一补"业务、经营转口贸易		

股本(股)	2009.12.31
总股本	639824946
国家股	128016000
境内发起人股	0
境外发起人股	0
社会法人股	0
其他非流通股	0
B股/H股	0
A股流通股	511808946

财务数据	2009.12.31
总资产(万元)	1607885.848
股东权益(万元)	431639.5897
营业收入(万元)	2016110.415
利润总额(万元)	81535.3268
投资收益(万元)	8438.9308
净利润(万元)	36198.3752
每股收益(元/股)	0.566
每股净资产(元/股)	6.746
净资产收益率(%)	8.39

A股融资与分红	配股	红利
除权日/增发日	2009-12-18	2009-06-16
送配/红利比例	0.30	0.15
配股价/增发价	7.31	–
上市日	2009-12-29	–

A股股票市场表现	
市价总值(万元)	999406.57
流通市值(万元)	799445.57
成交股数(万股)	333793.26
成交金额(万元)	4663223.08
换手率(%)	652.18
市盈率(倍)	37.44
开盘(元)	8.85
最高(元)	17.70
最低(元)	8.70
收盘(元)	15.62

股票年度走势图

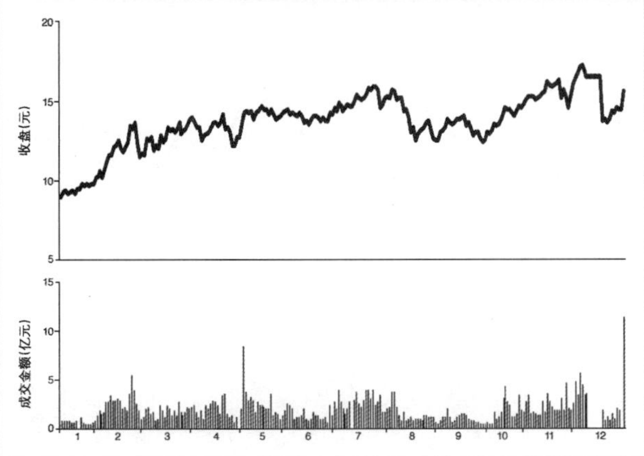

江苏综艺股份有限公司
Jiangsu Zongyi Co., Ltd.

基本情况		股票简称	综艺股份
股票代码	600770	上市时间	1996-11-20
办公地址	江苏省通州市兴东镇综艺数码城		
联系人	顾政巍	联系电话	(0513) 86639987
传真	(0513) 86639987	邮政编码	226376
经营范围	集装箱底板、胶合板及服装制造、加工、销售；建材、煤炭、纺织原辅材料、工艺品、五金交电等		

股本(股)	2009.12.31
总股本	444400000
国家股	0
境内发起人股	0
境外发起人股	0
社会法人股	0
其他非流通股	39400000
B股/H股	0
A股流通股	405000000

财务数据	2009.12.31
总资产(万元)	217686.6288
股东权益(万元)	120820.9111
营业收入(万元)	49492.9902
利润总额(万元)	7243.815
投资收益(万元)	6015.3568
净利润(万元)	3300.4028
每股收益(元/股)	0.074
每股净资产(元/股)	2.719
净资产收益率(%)	2.73

A股融资与分红	增发
除权日/增发日	2009-12-17
送配/红利比例	–
配股价/增发价	12.00
上市日	2009-12-22

A股股票市场表现	
市价总值(万元)	766145.60
流通市值(万元)	698220.00
成交股数(万股)	292795.84
成交金额(万元)	4032909.86
换手率(%)	722.95
市盈率(倍)	285.43
开盘(元)	6.93
最高(元)	18.18
最低(元)	6.80
收盘(元)	17.24

股票年度走势图

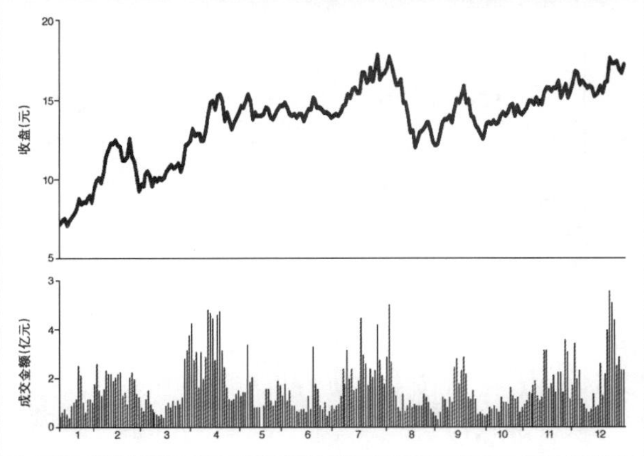

四川水井坊股份有限公司
Sichuan Swellfun Co., Ltd.

基本情况		股票简称	水井坊
股票代码	600779	上市时间	1996-12-06
办公地址	四川省成都市金牛区全兴路9号		
联系人	张宗俊	联系电话	(028) 86252847
传真	(028) 86695460	邮政编码	610036
经营范围	生产销售酒、生物材料及其制品(国家限制产品除外);从事房地产开发、经营业务。公司的兼营范围:生产销售包装材料、设备;工程设计、制造、科技开发、咨询服务;进口本企业生产、科研所需原材料、机械设备、仪器、仪表及零配件;经营本企业自产产品及技术		

股本(股)	2009.12.31
总股本	488545698
国家股	0
境内发起人股	193222186
境外发起人股	0
社会法人股	0
其他非流通股	0
B股/H股	0
A股流通股	295323512
财务数据	**2009.12.31**
总资产(万元)	279417.298
股东权益(万元)	149346.1645
营业收入(万元)	166686.4866
利润总额(万元)	49949.5887
投资收益(万元)	1434.688
净利润(万元)	32055.5657
每股收益(元/股)	0.656
每股净资产(元/股)	3.057
净资产收益率(%)	21.46
A股融资与分红	**红利**
除权日/增发日	2009-05-08
送配/红利比例	0.53
配股价/增发价	–
上市日	–
A股股票市场表现	
市价总值(万元)	1119258.19
流通市值(万元)	676586.17
成交股数(万股)	333438.73
成交金额(万元)	5315098.95
换手率(%)	1129.06
市盈率(倍)	35.68
开盘(元)	11.40
最高(元)	23.15
最低(元)	11.25
收盘(元)	22.91

股票年度走势图

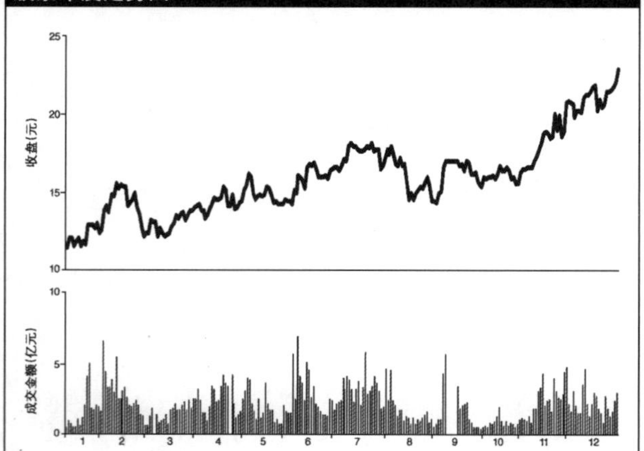

国电电力发展股份有限公司
GD Power Development Co., Ltd.

基本情况		股票简称	国电电力
股票代码	600795	上市时间	1997-03-18
办公地址	北京市朝阳区安慧北里安园19号楼		
联系人	姜洪源	联系电话	(010) 58682200
传真	(010) 64829900	邮政编码	100101
经营范围	电力、热力生产、销售;电网经营;新能源项目、高新技术、环保产业的开发与应用等		

股本(股)	2009.12.31
总股本	5447769058
国家股	0
境内发起人股	0
境外发起人股	0
社会法人股	0
其他非流通股	0
B股/H股	0
A股流通股	5447769058
财务数据	**2009.12.31**
总资产(万元)	8978047.38
股东权益(万元)	1568311.847
营业收入(万元)	1910297.981
利润总额(万元)	245512.7987
投资收益(万元)	106553.7634
净利润(万元)	159495.0105
每股收益(元/股)	0.293
每股净资产(元/股)	2.879
净资产收益率(%)	10.17
A股融资与分红	**红利**
除权日/增发日	2009-07-06
送配/红利比例	0.03
配股价/增发价	–
上市日	–
A股股票市场表现	
市价总值(万元)	4020453.56
流通市值(万元)	4020453.56
成交股数(万股)	1279421.41
成交金额(万元)	8844630.61
换手率(%)	234.85
市盈率(倍)	224.79
开盘(元)	5.65
最高(元)	8.76
最低(元)	5.58
收盘(元)	7.38

股票年度走势图

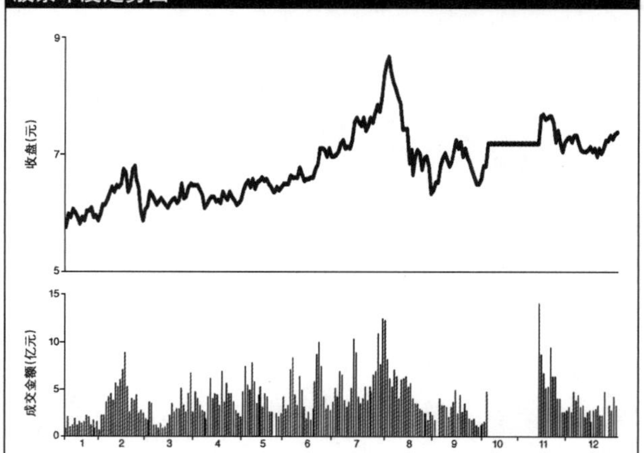

浙江浙大网新科技股份有限公司
Insigma Technology Co., Ltd.

基本情况		股票简称	浙大网新
股票代码	600797	上市时间	1997-04-18
办公地址	杭州市天目山路226号中融大厦12层		
联系人	董丹青	联系电话	(0571) 87950500
传真	(0571) 87950117	邮政编码	310007
经营范围	计算机及网络系统、电子商务、计算机系统集成与电子工程的研究开发、咨询服务及产品的制造与销售；网络教育的投资开发；生物制药的投资开发；高新技术产业投资开发；第二类医用电子仪器设备的开发、生产、销售；医用电子仪器设备、临床检验分析仪器的经营；自营和代理进出口业务		

股本(股)	2009.12.31
总股本	813043495
国家股	0
境内发起人股	0
境外发起人股	0
社会法人股	0
其他非流通股	0
B股/H股	0
A股流通股	813043495

财务数据	2009.12.31
总资产(万元)	390734.2316
股东权益(万元)	158779.5335
营业收入(万元)	480764.6233
利润总额(万元)	3366.3382
投资收益(万元)	15778.9678
净利润(万元)	3442.8129
每股收益(元/股)	0.04
每股净资产(元/股)	1.95
净资产收益率(%)	2.27

A股融资与分红	红利
除权日/增发日	2009-08-21
送配/红利比例	0.01
配股价/增发价	–
上市日	–

A股股票市场表现	
市价总值(万元)	561000.01
流通市值(万元)	561000.01
成交股数(万股)	680909.41
成交金额(万元)	3829291.85
换手率(%)	837.48
市盈率(倍)	78.46
开盘(元)	3.26
最高(元)	7.99
最低(元)	3.24
收盘(元)	6.90

股票年度走势图

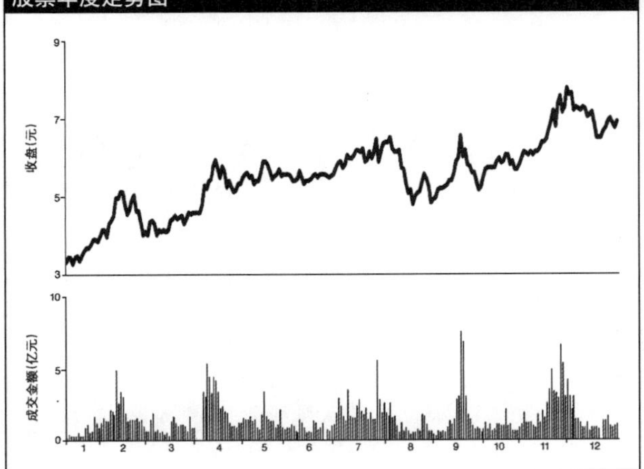

成都鹏博士电信传媒集团股份有限公司
Chengdu DR.Peng Telecom & Media Group Co., Ltd.

基本情况		股票简称	鹏博士
股票代码	600804	上市时间	1994-01-03
办公地址	四川省成都市顺城大街229号顺城大厦5楼		
联系人	任春晓	联系电话	(028) 86755190
传真	(028) 86622006	邮政编码	610015
经营范围	计算机软件、通信产品的开发、生产和销售；计算机系统集成工程、技术咨询、技术服务、技术培训；机电设备、仪器仪表的生产、销售；实业投资、国内商业贸易（除国家专营、专卖、专控商品）；钢锭、金属机械加工；电子出版物批发、零售；自营和代理各类商品和技术的进出口		

股本(股)	2009.12.31
总股本	1155512477
国家股	0
境内发起人股	594000000
境外发起人股	0
社会法人股	0
其他非流通股	0
B股/H股	0
A股流通股	561512477

财务数据	2009.12.31
总资产(万元)	266096.2694
股东权益(万元)	188474.4441
营业收入(万元)	161349.7249
利润总额(万元)	24054.4041
投资收益(万元)	187.9767
净利润(万元)	20949.1001
每股收益(元/股)	0.181
每股净资产(元/股)	1.631
净资产收益率(%)	11.12

A股融资与分红	送股
除权日/增发日	2009-05-11
送配/红利比例	0.80
配股价/增发价	–
上市日	2009-05-12

A股股票市场表现	
市价总值(万元)	1253731.04
流通市值(万元)	609241.04
成交股数(万股)	335124.21
成交金额(万元)	3562793.26
换手率(%)	596.82
市盈率(倍)	72.18
开盘(元)	9.91
最高(元)	17.61
最低(元)	7.80
收盘(元)	10.85

股票年度走势图

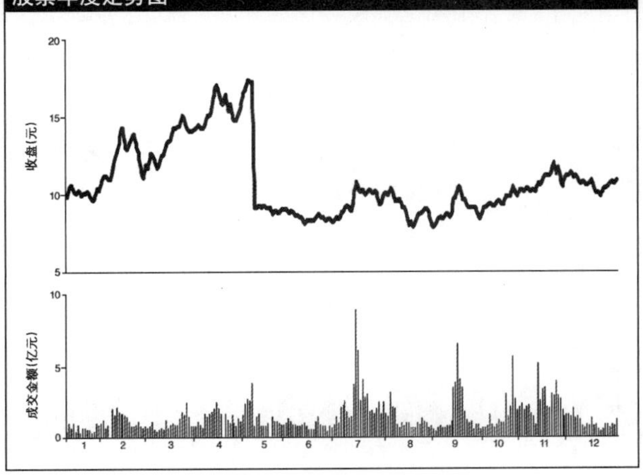

马鞍山钢铁股份有限公司
Maanshan Iron & Steel Co., Ltd.

基本情况		股票简称	马钢股份
股票代码	600808	上市时间	1994-01-06
办公地址	安徽省马鞍山市红旗中路8号		
联系人	高海建	联系电话	(0555) 2888158
传真	(0555) 2887284	邮政编码	243003
经营范围	钢铁产品的生产和销售		

股本(股)	2009.12.31
总股本	7700681186
国家股	0
境内发起人股	0
境外发起人股	0
社会法人股	0
其他非流通股	0
B股/H股	1732930000
A股流通股	5967751186

财务数据	2009.12.31
总资产(万元)	6798410.651
股东权益(万元)	2646465.364
营业收入(万元)	5041155.448
利润总额(万元)	56287.5745
投资收益(万元)	20430.0261
净利润(万元)	39247.5316
每股收益(元/股)	0.051
每股净资产(元/股)	3.437
净资产收益率(%)	1.48

A股融资与分红	
除权日/增发日	
送配/红利比例	
配股价/增发价	
上市日	

A股股票市场表现	
市价总值(万元)	3013714.35
流通市值(万元)	3013714.35
成交股数(万股)	2067016.70
成交金额(万元)	9520719.35
换手率(%)	346.36
市盈率(倍)	54.75
开盘(元)	3.28
最高(元)	7.13
最低(元)	3.27
收盘(元)	5.05

股票年度走势图

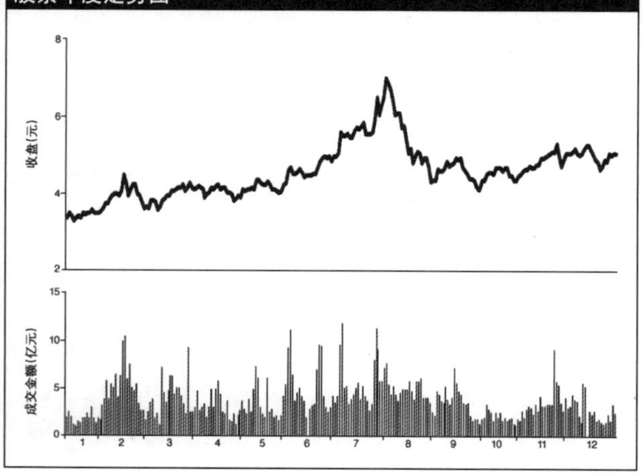

东方集团股份有限公司
Orient Group Incorporation

基本情况		股票简称	东方集团
股票代码	600811	上市时间	1994-01-06
办公地址	黑龙江省哈尔滨市南岗区花园街235号		
联系人	孙明涛	联系电话	(0451) 53666028
传真	(0451) 53666028	邮政编码	150001
经营范围	粮食收购;货物(或技术)进出口(国家禁止的项目除外,国营贸易或国家限制项目取得授权或许可后方可经营);对外经济技术合作、对外工程承包、职业中介;房地产开发与经营、物业管理;经销建筑轻工材料、家具、家居装饰材料、建筑机械、五金交电、卫生洁具		

股本(股)	2009.12.31
总股本	1666805374
国家股	0
境内发起人股	425735120
境外发起人股	0
社会法人股	0
其他非流通股	0
B股/H股	0
A股流通股	1241070254

财务数据	2009.12.31
总资产(万元)	945864.9058
股东权益(万元)	536366.5247
营业收入(万元)	118578.5916
利润总额(万元)	16193.8166
投资收益(万元)	50956.7796
净利润(万元)	19114.1289
每股收益(元/股)	0.115
每股净资产(元/股)	3.218
净资产收益率(%)	3.56

A股融资与分红	送股	红利
除权日/增发日	2009-07-14	2009-07-14
送配/红利比例	0.30	0.015
配股价/增发价	–	–
上市日	2009-07-15	–

A股股票市场表现	
市价总值(万元)	1176764.59
流通市值(万元)	876195.60
成交股数(万股)	771111.56
成交金额(万元)	5575862.65
换手率(%)	621.33
市盈率(倍)	36.72
开盘(元)	4.18
最高(元)	9.51
最低(元)	4.15
收盘(元)	7.06

股票年度走势图

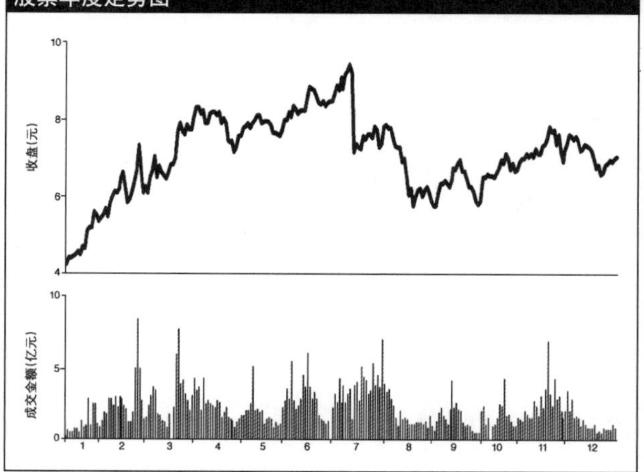

华北制药股份有限公司
North China Pharmaceutical Co., Ltd.

基本情况		股票简称	华北制药
股票代码	600812	上市时间	1994-01-14
办公地址	河北省石家庄市和平东路388号		
联系人	曹正平	联系电话	(0311) 86219063
传真	(0311) 86060942	邮政编码	500150
经营范围	医药化工产品的生产和销售		

股本(股)	2009.12.31
总股本	1028577558
国家股	0
境内发起人股	0
境外发起人股	0
社会法人股	0
其他非流通股	0
B股/H股	0
A股流通股	1028577558

财务数据	2009.12.31
总资产(万元)	730095.8747
股东权益(万元)	79726.0969
营业收入(万元)	480442.9307
利润总额(万元)	-28204.0572
投资收益(万元)	2957.1378
净利润(万元)	-38227.5962
每股收益(元/股)	-0.372
每股净资产(元/股)	0.775
净资产收益率(%)	-47.95

A股融资与分红	
除权日/增发日	
送配/红利比例	
配股价/增发价	
上市日	

A股股票市场表现	
市价总值(万元)	1203435.74
流通市值(万元)	1203435.74
成交股数(万股)	676600.37
成交金额(万元)	6221206.01
换手率(%)	657.80
市盈率(倍)	44.72
开盘(元)	6.19
最高(元)	12.30
最低(元)	6.12
收盘(元)	11.70

股票年度走势图

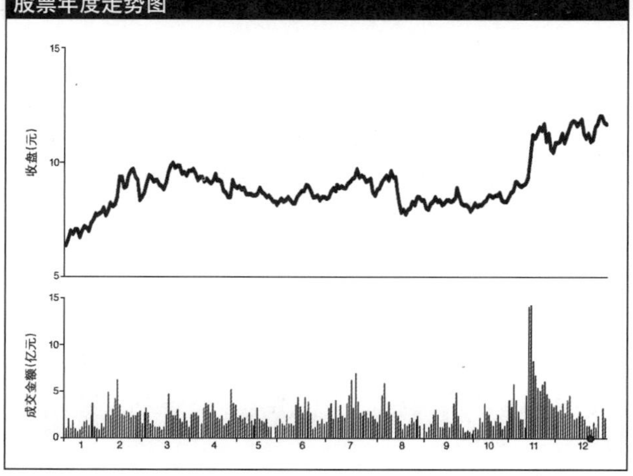

安信信托投资股份有限公司
Anxin Trust & Investment Co., Ltd.

基本情况		股票简称	安信信托
股票代码	600816	上市时间	1994-01-28
办公地址	上海广东路689号海通证券大厦29层		
联系人	武国建	联系电话	(021) 63410710
传真	(021) 63410712	邮政编码	200001
经营范围	受托经营资金信托业务;受托经营动产、不动产及其他财产的信托业务;受托经营国家有关法规允许从事的投资基金业务,作为基金管理公司发起人从事投资基金业务;受托经营公益信托;经营企业资产的重组、购并及项目融资、公司理财、财务顾问等中介业务		

股本(股)	2009.12.31
总股本	454109778
国家股	0
境内发起人股	260000
境外发起人股	0
社会法人股	0
其他非流通股	0
B股/H股	0
A股流通股	453849778

财务数据	2009.12.31
总资产(万元)	59170.2136
股东权益(万元)	23345.9823
营业收入(万元)	17299.07
利润总额(万元)	4679.1366
投资收益(万元)	601.6124
净利润(万元)	4725.9934
每股收益(元/股)	0.104
每股净资产(元/股)	0.514
净资产收益率(%)	20.24

A股融资与分红	
除权日/增发日	
送配/红利比例	
配股价/增发价	
上市日	

A股股票市场表现	
市价总值(万元)	897320.92
流通市值(万元)	896807.16
成交股数(万股)	243603.84
成交金额(万元)	4314796.09
换手率(%)	536.75
市盈率(倍)	333.73
开盘(元)	12.98
最高(元)	23.27
最低(元)	12.89
收盘(元)	19.76

股票年度走势图

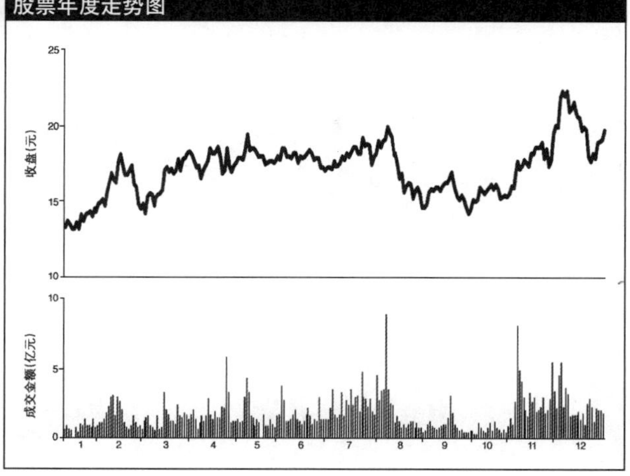

上海世茂股份有限公司
Shanghai Shimiao Co., Ltd.

基本情况		股票简称	世茂股份
股票代码	600823	上市时间	1994-02-04
办公地址	上海市浦东新区银城中路68号时代金融中心43楼		
联系人	陈汝侠	联系电话	(021) 20203388
传真	(021) 20203399	邮政编码	200120
经营范围	实业投资、房地产综合开发经营、本公司商标特许经营、酒店管理、物业管理、货物进出口及技术进出口、针纺织品、服装鞋帽、日用百货、皮革制品、玩具、钟表眼镜、照相器材、文化用品、五金交电、日用化学品、建筑装潢材料、家具、金属材料、电子产品、办公用品、机械设备、工艺美术品、计算机硬件		

股本(股)	2009.12.31
总股本	1170595338
国家股	0
境内发起人股	692240000
境外发起人股	0
社会法人股	0
其他非流通股	0
B股/H股	0
A股流通股	478355338

财务数据	2009.12.31
总资产(万元)	1597941.809
股东权益(万元)	620966.5882
营业收入(万元)	104584.235
利润总额(万元)	31571.5454
投资收益(万元)	345.6545
净利润(万元)	20601.1884
每股收益(元/股)	0.176
每股净资产(元/股)	5.305
净资产收益率(%)	3.32

A股融资与分红	增发	红利
除权日/增发日	2009-05-13	2009-05-11
送配/红利比例	–	0.03
配股价/增发价	12.05	–
上市日	2009-05-19	–

A股股票市场表现	
市价总值(万元)	1950211.83
流通市值(万元)	796939.99
成交股数(万股)	129579.96
成交金额(万元)	1769624.14
换手率(%)	270.89
市盈率(倍)	319.46
开盘(元)	6.80
最高(元)	19.80
最低(元)	6.70
收盘(元)	16.66

股票年度走势图

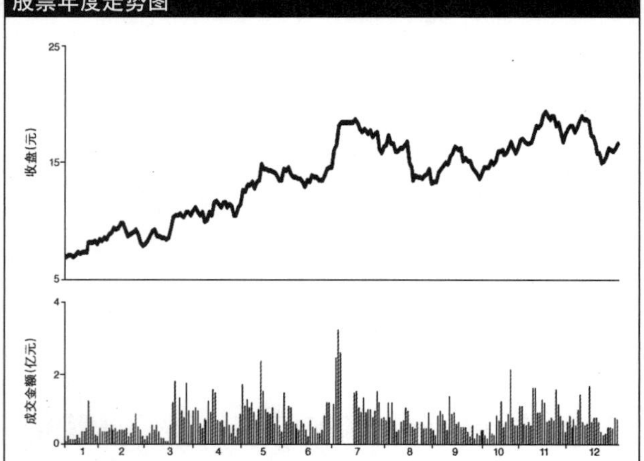

上海东方明珠(集团)股份有限公司
Shanghai Oriental Pearl (Group) Co., Ltd.

基本情况		股票简称	东方明珠
股票代码	600832	上市时间	1994-02-24
办公地址	上海市浦东世纪大道1号		
联系人	胡湧	联系电话	(021) 58799306
传真	(021) 58828222	邮政编码	200120
经营范围	广播电视传播服务、电视塔设施租赁；实业投资、房地产开发经营、物业管理、建筑装潢材料；广告设计、制作；会议及展览服务；从事货物及技术进出口业务；投资管理，商务咨询；珠宝首饰零售；日用百货；工艺美术品		

股本(股)	2009.12.31
总股本	3186334874
国家股	0
境内发起人股	0
境外发起人股	0
社会法人股	0
其他非流通股	0
B股/H股	0
A股流通股	3186334874

财务数据	2009.12.31
总资产(万元)	1157174.227
股东权益(万元)	788271.0938
营业收入(万元)	190995.83
利润总额(万元)	61815.6345
投资收益(万元)	16754.7799
净利润(万元)	45498.362
每股收益(元/股)	0.143
每股净资产(元/股)	2.474
净资产收益率(%)	5.77

A股融资与分红	
除权日/增发日	
送配/红利比例	
配股价/增发价	
上市日	

A股股票市场表现	
市价总值(万元)	3619676.42
流通市值(万元)	3619676.42
成交股数(万股)	724439.26
成交金额(万元)	7540801.98
换手率(%)	227.36
市盈率(倍)	81.13
开盘(元)	6.96
最高(元)	12.34
最低(元)	6.90
收盘(元)	11.36

股票年度走势图

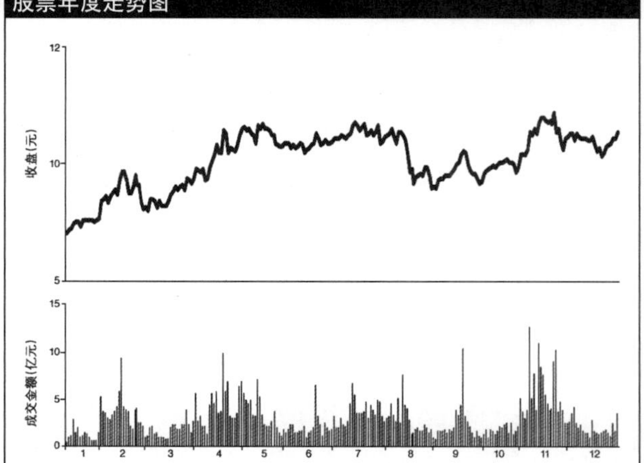

海通证券股份有限公司
Haitong Securities Co., Ltd.

基本情况		股票简称	海通证券
股票代码	600837	上市时间	1994-02-24
办公地址	上海市黄浦区广东路 689 号		
联系人	金晓斌	联系电话	(021) 63411298
传真	(021) 63410707	邮政编码	200001
经营范围	证券经纪；证券自营；证券承销与保荐；证券投资咨询；与证券交易、证券投资活动有关的财务顾问；证券资产管理；直接投资业务；证券投资基金代销；为期货公司提供中间介绍业务；融资融券业务；中国证监会批准的其他业务		

股本(股)	2009.12.31
总股本	8227821180
国家股	3267266836
境内发起人股	958129382
境外发起人股	0
社会法人股	0
其他非流通股	0
B 股 / H 股	0
A 股流通股	4002424962
财务数据	**2009.12.31**
总资产（万元）	12072651.29
股东权益（万元）	4341396.016
营业收入（万元）	993971.62
利润总额（万元）	598182.6881
投资收益（万元）	131291.0053
净利润（万元）	454822.5465
每股收益（元/股）	0.553
每股净资产（元/股）	5.276
净资产收益率（%）	10.48
A 股融资与分红	**红利**
除权日/增发日	2009-06-08
送配/红利比例	0.10
配股价/增发价	–
上市日	–
A 股股票市场表现	
市价总值（万元）	15789188.84
流通市值（万元）	7680653.50
成交股数（万股）	3754940.50
成交金额（万元）	54651562.50
换手率（%）	938.17
市盈率（倍）	47.82
开盘（元）	8.25
最高（元）	19.66
最低（元）	8.17
收盘（元）	19.19

股票年度走势图

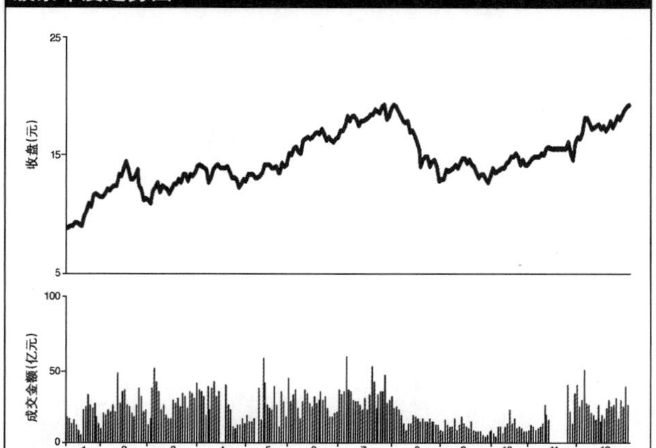

四川长虹电器股份有限公司
Sichuan Changhong Electric Co., Ltd.

基本情况		股票简称	四川长虹
股票代码	600839	上市时间	1994-03-11
办公地址	四川省绵阳市高新区绵兴东路 35 号		
联系人	谭明献	联系电话	(0816) 2418866
传真	(0816) 2418158	邮政编码	621000
经营范围	视频产品、网络产品、激光读写系列产品、数字通讯产品、空调器的制造、销售及服务		

股本(股)	2009.12.31
总股本	1898211418
国家股	0
境内发起人股	4396577
境外发起人股	0
社会法人股	0
其他非流通股	0
B 股 / H 股	0
A 股流通股	1893814841
财务数据	**2009.12.31**
总资产（万元）	3653609.306
股东权益（万元）	957196.4274
营业收入（万元）	3122267.317
利润总额（万元）	68777.4384
投资收益（万元）	23742.1468
净利润（万元）	11580.6011
每股收益（元/股）	0.061
每股净资产（元/股）	5.043
净资产收益率（%）	1.21
A 股融资与分红	**红利**
除权日/增发日	2009-07-14
送配/红利比例	0.05
配股价/增发价	–
上市日	–
A 股股票市场表现	
市价总值（万元）	1245226.69
流通市值（万元）	1242342.54
成交股数（万股）	960704.90
成交金额（万元）	4986200.90
换手率（%）	507.29
市盈率（倍）	400.24
开盘（元）	3.30
最高（元）	7.13
最低（元）	3.27
收盘（元）	6.56

股票年度走势图

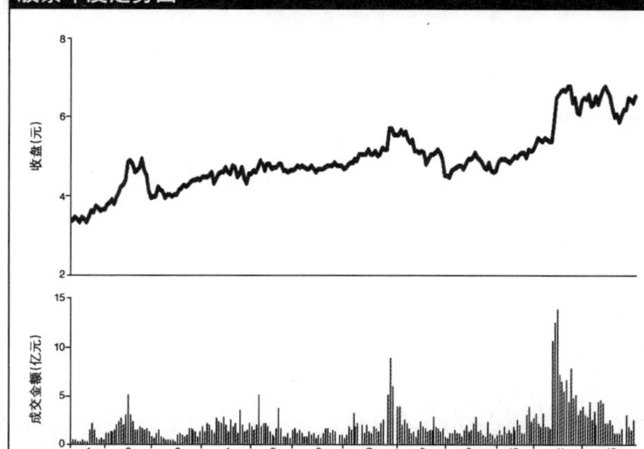

通化东宝药业股份有限公司
Tonghua Dongbao Pharmaceutical Co., Ltd.

基本情况		股票简称	通化东宝
股票代码	600867	上市时间	1994-08-24
办公地址	吉林省通化东宝新村		
联系人	王君业	联系电话	(0435) 5088025
传真	(0435) 5088268	邮政编码	134123
经营范围	中西成药、保健品、包装材料、山野菜、食用菌加工、印刷		

股本(股)	2009.12.31
总股本	479143532
国家股	0
境内发起人股	165419618
境外发起人股	0
社会法人股	0
其他非流通股	0
B股/H股	0
A股流通股	313723914
财务数据	**2009.12.31**
总资产(万元)	225144.019
股东权益(万元)	159288.7053
营业收入(万元)	57054.5632
利润总额(万元)	8041.9735
投资收益(万元)	-6.4012
净利润(万元)	7371.5102
每股收益(元/股)	0.154
每股净资产(元/股)	3.324
净资产收益率(%)	4.63
A股融资与分红	**送股**
除权日/增发日	2009-06-17
送配/红利比例	0.30
配股价/增发价	-
上市日	2009-06-18
A股股票市场表现	
市价总值(万元)	631990.32
流通市值(万元)	413801.84
成交股数(万股)	240881.04
成交金额(万元)	3306294.63
换手率(%)	767.81
市盈率(倍)	134.98
开盘(元)	14.15
最高(元)	19.10
最低(元)	9.90
收盘(元)	13.19

股票年度走势图

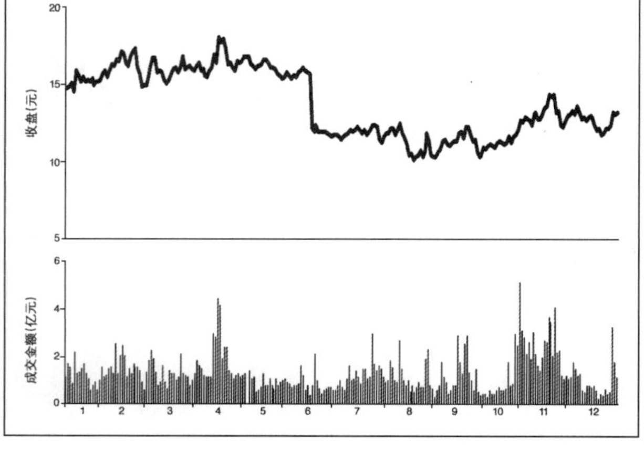

中炬高新技术实业(集团)股份有限公司
Jonjee HI-TECH Industrial & Commercial Holding Co., Ltd.

基本情况		股票简称	中炬高新
股票代码	600872	上市时间	1995-01-24
办公地址	广东省中山市中山火炬高技术产业开发区火炬大厦		
联系人	彭海泓	联系电话	(0760) 85599947
传真	(0760) 85596877	邮政编码	528437
经营范围	经营和代理出口商品及技术的进出口业务、进料加工和"三来一补"业务、对销贸易和转口贸易		

股本(股)	2009.12.31
总股本	724215631
国家股	0
境内发起人股	0
境外发起人股	0
社会法人股	0
其他非流通股	0
B股/H股	0
A股流通股	724215631
财务数据	**2009.12.31**
总资产(万元)	273629.5157
股东权益(万元)	162333.364
营业收入(万元)	95004.2271
利润总额(万元)	8566.0158
投资收益(万元)	1441.1803
净利润(万元)	6865.5486
每股收益(元/股)	0.095
每股净资产(元/股)	2.242
净资产收益率(%)	4.23
A股融资与分红	
除权日/增发日	
送配/红利比例	
配股价/增发价	
上市日	
A股股票市场表现	
市价总值(万元)	756081.12
流通市值(万元)	756081.12
成交股数(万股)	921336.98
成交金额(万元)	8894455.43
换手率(%)	1272.19
市盈率(倍)	94.81
开盘(元)	3.19
最高(元)	13.40
最低(元)	3.16
收盘(元)	10.44

股票年度走势图

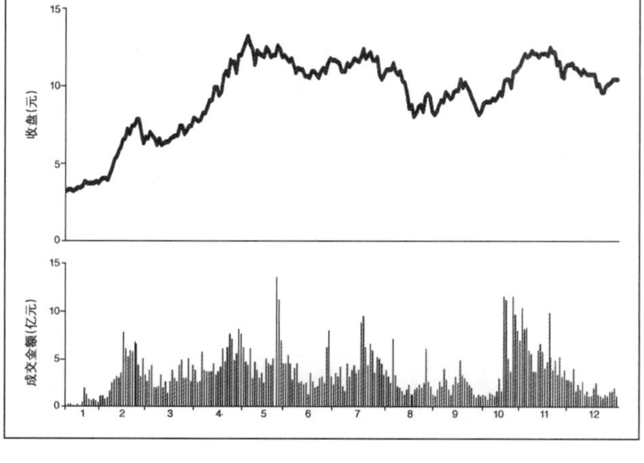

东方电气股份有限公司
Dongfang Electric Corporation Limited

基本情况		股票简称	东方电气
股票代码	600875	上市时间	1995-10-10
办公地址	四川省成都市蜀汉路333号		
联系人	龚丹	联系电话	(028) 87583088
传真	(028) 87583551	邮政编码	610036
经营范围	水力发电设备、汽轮发电机、交直流电机、控制设备制造销售、普通机械		

股本(股)	2009.12.31
总股本	1001930000
国家股	296743246
境内发起人股	0
境外发起人股	0
社会法人股	0
其他非流通股	59965000
B股/H股	170000000
A股流通股	475221754

财务数据	2009.12.31
总资产(万元)	7303083.471
股东权益(万元)	870874.7036
营业收入(万元)	3275413.249
利润总额(万元)	157737.1366
投资收益(万元)	2412.4067
净利润(万元)	157166.3366
每股收益(元/股)	1.569
每股净资产(元/股)	8.692
净资产收益率(%)	18.05

A股融资与分红	增发	红利
除权日/增发日	2009-12-01	2009-08-20
送配/红利比例	–	0.02
配股价/增发价	42.07	–
上市日	2009-12-04	–

A股股票市场表现	
市价总值(万元)	3751172.37
流通市值(万元)	2142774.89
成交股数(万股)	153023.70
成交金额(万元)	6443574.67
换手率(%)	322.00
市盈率(倍)	256.69
开盘(元)	30.40
最高(元)	51.10
最低(元)	28.96
收盘(元)	45.09

股票年度走势图

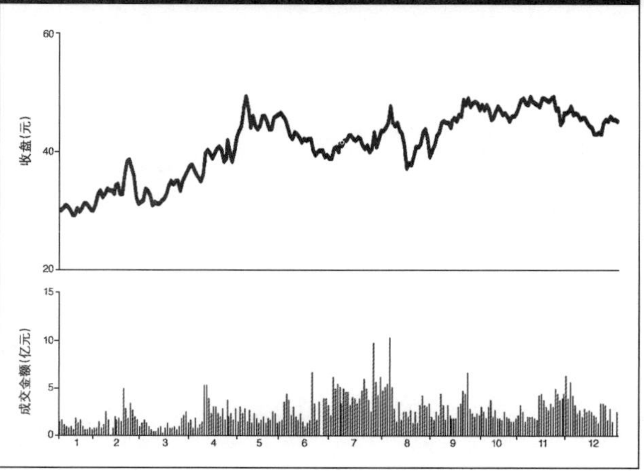

长征火箭技术股份有限公司
Long March Launch Vehicle Technology Co.,Ltd.

基本情况		股票简称	航天电子
股票代码	600879	上市时间	1995-11-15
办公地址	湖北省武汉市建设大道847号瑞通广场B座21层		
联系人	吕凡	联系电话	(027) 88530368
传真	(027) 85487727	邮政编码	430015
经营范围	民用航天与运载火箭技术及配套装备、新材料、计算机信息技术及计算机软硬件等		

股本(股)	2009.12.31
总股本	811040784
国家股	204751433
境内发起人股	0
境外发起人股	0
社会法人股	0
其他非流通股	–1
B股/H股	0
A股流通股	606289352

财务数据	2009.12.31
总资产(万元)	575718.6243
股东权益(万元)	300454.2506
营业收入(万元)	248611.7671
利润总额(万元)	24930.9715
投资收益(万元)	492.1407
净利润(万元)	20247.5418
每股收益(元/股)	0.25
每股净资产(元/股)	3.705
净资产收益率(%)	6.74

A股融资与分红	送股
除权日/增发日	2009-07-01
送配/红利比例	0.50
配股价/增发价	–
上市日	2009-07-02

A股股票市场表现	
市价总值(万元)	939185.23
流通市值(万元)	702083.07
成交股数(万股)	726606.12
成交金额(万元)	8434506.07
换手率(%)	1198.45
市盈率(倍)	37.55
开盘(元)	8.86
最高(元)	14.42
最低(元)	8.78
收盘(元)	11.58

股票年度走势图

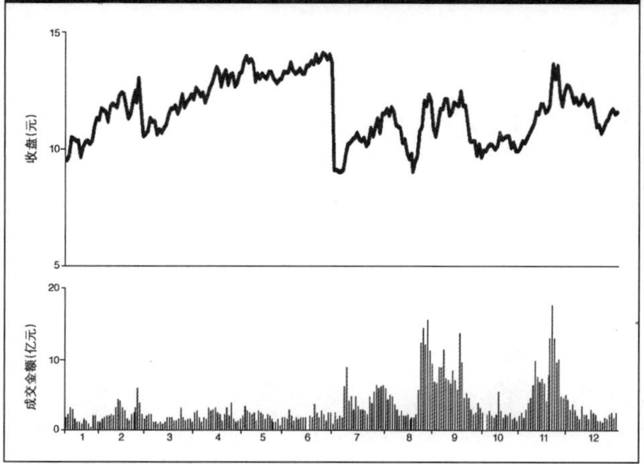

吉林亚泰(集团)股份有限公司
Jilin Yatai (Group) Co., Ltd.

基本情况		股票简称	亚泰集团
股票代码	600881	上市时间	1995-11-15
办公地址	长春市吉林大路1801号		
联系人	田奎武	联系电话	(0431) 84956688
传真	(0431) 84951400	邮政编码	130031
经营范围	房地产开发、建材、药品生产及经营(以上各项由取得经营资格的集团公司下属企业经营);国家允许的进出口经营业务		

股本(股)	2009.12.31
总股本	1894732058
国家股	0
境内发起人股	0
境外发起人股	0
社会法人股	0
其他非流通股	0
B股/H股	0
A股流通股	1894732058

财务数据	2009.12.31
总资产(万元)	1906111.015
股东权益(万元)	698835.1742
营业收入(万元)	599995.8733
利润总额(万元)	105114.3277
投资收益(万元)	35874.3302
净利润(万元)	74587.8119
每股收益(元/股)	0.394
每股净资产(元/股)	3.688
净资产收益率(%)	10.67

A股融资与分红	送股	红利
除权日/增发日	2009-05-26	2009-05-26
送配/红利比例	0.50	0.10
配股价/增发价	–	–
上市日	2009-05-27	–

A股股票市场表现	
市价总值(万元)	1720416.71
流通市值(万元)	1720416.71
成交股数(万股)	831899.97
成交金额(万元)	7719827.26
换手率(%)	439.06
市盈率(倍)	52.20
开盘(元)	5.87
最高(元)	12.44
最低(元)	5.80
收盘(元)	9.08

股票年度走势图

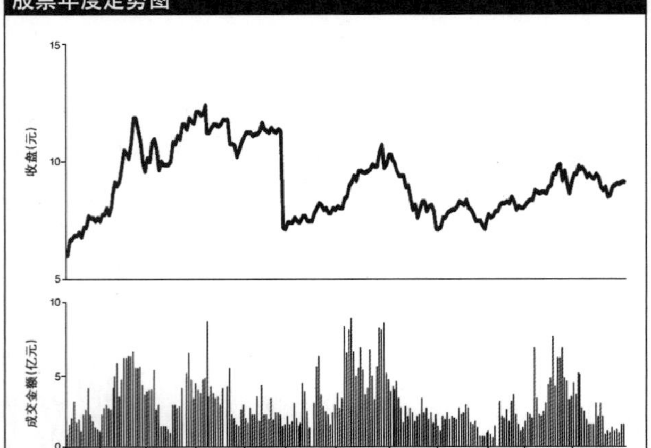

国投华靖电力控股股份有限公司
SDIC Huajing Power Holdings Co., Ltd.

基本情况		股票简称	国投电力
股票代码	600886	上市时间	1996-01-18
办公地址	北京市西城区西直门南小街147号5号楼12层		
联系人	魏琼	联系电话	(010) 88006378
传真	(010) 88006368	邮政编码	100034
经营范围	投资建设、经营管理以电力生产为主的能源项目;开发及经营新能源项目、高新技术、环保产业;开发和经营电力配套产品及信息、咨询服务		

股本(股)	2009.12.31
总股本	1995101102
国家股	940472766
境内发起人股	0
境外发起人股	0
社会法人股	0
其他非流通股	0
B股/H股	0
A股流通股	1054628336

财务数据	2009.12.31
总资产(万元)	8839139.886
股东权益(万元)	924069.4656
营业收入(万元)	1188113.674
利润总额(万元)	124199.3166
投资收益(万元)	10216.199
净利润(万元)	53137.0805
每股收益(元/股)	0.266
每股净资产(元/股)	4.632
净资产收益率(%)	5.75

A股融资与分红	增发	红利
除权日/增发日	2009-12-04	2009-05-19
送配/红利比例	–	0.306
配股价/增发价	8.18	–
上市日	2009-12-08	–

A股股票市场表现	
市价总值(万元)	1963179.48
流通市值(万元)	1037754.28
成交股数(万股)	279439.79
成交金额(万元)	2956995.08
换手率(%)	264.97
市盈率(倍)	159.15
开盘(元)	10.04
最高(元)	12.58
最低(元)	8.50
收盘(元)	9.84

股票年度走势图

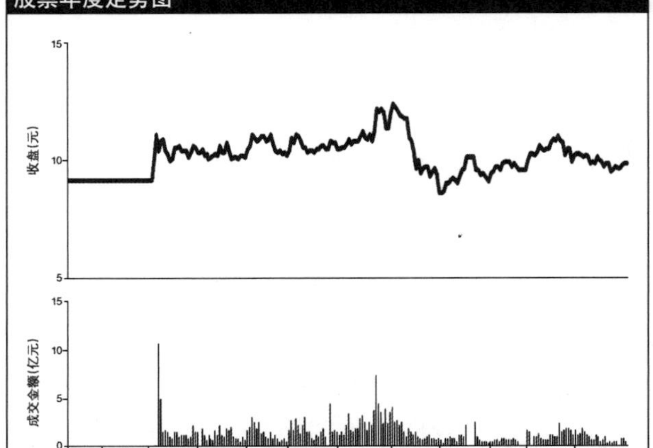

上海张江高科技园区开发股份有限公司
Shanghai Zhangjiang Hi-tech Park Development Co., Ltd.

基本情况		股票简称	张江高科
股票代码	600895	上市时间	1996-04-03
办公地址	上海浦东张东路1388号张江高科A、B座		
联系人	周丽辉	联系电话	(021) 50800018
传真	(021) 50800492	邮政编码	201203
经营范围	工程勘察、设计、施工承包、建筑装修工程、设备供应与安装、建筑材料经营		

股本(股)	2009.12.31
总股本	1548689550
国家股	0
境内发起人股	0
境外发起人股	0
社会法人股	0
其他非流通股	0
B股/H股	0
A股流通股	1548689550

财务数据	2009.12.31
总资产(万元)	1427918.574
股东权益(万元)	579383.6811
营业收入(万元)	212895.1245
利润总额(万元)	98027.6217
投资收益(万元)	6091.4693
净利润(万元)	70690.9161
每股收益(元/股)	0.456
每股净资产(元/股)	3.741
净资产收益率(%)	12.2

A股融资与分红	红利
除权日/增发日	2009-05-21
送配/红利比例	0.11
配股价/增发价	–
上市日	–

A股股票市场表现	
市价总值(万元)	1993163.45
流通市值(万元)	1993163.45
成交股数(万股)	420402.25
成交金额(万元)	5992172.83
换手率(%)	271.46
市盈率(倍)	37.73
开盘(元)	10.14
最高(元)	18.26
最低(元)	9.98
收盘(元)	12.87

股票年度走势图

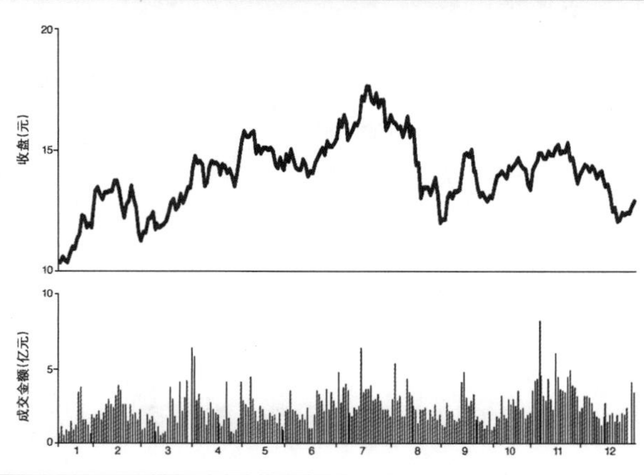

中国长江电力股份有限公司
China Yangtze Power Co., Ltd.

基本情况		股票简称	长江电力
股票代码	600900	上市时间	2003-11-18
办公地址	北京市西城区金融大街19号富凯大厦B座		
联系人	楼坚	联系电话	(010) 58688891
传真	(010) 58688898	邮政编码	100140
经营范围	电力生产、经营和投资;电力生产技术咨询;水电工程检修维护		

股本(股)	2009.12.31
总股本	11000000000
国家股	6090620223
境内发起人股	0
境外发起人股	0
社会法人股	0
其他非流通股	0
B股/H股	0
A股流通股	4909379777

财务数据	2009.12.31
总资产(万元)	16186078.55
股东权益(万元)	6185976.24
营业务入(万元)	1083290.436
利润总额(万元)	599782.6674
投资收益(万元)	110974.0543
净利润(万元)	461725.4934
每股收益(元/股)	0.42
每股净资产(元/股)	5.624
净资产收益率(%)	7.46

A股融资与分红	增发	红利
除权日/增发日	2009-11-05	2009-08-07
送配/红利比例	–	0.2159
配股价/增发价	12.68	–
上市日	2009-11-16	–

A股股票市场表现	
市价总值(万元)	14696000.00
流通市值(万元)	6558931.38
成交股数(万股)	1178943.06
成交金额(万元)	16631142.68
换手率(%)	240.14
市盈率(倍)	37.39
开盘(元)	14.30
最高(元)	16.47
最低(元)	12.67
收盘(元)	13.36

股票年度走势图

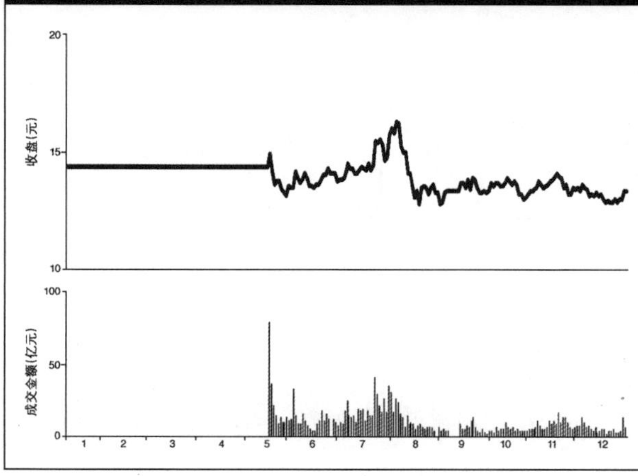

开滦能源化工股份有限公司
Kailuan Energy Chemical Co., Ltd.

基本情况		股票简称	开滦股份
股票代码	600997	上市时间	2004-06-02
办公地址	河北省唐山市新华东道70号东楼		
联系人	侯树忠	联系电话	(0315) 3026757
传真	(0315) 3026757	邮政编码	630180
经营范围	煤炭及伴生资源开采、原煤洗选加工、煤炭产品经营销售		

股本(股)	2009.12.31
总股本	1234640000
国家股	574200944
境内发起人股	0
境外发起人股	0
社会法人股	0
其他非流通股	0
B股/H股	0
A股流通股	660439056

财务数据	2009.12.31
总资产(万元)	1343592.532
股东权益(万元)	499258.395
营业收入(万元)	1176733.057
利润总额(万元)	117486.4362
投资收益(万元)	78.0681
净利润(万元)	82302.9203
每股收益(元/股)	0.667
每股净资产(元/股)	4.044
净资产收益率(%)	16.49

A股融资与分红	送股	红利
除权日/增发日	2009-05-21	2009-05-21
送配/红利比例	1.00	0.20
配股价/增发价	–	–
上市日	2009-05-22	–

A股股票市场表现	
市价总值(万元)	3112527.44
流通市值(万元)	1664966.86
成交股数(万股)	635952.79
成交金额(万元)	14319474.73
换手率(%)	962.92
市盈率(倍)	37.59
开盘(元)	11.80
最高(元)	39.30
最低(元)	11.68
收盘(元)	25.21

股票年度走势图

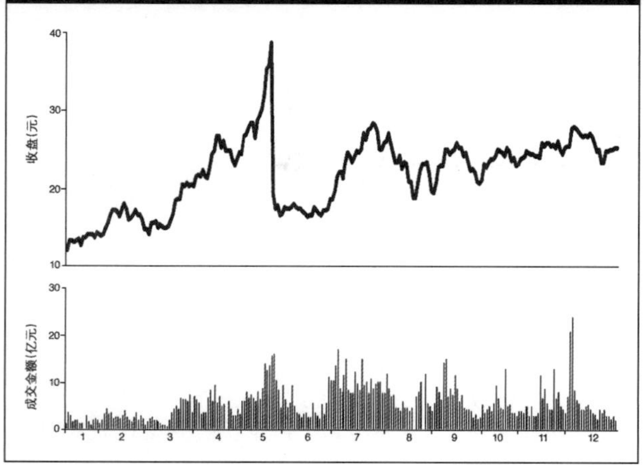

大同煤业股份有限公司
Datong Coal Industry Co., Ltd.

基本情况		股票简称	大同煤业
股票代码	601001	上市时间	2006-06-23
办公地址	山西省大同市矿区新平旺		
联系人	钱建军	联系电话	(0352) 7018978
传真	(0352) 7011070	邮政编码	37003
经营范围	煤炭产品的采掘、加工和销售		

股本(股)	2009.12.31
总股本	836850000
国家股	0
境内发起人股	0
境外发起人股	0
社会法人股	0
其他非流通股	0
B股/H股	0
A股流通股	836850000

财务数据	2009.12.31
总资产(万元)	1518406.714
股东权益(万元)	822628.9561
营业收入(万元)	942186.0426
利润总额(万元)	268122.0812
投资收益(万元)	0
净利润(万元)	149074.0126
每股收益(元/股)	1.781
每股净资产(元/股)	9.83
净资产收益率(%)	18.12

A股融资与分红	红利
除权日/增发日	2009-07-27
送配/红利比例	0.40
配股价/增发价	–
上市日	–

A股股票市场表现	
市价总值(万元)	3764988.15
流通市值(万元)	3764988.15
成交股数(万股)	415258.71
成交金额(万元)	13625589.62
换手率(%)	496.22
市盈率(倍)	18.73
开盘(元)	11.54
最高(元)	54.00
最低(元)	11.50
收盘(元)	44.99

股票年度走势图

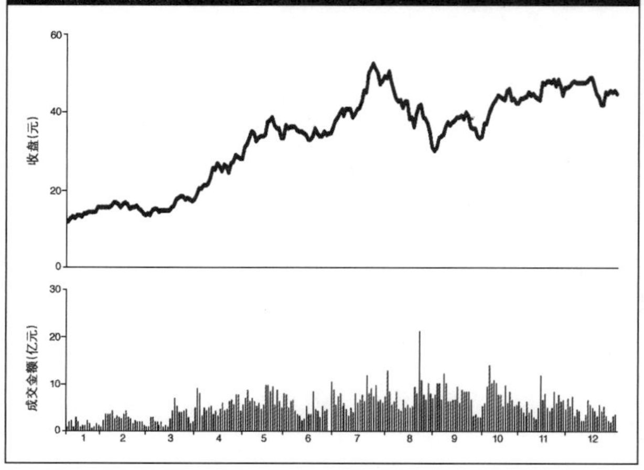

大秦铁路股份有限公司
Daqin Railway Co., Ltd.

基本情况		股票简称	大秦铁路
股票代码	601006	上市时间	2006-08-01
办公地址	山西省大同市站北街14号		
联系人	黄松青	联系电话	(0352) 7121395
传真	(0352) 7121990	邮政编码	37005
经营范围	铁路客货运输；铁路运输设备、设施、配件制造、安装、维修；铁路建设项目的承包；工程勘测、设计、施工项目的组织、管理；货物的装卸、仓储；与以上业务相关的原材料、配件的销售、仓储（国家专营专项规定的除外）		

股本(股)	2009.12.31
总股本	12976757127
国家股	0
境内发起人股	0
境外发起人股	0
社会法人股	0
其他非流通股	0
B股/H股	0
A股流通股	12976757127

财务数据	2009.12.31
总资产（万元）	6794411.118
股东权益（万元）	4295783.351
营业收入（万元）	2273921.984
利润总额（万元）	872596.001
投资收益（万元）	153.9
净利润（万元）	653037.416
每股收益（元/股）	0.089
每股净资产（元/股）	0.589
净资产收益率（%）	15.2

A股融资与分红	红利
除权日/增发日	2009-07-01
送配/红利比例	0.30
配股价/增发价	–
上市日	–

A股股票市场表现	
市价总值（万元）	13366059.84
流通市值（万元）	13366059.84
成交股数（万股）	1962007.83
成交金额（万元）	19717914.06
换手率（%）	151.19
市盈率（倍）	20.01
开盘（元）	8.11
最高（元）	13.15
最低（元）	7.99
收盘（元）	10.30

股票年度走势图

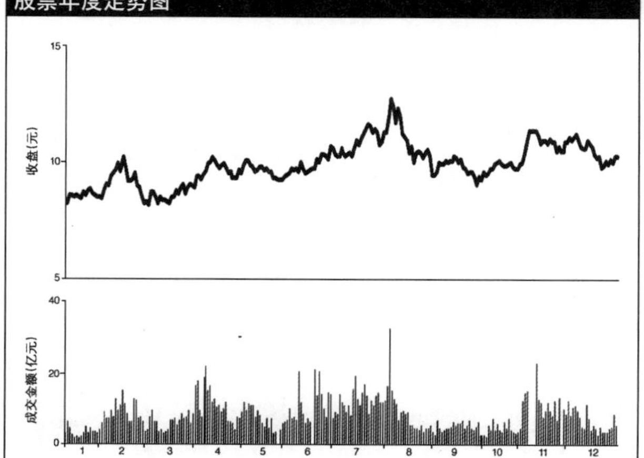

南京银行股份有限公司
Bank of Nanjing Co., Ltd.

基本情况		股票简称	南京银行
股票代码	601009	上市时间	2007-07-19
办公地址	南京市白下区淮海路50号		
联系人	汤哲新	联系电话	(025) 84551006
传真	(025) 84553505	邮政编码	210005
经营范围	吸收公众存款；发放短期、中期和长期贷款；办理国内结算；办理票据承兑与贴现；发行金融债券		

股本(股)	2009.12.31
总股本	1836751340
国家股	238640000
境内发起人股	205200000
境外发起人股	231705101
社会法人股	0
其他非流通股	0
B股/H股	0
A股流通股	1161206239

财务数据	2009.12.31
总资产（万元）	14956581.81
股东权益（万元）	1203895.462
营业收入（万元）	362761.05
利润总额（万元）	187125.7634
投资收益（万元）	24229.5058
净利润（万元）	154373.1218
每股收益（元/股）	0.84
每股净资产（元/股）	6.554
净资产收益率（%）	12.82

A股融资与分红	红利
除权日/增发日	2009-06-16
送配/红利比例	0.30
配股价/增发价	–
上市日	–

A股股票市场表现	
市价总值（万元）	3554113.84
流通市值（万元）	2246934.07
成交股数（万股）	496209.56
成交金额（万元）	7506064.74
换手率（%）	427.32
市盈率（倍）	24.41
开盘（元）	8.53
最高（元）	20.59
最低（元）	8.44
收盘（元）	19.35

股票年度走势图

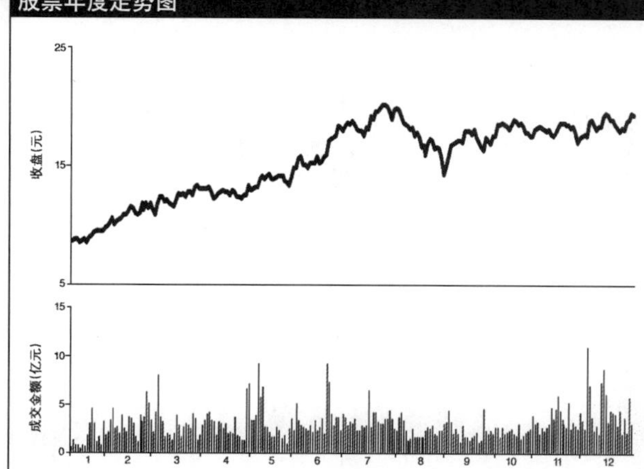

中国神华能源股份有限公司
China Shenhua Energy Co., Ltd.

基本情况		股票简称	中国神华
股票代码	601088	上市时间	2007-10-09
办公地址	中国北京市东城区安德路16号洲际大厦12层		
联系人	黄清	联系电话	(010) 58133348
传真	(010) 84882108	邮政编码	100011
经营范围	煤炭生产、销售；电力生产、热力生产和供应；相关铁路、港口等运输服务		

股本(股)	2009.12.31
总股本	19889620455
国家股	14691037955
境内发起人股	0
境外发起人股	0
社会法人股	0
其他非流通股	0
B股/H股	3398582500
A股流通股	1800000000

财务数据	2009.12.31
总资产(万元)	31051400
股东权益(万元)	16932600
营业收入(万元)	12131200
利润总额(万元)	4390100
投资收益(万元)	70000
净利润(万元)	3027600
每股收益(元/股)	1.522
每股净资产(元/股)	8.513
净资产收益率(%)	17.88

A股融资与分红	红利
除权日/增发日	2009-06-22
送配/红利比例	0.46
配股价/增发价	–
上市日	–

A股股票市场表现	
市价总值(万元)	57421794.16
流通市值(万元)	6267600.00
成交股数(万股)	985023.93
成交金额(万元)	28231611.94
换手率(%)	547.24
市盈率(倍)	26.05
开盘(元)	18.05
最高(元)	42.15
最低(元)	17.80
收盘(元)	34.82

股票年度走势图

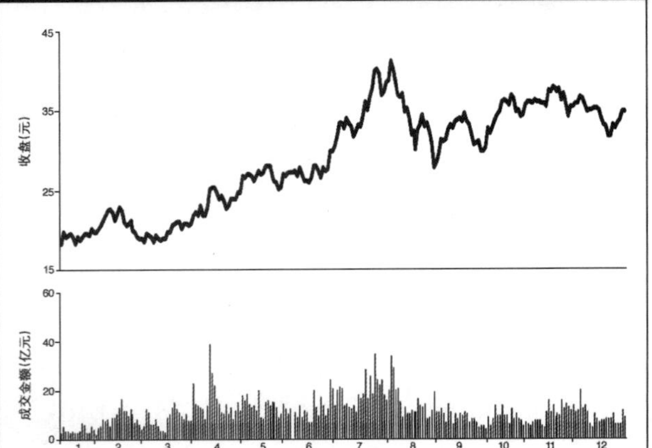

中国国际航空股份有限公司
Air China Limited

基本情况		股票简称	中国国航
股票代码	601111	上市时间	2006-08-18
办公地址	中国北京市顺义区天竺经济开发区天柱路30号		
联系人	黄斌	联系电话	(010) 61461959
传真	(010) 61462805	邮政编码	101312
经营范围	国际、国内定期与不定期航空客、货、邮及行李运输业务		

股本(股)	2009.12.31
总股本	12251362273
国家股	0
境内发起人股	0
境外发起人股	0
社会法人股	0
其他非流通股	0
B股/H股	4405683364
A股流通股	7845678909

财务数据	2009.12.31
总资产(万元)	10616320.7
股东权益(万元)	2392287.2
营业收入(万元)	4995717.5
利润总额(万元)	531468.1
投资收益(万元)	61044.9
净利润(万元)	502945.1
每股收益(元/股)	0.411
每股净资产(元/股)	1.953
净资产收益率(%)	21.02

A股融资与分红	
除权日/增发日	
送配/红利比例	
配股价/增发价	
上市日	

A股股票市场表现	
市价总值(万元)	7618154.22
流通市值(万元)	7618154.22
成交股数(万股)	1307181.36
成交金额(万元)	9340221.70
换手率(%)	166.61
市盈率(倍)	0.00
开盘(元)	4.15
最高(元)	10.46
最低(元)	4.05
收盘(元)	9.71

股票年度走势图

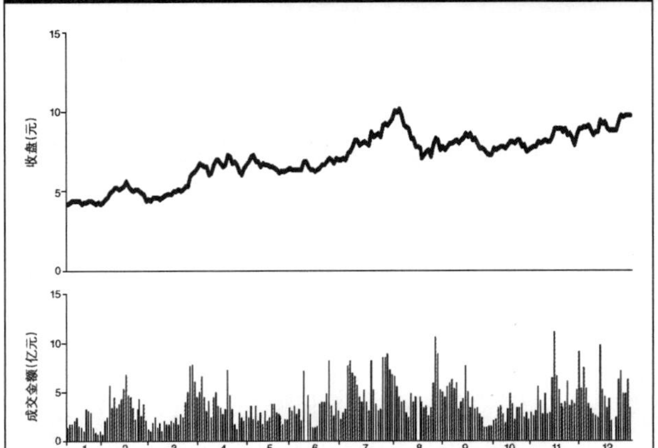

兴业银行股份有限公司
Industrial Bank Co., Ltd.

基本情况		股票简称	兴业银行
股票代码	601166	上市时间	2007-02-05
办公地址	福州市湖东路154号		
联系人	唐斌	联系电话	(0591) 87838598
传真	(0591) 87842633	邮政编码	350003
经营范围	吸收公众存款；发放短期、中期和长期贷款；办理国内外结算；办理票据承兑与贴现；发行金融债券；代理发行、代理兑付、承销政府债券；买卖政府债券、金融债券；代理发行股票以外的有价证券；买卖、代理买卖股票以外的有价证券；资产托管业务等		

股本(股)	2009.12.31
总股本	5000000000
国家股	1020000000
境内发起人股	0
境外发起人股	0
社会法人股	0
其他非流通股	0
B股/H股	0
A股流通股	3980000000
财务数据	**2009.12.31**
总资产(万元)	133216155.2
股东权益(万元)	5959746.156
营业收入(万元)	3167904.54
利润总额(万元)	1722948.503
投资收益(万元)	100751.1996
净利润(万元)	1328194.267
每股收益(元/股)	2.656
每股净资产(元/股)	11.919
净资产收益率(%)	22.29
A股融资与分红	**红利**
除权日/增发日	2009-06-11
送配/红利比例	0.45
配股价/增发价	–
上市日	–
A股股票市场表现	
市价总值(万元)	20155000.00
流通市值(万元)	16043380.00
成交股数(万股)	744550.26
成交金额(万元)	21620143.32
换手率(%)	187.07
市盈率(倍)	17.70
开盘(元)	14.87
最高(元)	43.48
最低(元)	14.71
收盘(元)	40.31

股票年度走势图

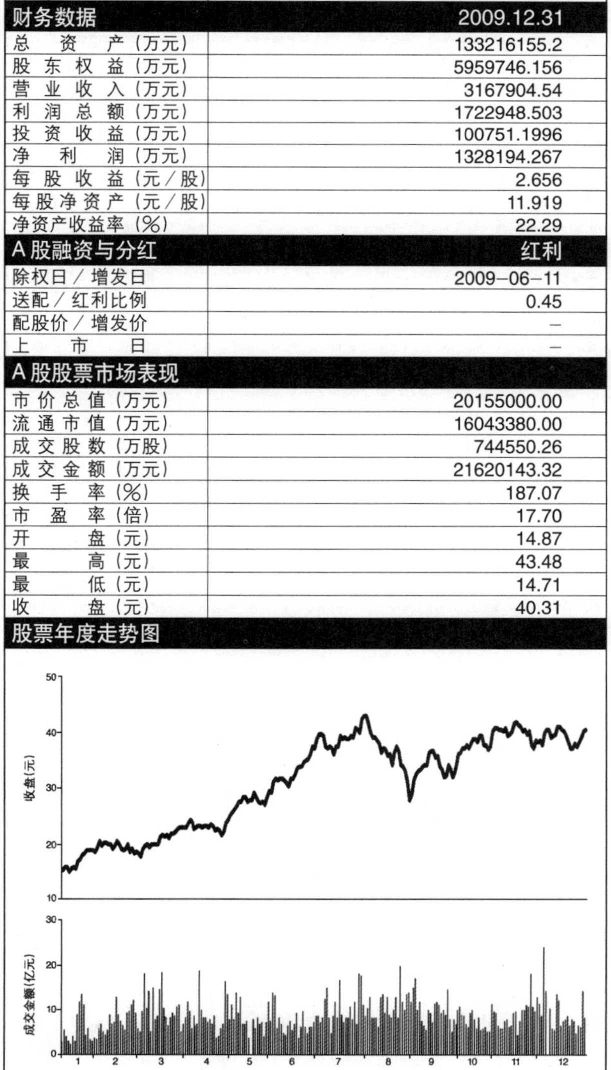

西部矿业股份有限公司
Western Mining Co., Ltd.

基本情况		股票简称	西部矿业
股票代码	601168	上市时间	2007-07-12
办公地址	青海省西宁市五四大街52号		
联系人	李伍波	联系电话	(0971) 6108188
传真	(0971) 6122926	邮政编码	810001
经营范围	金属贸易业务；主要贸易产品包括电解锌、电解铝、锌精矿、金属铜及铅精矿等		

股本(股)	2009.12.31
总股本	2383000000
国家股	0
境内发起人股	672300000
境外发起人股	0
社会法人股	0
其他非流通股	0
B股/H股	0
A股流通股	1710700000
财务数据	**2009.12.31**
总资产(万元)	1907228.893
股东权益(万元)	1036206.579
营业收入(万元)	1675981.481
利润总额(万元)	81285.6418
投资收益(万元)	−10484.3205
净利润(万元)	60159.4773
每股收益(元/股)	0.252
每股净资产(元/股)	4.348
净资产收益率(%)	5.81
A股融资与分红	**红利**
除权日/增发日	2009-04-27
送配/红利比例	0.10
配股价/增发价	–
上市日	–
A股股票市场表现	
市价总值(万元)	3503010.00
流通市值(万元)	2514729.00
成交股数(万股)	1999261.98
成交金额(万元)	27288483.90
换手率(%)	1168.68
市盈率(倍)	61.45
开盘(元)	6.49
最高(元)	20.72
最低(元)	6.45
收盘(元)	14.70

股票年度走势图

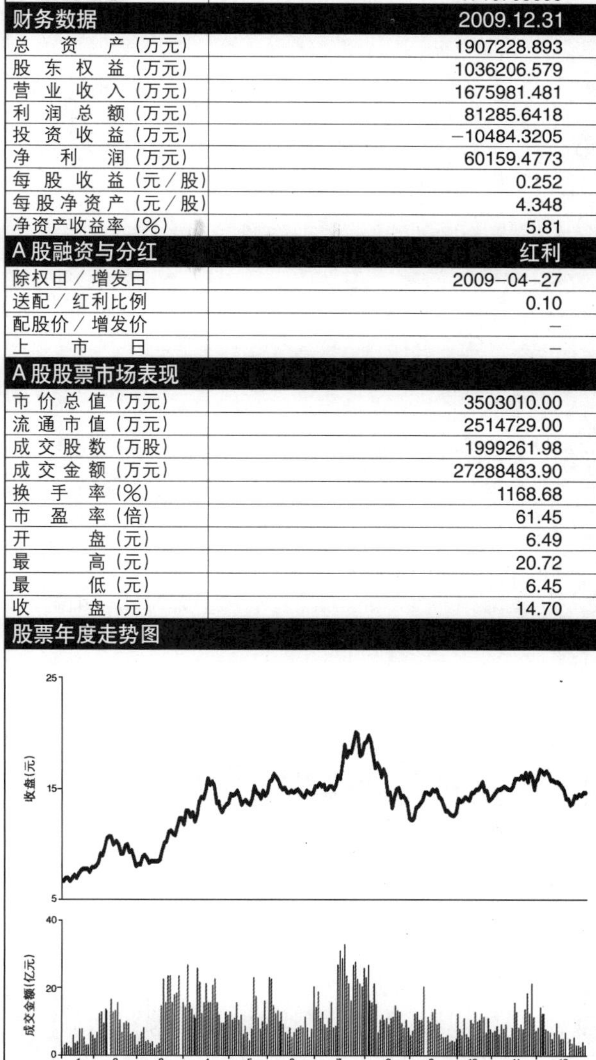

北京银行股份有限公司
Bank of Beijing Co., Ltd.

基本情况		股票简称	北京银行
股票代码	601169	上市时间	2007-09-19
办公地址	北京市西城区金融大街甲17号首层		
联系人	杨书剑	联系电话	(010) 66223811
传真	(010) 66223833	邮政编码	100032
经营范围	吸收公众存款；发放短期、中期和长期贷款；办理国内结算；办理票据贴现；发行金融债券；代理发行、代理兑付、承销政府债券；买卖政府债券、从事同业拆借；提供担保；代理收付款项及代理保险业务；提供保管箱业务；办理地方财政信用周转使用资金的委托贷款业务；外汇存款		

股本(股)	2009.12.31
总股本	6227561881
国家股	1020169939
境内发起人股	0
境外发起人股	1251862908
社会法人股	0
其他非流通股	260597
B股/H股	0
A股流通股	3955268437

财务数据	2009.12.31
总资产(万元)	53346931.8
股东权益(万元)	3755941.5
营业收入(万元)	118941.5
利润总额(万元)	716224
投资收益(万元)	37298.1
净利润(万元)	563385.9
每股收益(元/股)	0.905
每股净资产(元/股)	6.031
净资产收益率(%)	15

A股融资与分红	红利
除权日/增发日	2009-07-20
送配/红利比例	0.18
配股价/增发价	–
上市日	–

A股股票市场表现	
市价总值(万元)	12044104.68
流通市值(万元)	7649489.16
成交股数(万股)	832610.79
成交金额(万元)	12344857.48
换手率(%)	210.51
市盈率(倍)	22.23
开盘(元)	9.02
最高(元)	19.60
最低(元)	8.94
收盘(元)	19.34

股票年度走势图

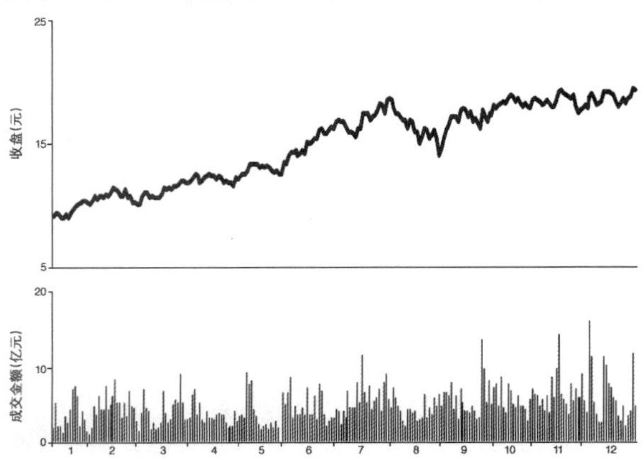

中国铁建股份有限公司
China Railway Construction Co., Ltd.

基本情况		股票简称	中国铁建
股票代码	601186	上市时间	2008-03-10
办公地址	北京市海淀区复兴路40号东院		
联系人	李廷柱	联系电话	(010) 52688518
传真	(010) 51887031	邮政编码	100855
经营范围	以工程承包、勘察设计咨询为核心业务；同时经营工业制造业务，并积极拓展房地产开发、资本运营和物流等业务		

股本(股)	2009.12.31
总股本	12337541500
国家股	7811245500
境内发起人股	0
境外发起人股	0
社会法人股	0
其他非流通股	0
B股/H股	2076296000
A股流通股	2450000000

财务数据	2009.12.31
总资产(万元)	28299026.7
股东权益(万元)	5326548.5
营业收入(万元)	35362581.9
利润总额(万元)	830739.9
投资收益(万元)	15587.2
净利润(万元)	659907.2
每股收益(元/股)	0.535
每股净资产(元/股)	4.317
净资产收益率(%)	12.39

A股融资与分红	红利
除权日/增发日	2009-07-13
送配/红利比例	0.10
配股价/增发价	–
上市日	–

A股股票市场表现	
市价总值(万元)	9378778.39
流通市值(万元)	2239300.00
成交股数(万股)	1707321.25
成交金额(万元)	16708721.45
换手率(%)	696.87
市盈率(倍)	30.95
开盘(元)	10.15
最高(元)	11.25
最低(元)	8.51
收盘(元)	9.14

股票年度走势图

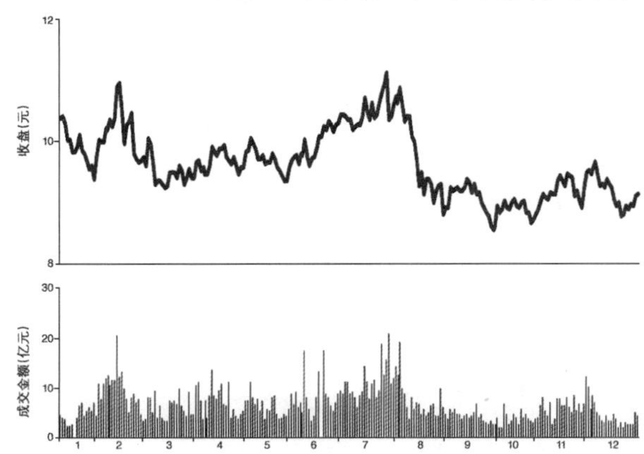

中国平安保险（集团）股份有限公司
Ping An Insurance (Group) Comany of China, Ltd.

基本情况		股票简称	中国平安
股票代码	601318	上市时间	2007-03-01
办公地址	深圳市福田中心区福华路星河中心大厦16楼		
联系人	姚军	联系电话	(0755) 22623323
传真	(0755) 23951317	邮政编码	518048
经营范围	投资保险企业；监督管理控股投资企业的各种国内、国际业务；开展保险资金运用业务；经批准开展国内、国际保险业务；经中国保监会及国家有关部门批准的其他业务		

股本(股)	2009.12.31
总股本	7345053334
国家股	0
境内发起人股	859823040
境外发起人股	0
社会法人股	0
其他非流通股	0
B股／H股	2558643698
A股流通股	3926586596
财务数据	**2009.12.31**
总资产（万元）	93571200
股东权益（万元）	8497000
营业收入（万元）	14783500
利润总额（万元）	1991900
投资收益（万元）	3038000
净利润（万元）	1388300
每股收益（元／股）	1.89
每股净资产（元／股）	11.568
净资产收益率（%）	16.34
A股融资与分红	**红利**
除权日／增发日	2009-09-01
送配／红利比例	0.15
配股价／增发价	—
上市日	—
A股股票市场表现	
市价总值（万元）	26368330.68
流通市值（万元）	21631565.56
成交股数（万股）	855371.53
成交金额（万元）	39368536.29
换手率（%）	217.84
市盈率（倍）	611.23
开盘（元）	27.90
最高（元）	64.52
最低（元）	27.30
收盘（元）	55.09

股票年度走势图

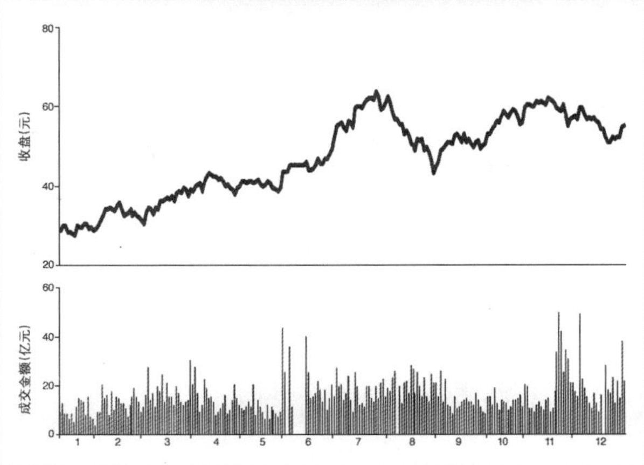

交通银行股份有限公司
Bank of Communications Co., Ltd.

基本情况		股票简称	交通银行
股票代码	601328	上市时间	2007-05-15
办公地址	上海浦东新区银城中路188号		
联系人	杜江龙	联系电话	(021) 58400270
传真	(021) 58798398	邮政编码	200120
经营范围	吸收公众存款；发放短期、中期和长期贷款；办理国内外结算；办理票据承兑与贴现；发行金融债券；代理发行、代理兑付、承销政府债券；买卖政府债券、金融债券；从事同业拆借；买卖、代理买卖外汇；从事银行卡业务；提供信用证服务及担保；代理收付款项业务等		

股本(股)		2009.12.31
总股本		48994383703
国家股		9974982648
境内发起人股		0
境外发起人股		0
社会法人股		0
其他非流通股		0
B股／H股		23064468136
A股流通股		15954932919
财务数据		**2009.12.31**
总资产（万元）		330913700
股东权益（万元）		16384800
营业收入（万元）		8093700
利润总额（万元）		3824000
投资收益（万元）		139300
净利润（万元）		3007500
每股收益（元／股）		0.614
每股净资产（元／股）		3.344
净资产收益率（%）		18.36
A股融资与分红	**红利**	**红利**
除权日／增发日	2009-05-27	2009-09-21
送配／红利比例	0.10	0.10
配股价／增发价	—	—
上市日	—	—
A股股票市场表现		
市价总值（万元）		24244471.06
流通市值（万元）		14917862.28
成交股数（万股）		2000523.69
成交金额（万元）		15957296.49
换手率（%）		125.39
市盈率（倍）		16.12
开盘（元）		4.82
最高（元）		11.38
最低（元）		4.79
收盘（元）		9.35

股票年度走势图

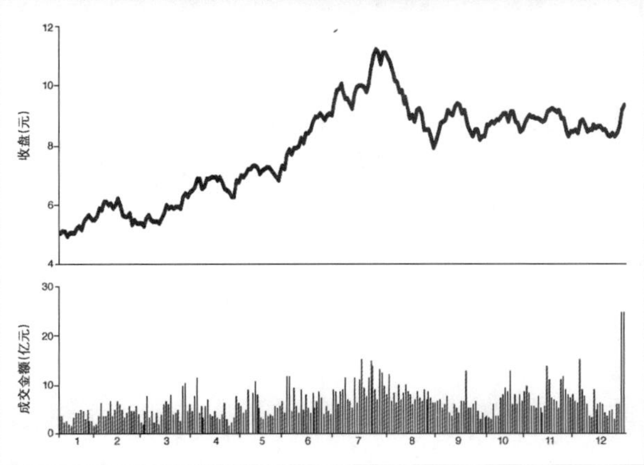

广深铁路股份有限公司
Guangshen Railway Co., Ltd.

基本情况		股票简称	广深铁路
股票代码	601333	上市时间	2006-12-22
办公地址	广东省深圳市和平路1052号		
联系人	郭向东	联系电话	(0755) 25587920
传真	(0755) 25591480	邮政编码	518010
经营范围	铁路设施技术服务；经营国内商业、物资供销业（不含专营、专控、专卖商品）；兴办各类实业（具体项目另报）；目前主要经营广州至深圳间各铁路车站的客、货运输业务，并与香港九广铁路公司合作经营广九直通车（广州－香港九龙）旅客运输业务		

股本（股）	2009.12.31
总股本	7083537000
国家股	274798700
境内发起人股	0
境外发起人股	0
社会法人股	0
其他非流通股	0
B股／H股	1431300000
A股流通股	5377438300
财务数据	**2009.12.31**
总资产（万元）	2935741.954
股东权益（万元）	2317880.935
营业收入（万元）	1151148.855
利润总额（万元）	169966.8608
投资收益（万元）	377.338
净利润（万元）	135732.8545
每股收益（元／股）	0.192
每股净资产（元／股）	3.272
净资产收益率（%）	5.86
A股融资与分红	**红利**
除权日／增发日	2009-07-09
送配／红利比例	0.08
配股价／增发价	–
上市日	–
A股股票市场表现	
市价总值（万元）	2696117.05
流通市值（万元）	2565038.07
成交股数（万股）	1554536.28
成交金额（万元）	7274494.18
换手率（%）	289.08
市盈率（倍）	27.88
开盘（元）	3.77
最高（元）	5.93
最低（元）	3.69
收盘（元）	4.77

股票年度走势图

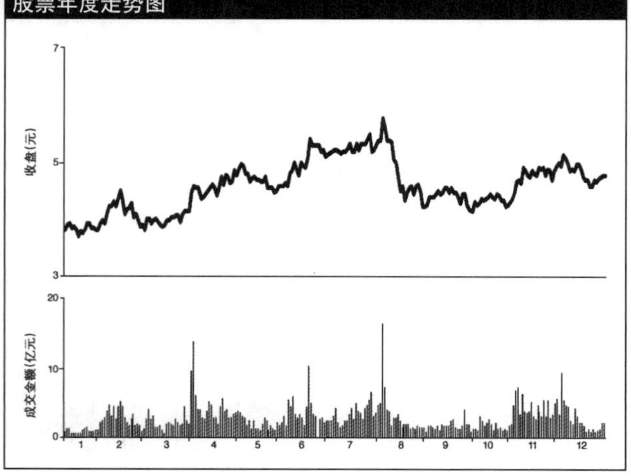

中国中铁股份有限公司
China Railway Group Limited

基本情况		股票简称	中国中铁
股票代码	601390	上市时间	2007-12-03
办公地址	北京市丰台区莲花池南里26号		
联系人	于腾群	联系电话	(010) 51843037
传真	(010) 51842057	邮政编码	100055
经营范围	铁路建设、公路建设、桥梁和隧道建设、城市轨道交通、市政工程和其他建设		

股本（股）	2009.12.31
总股本	21299900000
国家股	12417510000
境内发起人股	0
境外发起人股	0
社会法人股	0
其他非流通股	0
B股／H股	4207390000
A股流通股	4675000000
财务数据	**2009.12.31**
总资产（万元）	31178112.8
股东权益（万元）	6093951.9
营业收入（万元）	34404684.7
利润总额（万元）	864453.3
投资收益（万元）	28737.1
净利润（万元）	688695
每股收益（元／股）	0.323
每股净资产（元／股）	2.861
净资产收益率（%）	11.3
A股融资与分红	
除权日／增发日	
送配／红利比例	
配股价／增发价	
上市日	
A股股票市场表现	
市价总值（万元）	10768281.30
流通市值（万元）	2945250.00
成交股数（万股）	2877044.58
成交金额（万元）	17648657.24
换手率（%）	615.41
市盈率（倍）	120.32
开盘（元）	5.51
最高（元）	7.47
最低（元）	5.09
收盘（元）	6.30

股票年度走势图

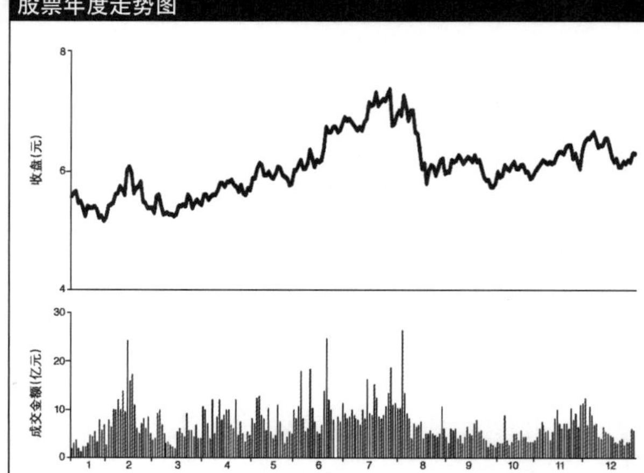

中国工商银行股份有限公司
Industrial and Commercial Bank of China Co., Ltd.

基本情况		股票简称	工商银行
股票代码	601398	上市时间	2006-10-27
办公地址	北京市西城区复兴门内大街55号		
联系人	谷澍	联系电话	(010) 66107151
传真	(010) 66106139	邮政编码	100140
经营范围	公司银行业务、个人银行业务、资金业务以及其他业务		

股本(股)	2009.12.31
总股本	334018850026
国家股	0
境内发起人股	0
境外发起人股	0
社会法人股	0
其他非流通股	0
B股/H股	83056501962
A股流通股	250962348064
财务数据	**2009.12.31**
总资产(万元)	1178505300
股东权益(万元)	67389300
营业收入(万元)	30945400
利润总额(万元)	16724800
投资收益(万元)	990400
净利润(万元)	12859900
每股收益(元/股)	0.385
每股净资产(元/股)	2.018
净资产收益率(%)	19.08
A股融资与分红	**红利**
除权日/增发日	2009-06-04
送配/红利比例	0.165
配股价/增发价	-
上市日	-
A股股票市场表现	
市价总值(万元)	136523517.35
流通市值(万元)	136523517.35
成交股数(万股)	5918034.31
成交金额(万元)	27376195.55
换手率(%)	23.58
市盈率(倍)	16.40
开盘(元)	3.59
最高(元)	5.76
最低(元)	3.47
收盘(元)	5.44

股票年度走势图

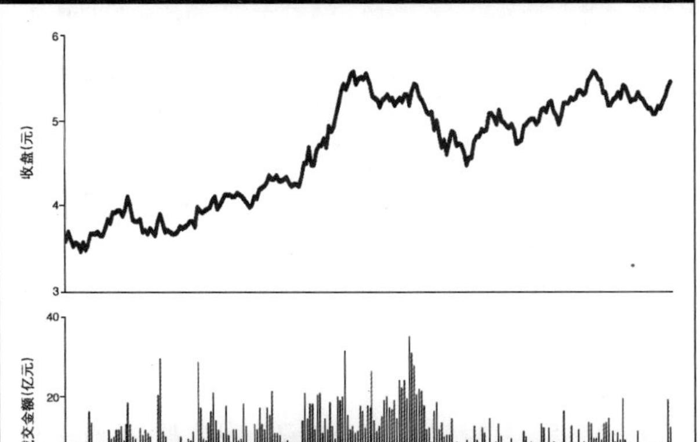

北京北辰实业股份有限公司
Beijing North Star Co., Ltd.

基本情况		股票简称	北辰实业
股票代码	601588	上市时间	2006-10-16
办公地址	北京朝阳区北辰东路8号汇欣大厦A座707		
联系人	郭川	联系电话	(010) 64993370
传真	(010) 64991967	邮政编码	100100
经营范围	房地产开发、建设、物业购置及商品房销售;出租写字间、公寓、客房;住宿服务;物业管理		

股本(股)	2009.12.31
总股本	3367020000
国家股	0
境内发起人股	0
境外发起人股	0
社会法人股	0
其他非流通股	0
B股/H股	707020000
A股流通股	2660000000
财务数据	**2009.12.31**
总资产(万元)	2635597.
股东权益(万元)	084905978.8718
营业收入(万元)	488964.0035
利润总额(万元)	96332.8013
投资收益(万元)	-816.8649
净利润(万元)	57710.2372
每股收益(元/股)	0.171
每股净资产(元/股)	2.691
净资产收益率(%)	6.37
A股融资与分红	**红利**
除权日/增发日	2009-06-18
送配/红利比例	0.03
配股价/增发价	-
上市日	-
A股股票市场表现	
市价总值(万元)	1577380.00
流通市值(万元)	1577380.00
成交股数(万股)	1147306.95
成交金额(万元)	6458969.37
换手率(%)	431.32
市盈率(倍)	44.48
开盘(元)	2.88
最高(元)	7.66
最低(元)	2.82
收盘(元)	5.93

股票年度走势图

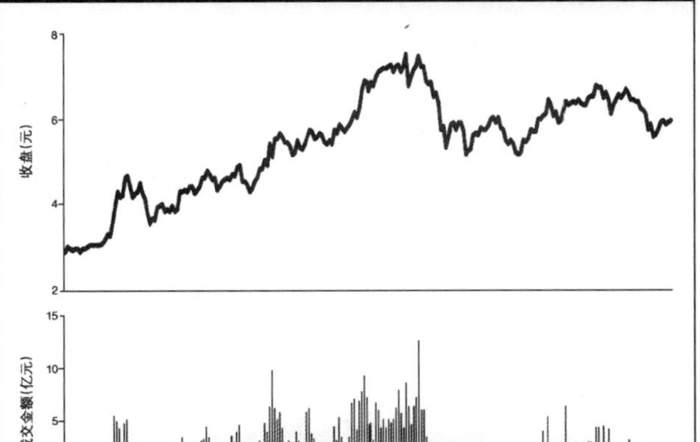

中国铝业股份有限公司
Aluminum Corporation of China Limited

基本情况		股票简称	中国铝业
股票代码	601600	上市时间	2007-04-30
办公地址	北京市海淀区西直门北大街62号		
联系人	刘强	联系电话	(010) 82298103
传真	(010) 8229 8158	邮政编码	100082
经营范围	铝土矿、石灰石矿的勘探、开采；铝、镁矿产品、冶炼产品、加工产品、炭素制品的生产和销售		

股本(股)	2009.12.31
总股本	13524487892
国家股	5649217045
境内发起人股	0
境外发起人股	0
社会法人股	0
其他非流通股	0
B股/H股	3943965968
A股流通股	3931304879
财务数据	**2009.12.31**
总资产（万元）	13397518.9
股东权益（万元）	5040073.8
营业收入（万元）	6855645.1
利润总额（万元）	−539059.7
投资收益（万元）	49185.6
净利润（万元）	−464606.8
每股收益（元/股）	−0.344
每股净资产（元/股）	3.727
净资产收益率（%）	−9.22
A股融资与分红	
除权日/增发日	
送配/红利比例	
配股价/增发价	
上市日	
A股股票市场表现	
市价总值（万元）	13863015.22
流通市值（万元）	5688598.16
成交股数（万股）	1457785.12
成交金额（万元）	19021464.86
换手率（%）	370.81
市盈率（倍）	21279.41
开盘（元）	6.30
最高（元）	20.83
万元（元）	6.29
收盘（元）	14.47

股票年度走势图

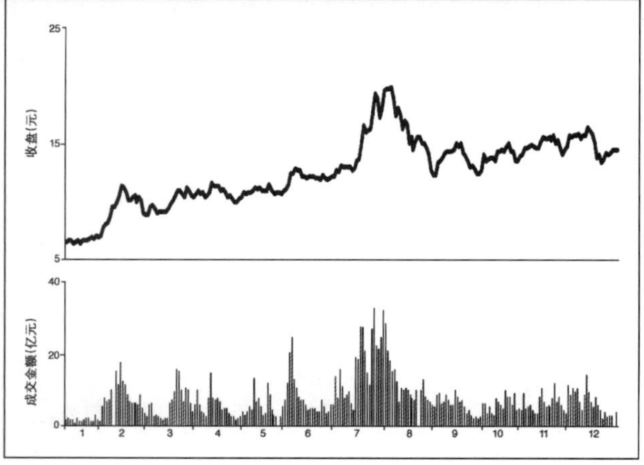

中国太平洋保险(集团)股份有限公司
China Pacific Insurance (Group) Co., Ltd.

基本情况		股票简称	中国太保
股票代码	601601	上市时间	2007-12-25
办公地址	上海市银城中路190号交银金融大厦南楼		
联系人	陈巍	联系电话	(021) 58776688-3991
传真	(021) 68870791	邮政编码	200120
经营范围	投资保险企业；监督管理控股投资企业的各种国内、国际业务；开展保险资金运用业务；经批准开展国内、国际保险业务；经中国保监会及国家有关部门批准的其他业务		

股本(股)	2009.12.31
总股本	8483000000
国家股	3662872231
境内发起人股	58335000
境外发起人股	0
社会法人股	0
其他非流通股	0
B股/H股	2184600000
A股流通股	2577192769
财务数据	**2009.12.31**
总资产（万元）	39718700
股东权益（万元）	7465100
营业收入（万元）	10431300
利润总额（万元）	950600
投资收益（万元）	1938900
净利润（万元）	735600
每股收益（元/股）	0.867
每股净资产（元/股）	8.8
净资产收益率（%）	9.85
A股融资与分红	**红利**
除权日/增发日	2009-06-12
送配/红利比例	0.30
配股价/增发价	–
上市日	–
A股股票市场表现	
市价总值（万元）	16136500.80
流通市值（万元）	6602767.87
成交股数（万股）	941162.28
成交金额（万元）	19160995.69
换手率（%）	365.19
市盈率（倍）	162.31
开盘（元）	11.38
最高（元）	29.73
最低（元）	11.23
收盘（元）	25.62

股票年度走势图

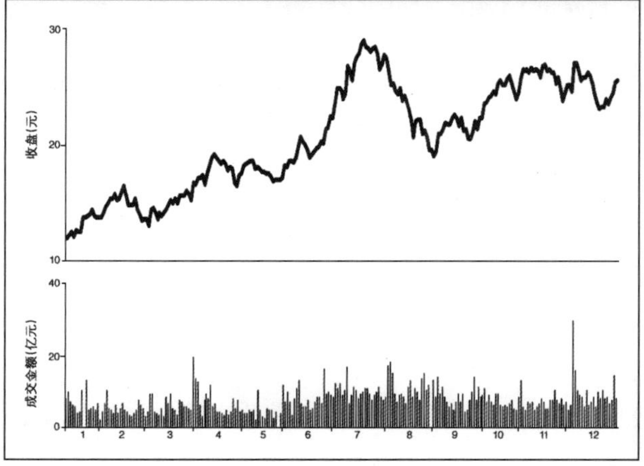

中国人寿保险股份有限公司
China Life Insurance Co., Ltd.

基本情况		股票简称	中国人寿
股票代码	601628	上市时间	2007-01-09
办公地址	北京市朝阳区朝外大街16号中国人寿大厦		
联系人	刘英齐	联系电话	(010) 85659999
传真	(010) 85252210	邮政编码	100020
经营范围	人寿保险、健康保险、意外伤害保险等各类人身保险业务;人身保险的再保险业务		

股本(股)	2009.12.31
总股本	28264705000
国家股	19323530000
境内发起人股	0
境外发起人股	0
社会法人股	0
其他非流通股	0
B股/H股	7441175000
A股流通股	1500000000

财务数据	2009.12.31
总资产(万元)	122625700
股东权益(万元)	21107200
营业收入(万元)	34202600
利润总额(万元)	4174500
投资收益(万元)	6280700
净利润(万元)	3288100
每股收益(元/除)	1.163
每股净资产(元/股)	7.468
净资产收益率(%)	15.58

A股融资与分红	红利
除权日/增发日	2009-06-12
送配/红利比例	0.23
配股价/成交金	–
上市日	–

A股股票市场表现	
市价总值(万元)	65989766.57
流通市值(万元)	4753500.00
成交股数(万股)	746045.83
成交金额(万元)	19625389.06
换手率(%)	497.36
市盈率(倍)	88.97
开盘(元)	19.10
最高(元)	34.68
最低(元)	18.45
收盘(元)	31.69

股票年度走势图

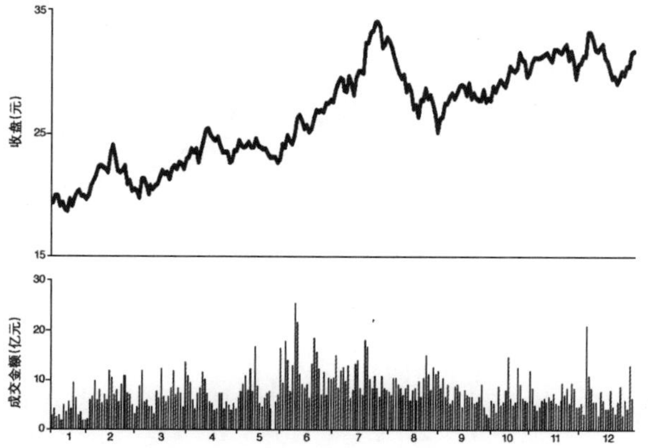

平顶山天安煤业股份有限公司
Pindingshan Tianan Coal Mining Co., Ltd.

基本情况		股票简称	平煤股份
股票代码	601666	上市时间	2006-11-23
办公地址	河南省平顶山市矿工路21号		
联系人	黄爱军	联系电话	(0375) 2726764
传真	(0375) 2726426	邮政编码	467000
经营范围	煤炭开采(限矿井凭证)、煤炭洗选及深加工(凭证)、煤炭销售、公路运输		

股本(股)	2009.12.31
总股本	1397139042
国家股	0
境内发起人股	0
境外发起人股	0
社会法人股	0
其他非流通股	0
B股/H股	0
A股流通股	1397139042

财务数据	2009.12.31
总资产(万元)	1584855.731
股东权益(万元)	765079.1215
营业收入(万元)	1657840.255
利润总额(万元)	181578.2836
投资收益(万元)	311.9626
净利润(万元)	140940.2306
每股收益(元/股)	1.009
每股净资产(元/股)	5.476
净资产收益率(%)	18.42

A股融资与分红	送股	红利
除权日/增发日	2009-06-24	2009-06-24
送配/红利比例	0.30	1.115
配股价/增发价	–	–
增发价	2009-06-25	–

A股股票市场表现	
市价总值(万元)	4470844.93
流通市值(万元)	4470844.93
成交股数(万股)	453927.93
成交金额(万元)	12647900.54
换手率(%)	324.90
市盈率(倍)	16.80
开盘(元)	12.80
最高(元)	40.75
最低(元)	12.70
收盘(元)	32.00

股票年度走势图

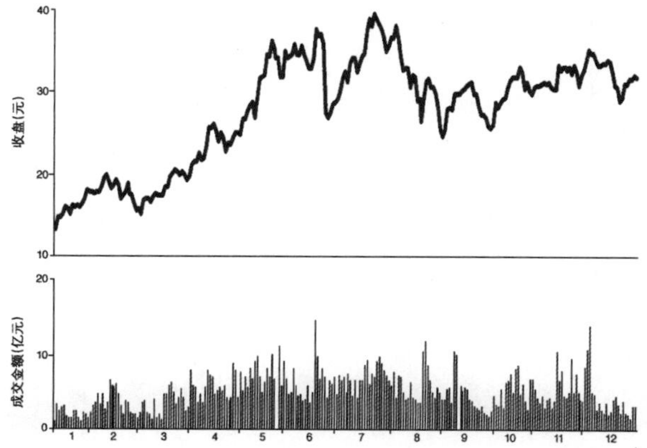

山西潞安环保能源开发股份有限公司
Shanxi Lu'an Environmental Energy Development Co., Ltd.

基本情况		股票简称	潞安环能
股票代码	601699	上市时间	2006-09-22
办公地址	山西省长治市襄垣县侯堡镇		
联系人	洪强	联系电话	(0355) 5923838
传真	(0355) 5924899	邮政编码	46204
经营范围	原煤开采(只限分支机构);煤炭洗选、煤焦冶炼、洁净煤技术的开发与利用、煤层气开发、煤矸石砖的制造、煤炭的综合利用、勘查工程施工(钻探)、固体矿产勘查;水文地质、工程地质、环境地质调查		

股本(股)	2009.12.31
总股本	1150542000
国家股	0
境内发起人股	0
境外发起人股	0
社会法人股	0
其他非流通股	0
B股/H股	0
A股流通股	1150542000
财务数据	**2009.12.31**
总资产(万元)	2173003.854
股东权益(万元)	902461.7618
营业收入(万元)	1520121.308
利润总额(万元)	293414.0831
投资收益(万元)	2461.0837
元利润(市价)	210898.3124
每股收益(元/股)	1.833
每股净资产(元/股)	7.844
净资产收益率(%)	23.37
A股融资与分红	**红利**
除权日/增发日	2009-06-11
送配/万元比例	1.00
配股价/增发价	–
上市日	–
A股股票市场表现	
市价总值(万元)	5957506.48
流通市值(万元)	5957506.48
成交股数(万股)	371713.24
成交金额(万元)	12389188.99
换手率(%)	323.08
市盈率(倍)	20.90
开盘(元)	12.78
最高(元)	57.50
最低(元)	12.69
收盘(元)	51.78

股票年度走势图

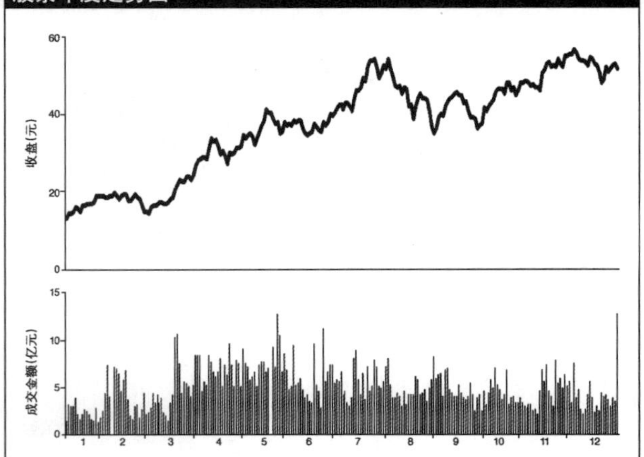

上海电气集团股份有限公司
Shanghai Electric Group Co., Ltd.

基本情况		股票简称	上海电气
股票代码	601727	上市时间	2008-12-05
办公地址	上海市兴义路8号30楼		
联系人	伏蓉	联系电话	(021) 52080616
传真	(021) 52080183	邮政编码	200336
经营范围	电站及输配电、机电一体化、交通运输、环保设备的相关装备制造业产品的设计、制造、销售;提供相关售后服务;以上产品的同类产品的批发、货物及技术进出口、佣金代理(不含拍卖);提供相关配套服务;电力工程项目总承包;设备总成套或分交;技术服务		

股本(股)		2009.12.31
总股本		12507686405
国家股		7409088498
境内发起人股		0
境外发起人股		0
社会法人股		0
其他非流通股		0
B股/H股		2972912000
A股流通股		2125685907
财务数据		**2009.12.31**
总资产(万元)		8962608.2
股东权益(万元)		2247484.4
营业收入(万元)		5679948.8
利润总额(万元)		333816.6
投资收益(万元)		85530.9
净利润(万元)		250127
每股收益(元/股)		0.2
每股净资产(元/股)		1.797
净资产收益率(%)		11.13
A股融资与分红	**红利**	**红利**
除权日/增发日	2009-05-04	2009-08-10
送配/红利比例	0.056	0.061
配股价/增发价	–	–
上市日	–	–
A股股票市场表现		
市价总值(万元)		9172452.98
流通市值(万元)		2044909.84
成交股数(万股)		975927.35
成交金额(万元)		9040676.57
换手率(%)		459.11
市盈率(倍)		45.89
开盘(元)		5.85
最高(元)		12.83
最低(元)		5.81
收盘(元)		9.62

股票年度走势图

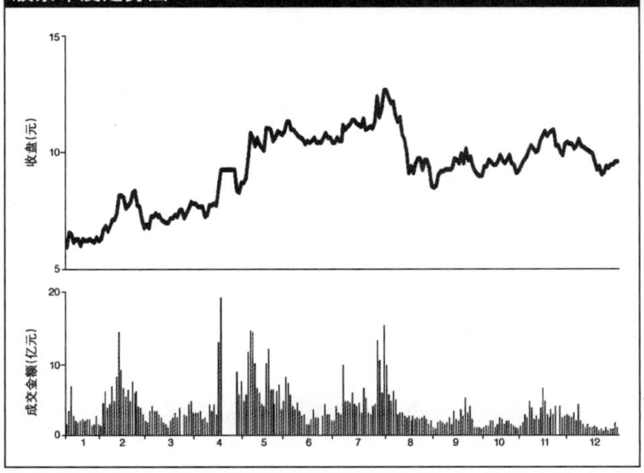

中国南车股份有限公司
China South Locomotive & Rolling Stock Corporation

基本情况		股票简称	中国南车
股票代码	601766	上市时间	2008-08-18
办公地址	北京市海淀区西四环中路16号		
联系人	邵仁强	联系电话	(010) 51862188
传真	(010) 63984785	邮政编码	100036
经营范围	铁路机车、客车、货车、动车组、城轨地铁车辆及重要零部件的研发、制造、销售、修理和租赁，以及轨道交通装备专有技术延伸产业		

股本(股)	2009.12.31
总股本	11840000000
国家股	6816000000
境内发起人股	0
境外发起人股	0
社会法人股	0
其他非流通股	0
B股/H股	2024000000
A股流通股	3000000000

财务数据	2009.12.31
总资产(万元)	5498935.692
股东权益(万元)	1736510.931
营业收入(万元)	4639266.84
利润总额(万元)	240133.7299
投资收益(万元)	35694.0896
净利润(万元)	167815.2805
每股收益(元/股)	0.142
每股净资产(元/股)	1.467
净资产收益率(%)	9.66

A股融资与分红	红利
除权日/增发日	2009-07-08
送配/红利比例	0.032
配股价/增发价	–
上市日	–

A股股票市场表现	
市价总值(万元)	5585304.00
流通市值(万元)	1707000.00
成交股数(万股)	3348431.34
成交金额(万元)	16505100.92
换手率(%)	1116.14
市盈率(倍)	48.67
开盘(元)	4.38
最高(元)	5.99
最低(元)	4.20
收盘(元)	5.69

股票年度走势图

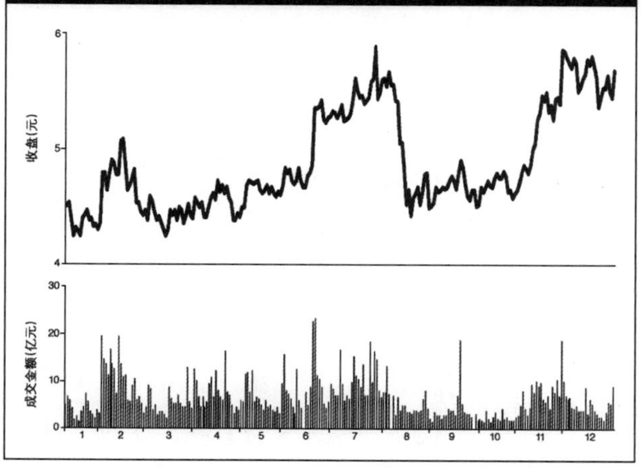

中海油田服务股份有限公司
China Oilfield Services Limited

基本情况		股票简称	中海油服
股票代码	601808	上市时间	2007-09-28
办公地址	北京市朝阳门北大街25号海油大厦610A室		
联系人	陈卫东	联系电话	(010) 84522800
传真	(010) 84521325	邮政编码	100010
经营范围	钻井服务、油田技术服务、船舶服务以及物探勘察服务		

股本(股)	2009.12.31
总股本	4495320000
国家股	2460468000
境内发起人股	0
境外发起人股	0
社会法人股	0
其他非流通股	0
B股/H股	1534852000
A股流通股	500000000

财务数据	2009.12.31
总资产(万元)	6093333.655
股东权益(最低)	2230560.465
营业收入(万元)	1834540.142
利润总额(万元)	375959.9023
投资收益(万元)	15956.2623
净利润(万元)	313531.6585
每股收益(元/股)	0.697
每股净资产(元/元)	4.962
净资产收益率(%)	14.06

A股融资与分红	红利
除权日/增发日	2009-06-23
送配/红利比例	0.14
配股价/增发价	–
上市日	–

A股股票市场表现	
市价总值(万元)	4813720.97
流通市值(万元)	813000.00
成交股数(万股)	339988.90
成交金额(万元)	5406990.14
换手率(%)	679.98
市盈率(倍)	23.56
开盘(元)	12.22
最高(元)	19.90
最低(元)	12.22
收盘(元)	16.26

股票年度走势图

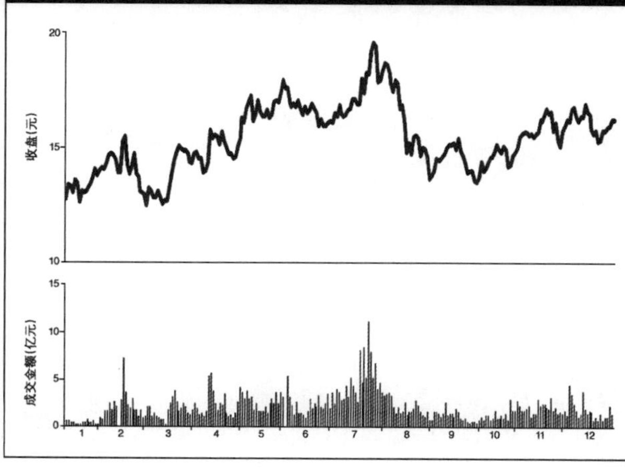

中国石油天然气股份有限公司
PetroChina Company Limited

基本情况		股票简称	中国石油
股票代码	601857	上市时间	2007-11-05
办公地址	北京东城区东直门北大街9号		
联系人	李华林	联系电话	(010) 59986900
传真	(010) 62099559	邮政编码	100007
经营范围	原油和天然气的勘探、开发、生产和销售；原油和石油产品的炼制、运输、储存和销售；基本石油化工产品、衍生化工产品及其他化工产品的生产和销售；天然气、原油和成品油的输送及天然气的销售		

股本(股)	2009.12.31
总股本	183020977818
国家股	157922077818
境内发起人股	0
境外发起人股	0
社会法人股	0
其他非流通股	0
B股/H股	21098900000
A股流通股	4000000000

财务数据	2009.12.31
总资产(万元)	145074200
股东权益(办理)	84778200
营业收入(万元)	99194500
利润总额(万元)	13976700
投资收益(万元)	140900
净利润(万元)	10317300
每股收益(元/股)	0.564
每股净资产(元/股)	4.632
净资产收益率(%)	12.17

A股融资与分红	红利	红利
除权日/增发日	2009-06-01	2009-09-17
送配/红利比例	0.1495	0.1242
配股价/增发价	-	-
上市日	-	-

A股股票市场表现	
市价总值(万元)	223776311.54
流通市值(万元)	5528000.00
成交股数(万股)	1382094.87
成交金额(经营)	18260401.86
换手率(%)	345.52
市盈率(倍)	22.23
开盘(元)	10.27
最高(元)	16.55
最低(元)	9.99
收盘(元)	13.82

股票年度走势图

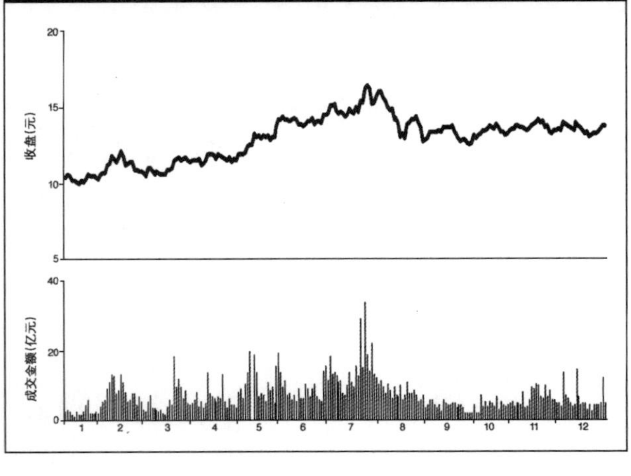

中海集装箱运输股份有限公司
China Shipping Container Lines Co., Ltd.

基本情况		股票简称	中海集运
股票代码	601866	上市时间	2007-12-12
办公地址	上海市浦东新区福山路450号27楼		
联系人	叶宇芒	联系电话	(021) 65966978
传真	(021) 65966498	邮政编码	200122
经营范围	集装箱运输、船舶租赁、揽货订舱、运输报关、仓储、集装箱堆场、集装箱制造等		

股本(股)	2009.12.31
总股本	11683125000
国家股	5595500000
境内发起人股	0
境外发起人股	0
社会法人股	0
其他非流通股	0
B股/H股	3751000000
A股流通股	2336625000

股本数据	2009.12.31
总资产(万元)	4433530.427
股东权益(万元)	2522669.916
营业收入(万元)	1993297.124
利润总额(万元)	-644927.7638
投资收益(万元)	5726.594
净利润(万元)	-648904.8201
每股收益(元/股)	-0.555
每股净资产(元/股)	2.159
净资产收益率(%)	-25.72

A股融资与分红	
除权日/增发日	
送配/红利比例	
配股价/增发价	
上市日	

A股股票市场表现	
市价总值(万元)	3672573.88
流通市值(万元)	1081857.38
成交股数(万股)	1754513.67
成交金额(万元)	8014047.12
换手率(%)	750.88
市盈率(倍)	414.13
开盘(元)	2.69
最高(元)	6.44
最低(元)	2.68
收盘(元)	4.63

股票年度走势图

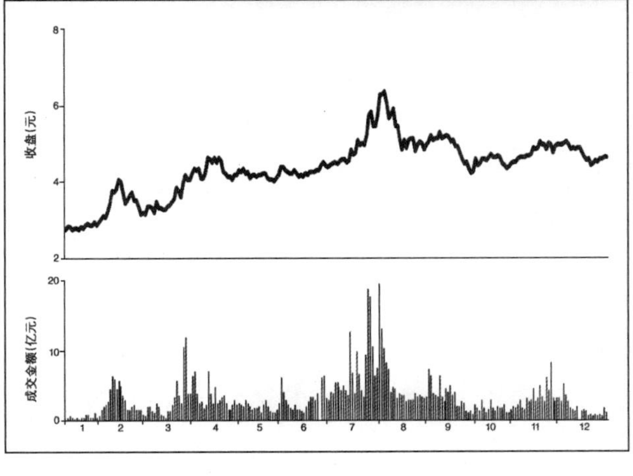

招商局能源运输股份有限公司
China Merchants Energy Shipping Co., Ltd.

基本情况		股票简称	招商轮船
股票代码	601872	上市时间	2006-12-01
办公地址	上海市中山东一路9号		
联系人	孔康	联系电话	(0755) 26885593
传真	(0755) 26885592	邮政编码	200002
经营范围	国际船舶危险品运输（有效期至2007年5月15日）；能源领域投资；船员培训；航海技术服务；各类船用设备、船舶零部件、电子通讯设备、其他机器设备、办公设备及材料的销售；船舶租赁；提供与上述业务有关的技术咨询和信息服务		

股本(股)	2009.12.31
总股本	3433397679
国家股	0
境内发起人股	0
境外发起人股	0
社会法人股	0
其他非流通股	0
B股／H股	0
A股流通股	3433397679

财务数据	2009.12.31
总资产（万元）	1466109.068
股东权益（万元）	945684.7695
营业收入（万元）	183472.8416
利润总额（万元）	46170.3358
投资收益（万元）	2611.1646
净利润（万元）	34312.0198
每股收益（元／股）	0.1
每股净资产（元／股）	2.754
净资产收益率（%）	3.63

A股融资与分红	红利
除权日／增发日	2009-07-14
送配／红利比例	0.10
配股价／增发价	–
上市日	–

A股股票市场表现	
市价总值（万元）	1943303.09
流通市值（万元）	1943303.09
成交股数（万股）	699562.58
成交金额（万元）	3895855.89
换手率（%）	203.75
市盈率（倍）	15.76
开盘（元）	3.91
最高（元）	6.90
最低（元）	3.90
收盘（元）	5.66

股票年度走势图

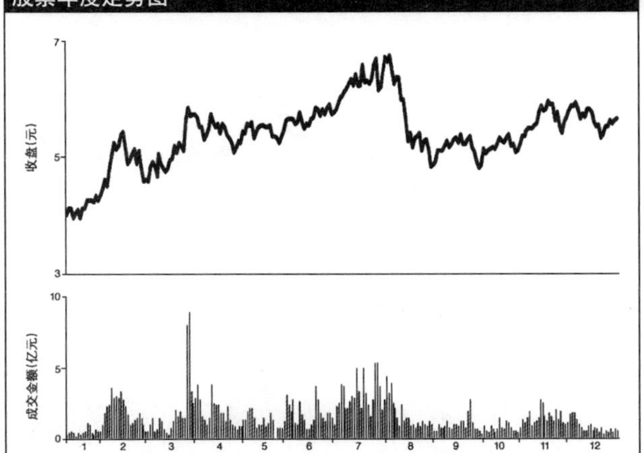

中国中煤能源股份有限公司
China Coal Energy Co., Ltd.

基本情况		股票简称	中煤能源
股票代码	601898	上市时间	2008-02-01
办公地址	北京市朝阳区黄寺大街1号		
联系人	周东洲	联系电话	(010) 82256618
传真	(010) 82256479	邮政编码	100120
经营范围	煤炭的生产销售及贸易、焦炭等煤化工产品的生产销售、煤矿装备制造以及煤矿设计等其他业务		

股本(股)	2009.12.31
总股本	13258663400
国家股	7626667000
境内发起人股	0
境外发起人股	0
社会法人股	0
其他非流通股	0
B股／H股	4106663000
A股流通股	1525333400

财务数据	2009.12.31
总资产（万元）	10968086.3
股东权益（万元）	6842930.2
营业收入（万元）	2797081.1
利润总额（万元）	920081.4
投资收益（万元）	39305.9
净利润（万元）	662216.9
每股收益（元／股）	0.499
每股净资产（元／股）	5.161
净资产收益率（%）	9.68

A股融资与分红	红利
除权日／增发日	2009-07-16
送配／红利比例	0.1541
配股价／增发价	–
上市日	–

A股股票市场表现	
市价总值（万元）	12428416.54
流通市值（万元）	2071402.76
成交股数（万股）	1512634.25
成交金额（万元）	17857427.29
换手率（%）	991.67
市盈率（倍）	26.43
开盘（元）	6.63
最高（元）	16.89
最低（元）	6.62
收盘（元）	13.58

股票年度走势图

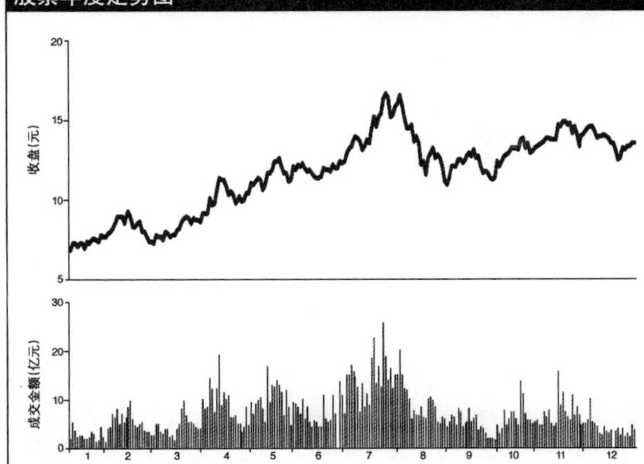

紫金矿业集团股份有限公司
Zijin Mining Group Co., Ltd.

基本情况		股票简称	紫金矿业
股票代码	601899	上市时间	2008-04-25
办公地址	厦门市翔云三路128号机场广场右侧紫金科技大楼		
联系人	郑于强	联系电话	(0592) 3969662
传真	(0592) 3969667	邮政编码	361006
经营范围	以黄金为主导产业的矿产资源的勘探、采矿、选矿、冶炼及矿产品销售		

股本(股)	2009.12.31
总股本	14541309100
国家股	4210902120
境内发起人股	0
境外发起人股	0
社会法人股	0
其他非流通股	0
B股/H股	4005440000
A股流通股	6324966980
财务数据	**2009.12.31**
总资产(万元)	2964613.83
股东权益(万元)	1817018.012
营业收入(万元)	2046668.935
利润总额(万元)	501890.7791
投资收益(万元)	-14122.8385
净利润(万元)	354144.6876
每股收益(元/股)	2.435
每股净资产(元/股)	12.496
净资产收益率(%)	19.49
A股融资与分红	**红利**
除权日/增发日	2009-06-03
送配/红利比例	0.10
配股价/增发价	-
上市日	-
A股股票市场表现	
市价总值(万元)	10156577.81
流通市值(万元)	6097268.17
成交股数(万股)	4850518.02
成交金额(万元)	47206323.87
换手率(%)	766.88
市盈率(倍)	45.72
开盘(元)	4.89
最高(元)	12.29
最低(元)	4.68
收盘(元)	9.64

股票年度走势图

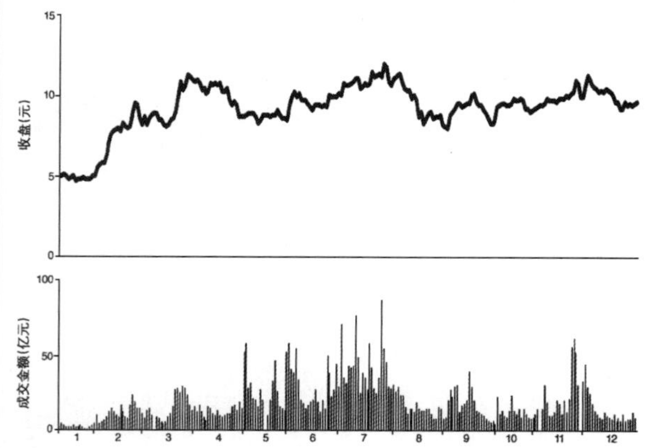

国投新集能源股份有限公司
SDIC xinji Energy Co., Ltd.

基本情况		股票简称	国投新集
股票代码	601918	上市时间	2007-12-19
办公地址	安徽省淮南市洞山中路12号		
联系人	马文杰	联系电话	(0551) 2231858
传真	(0551) 2231819	邮政编码	232007
经营范围	煤炭采掘、洗选和销售		

股本(股)	2009.12.31
总股本	1850387000
国家股	802610800
境内发起人股	0
境外发起人股	0
社会法人股	0
其他非流通股	0
B股/H股	0
A股流通股	1047776200
财务数据	**2009.12.31**
总资产(万元)	1660746.983
股东权益(万元)	613538.6206
营业收入(万元)	475924.6813
利润总额(万元)	115258.8775
投资收益(万元)	-1193.0363
净利润(万元)	83314.4611
每股收益(元/股)	0.45
每股净资产(元/股)	3.316
净资产收益率(%)	13.58
A股融资与分红	**红利**
除权日/增发日	2009-05-11
送配/红利比例	0.20
配股价/增发价	-
上市日	-
A股股票市场表现	
市价总值(万元)	3321444.67
流通市值(万元)	1880758.28
成交股数(万股)	368538.76
成交金额(万元)	5887181.87
换手率(%)	351.73
市盈率(倍)	27.62
开盘(元)	8.31
最高(元)	22.79
最低(元)	7.48
收盘(元)	17.95

股票年度走势图

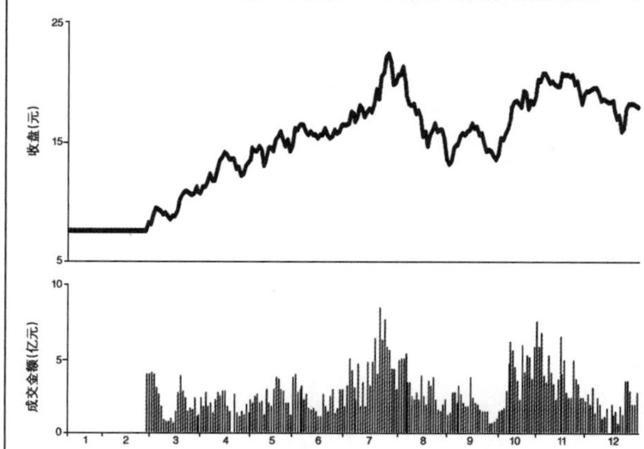

中国远洋控股股份有限公司
China COSCO Holdings Co., Ltd.

基本情况		股票简称	中国远洋
股票代码	601919	上市时间	2007-06-26
办公地址	天津市天津港保税区通达广场1号3股		
联系人	张永坚	联系电话	(010) 66492259
传真	(010) 66492211	邮政编码	300461
经营范围	国际集装箱班轮运输；国内沿海及内河货物运输、外贸集装箱内支线班轮运输；码头投资与管理；国际船舶代理；国际货运代理；国内陆路货运代理；船舶与集装箱生产、销售、租赁、维修元仓储、装卸；运输方案设计与信息服务；实业项目投资与管理等		

股本(股)	2009.12.31
总股本	10216274357
国家股	5472806911
境内发起人股	0
境外发起人股	0
社会法人股	0
其他非流通股	0
B股/H股	2580600000
A股流通股	2162867446
财务数据	**2009.12.31**
总资产(万元)	13861951.72
股东权益(万元)	4282205.532
营业收入(万元)	5573463.129
利润总额(万元)	-631318.2663
投资收益(万元)	-125055.4913
净利润(万元)	-754129.3946
每股收益(元/股)	-0.738
每股净资产(元/股)	4.192
净资产收益率(%)	-17.61
A股融资与分红	**红利**
除权日/增发日	2009-07-01
送配/红利比例	0.29
配股价/增发价	-
上市日	-
A股股票市场表现	
市价总值(万元)	10613587.36
流通市值(万元)	3006385.75
成交股数(万股)	2133721.11
成交金额(万元)	28153760.91
换手率(%)	986.52
市盈率(倍)	13.11
开盘(元)	7.66
最高(元)	20.21
最低(元)	7.62
收盘(元)	13.90

股票年度走势图

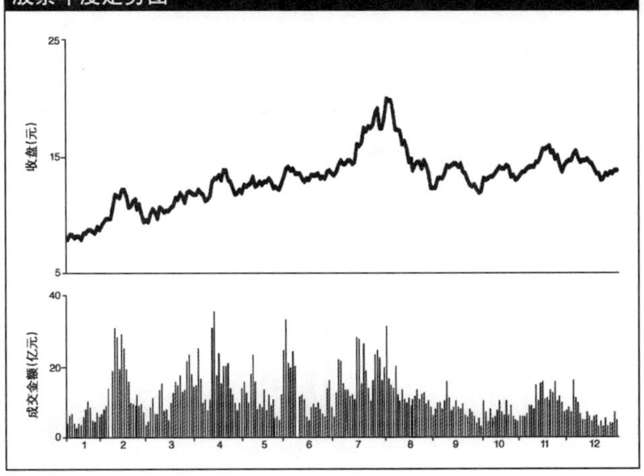

中国建设银行股份有限公司
China Construction Bank Corporation

基本情况		股票简称	建设银行
股票代码	601939	上市时间	2007-09-25
成交金额	北京市西城区金融大街25号		
联系人	陈彩虹	联系电话	(010) 67598523
传真	(010) 66218888	邮政编码	100032
经营范围	吸收公众存款；发放短期、中期和长期贷款；办理国内外结算；办理票据承兑与贴现；发行金融债券；代理发行、代理兑付、承销政府债券；买卖政府债券、金融债券；从事同业拆借；买卖、代理买卖外汇；从事银行卡业务；提供信用证服务及担保；代理收付款项及代理保险业务等		

股本(股)	2009.12.31
总股本	233689084000
元家股	0
境内发起人股	0
境外发起人股	0
社会法人股	0
其他非流通股	0
B股/H股	224689084000
A股流通股	9000000000
财务数据	**2009.12.31**
总资产(万元)	962335500
股东权益(万元)	55547500
营业收入(万元)	26718400
利润总额(万元)	13872500
投资收益(万元)	589700
净利润(万元)	10675600
每股收益(元/股)	0.457
每股净资产(元/股)	2.377
净资产收益率(%)	19.22
A股融资与分红	**红利**
除权日/增发日	2009-06-24
送配/红利比例	0.0837
配股价/增发价	-
上市日	-
A股股票市场表现	
市价总值(万元)	5571000.00
流通市值(万元)	5571000.00
成交股数(万股)	3982770.25
成交金额(万元)	20981716.31
换手率(%)	442.53
市盈率(倍)	15.62
开盘(元)	3.87
最高(元)	6.75
最低(元)	3.67
收盘(元)	6.19

股票年度走势图

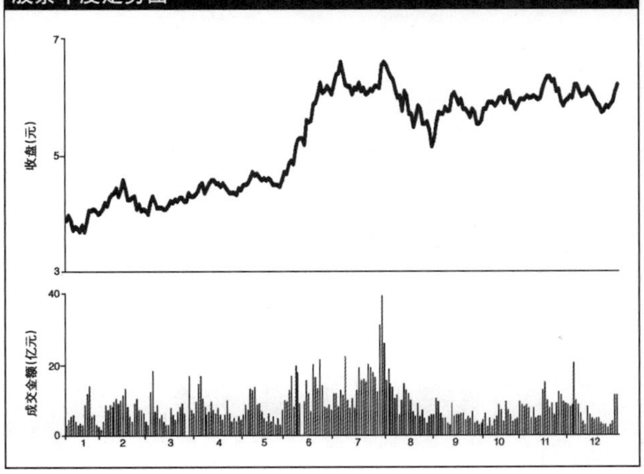

金堆城钼业股份有限公司
Jinduicheng Molybdenum Co., Ltd.

基本情况		股票简称	金钼股份
股票代码	601958	上市时间	2008-04-17
办公地址	陕西省西安市高新技术产业开发区锦业一路88号金钼股份综合楼A座		
联系人	秦国政	联系电话	(029) 88320076
传真	(029) 88320330	邮政编码	710077
经营范围	从事钼系列产品生产、加工、贸易、科研等业务		

股本(股)	2009.12.31
总股本	3226604400
国家股	2581004400
境内发起人股	0
境外发起人股	0
社会法人股	0
其他非流通股	0
B股/H股	0
A股流通股	645600000

财务数据	2009.12.31
总资产(万元)	1407236.382
股东权益(万元)	1327599.671
营业收入(万元)	450898.068
利润总额(万元)	68130.9521
投资收益(万元)	0
净利润(万元)	54948.1249
开盘收益(元/股)	0.17
最高净资产(元/股)	4.115
净资产收益率(%)	4.14

A股融资与分红	送股	红利
除权日/增发日	2009-05-19	2009-05-19
送配/红利比例	0.20	0.40
配股价/增发价	–	–
上市日	2009-05-20	–

A股股票市场表现	
市价总值(万元)	6149907.99
流通市值(万元)	1230513.60
成交股数(万股)	841165.66
成交金额(万元)	14513905.19
换手率(%)	1302.92
市盈率(倍)	21.90
开盘(元)	10.36
最高(元)	26.80
最低(元)	10.33
收盘(元)	19.06

股票年度走势图

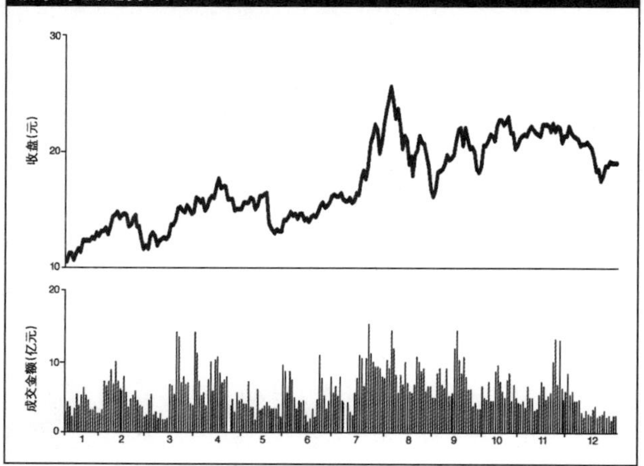

中国银行股份有限公司
Bank of China Limited

基本情况		国家股称	中国银行
股票代码	601988	上市时间	2006-07-05
办公地址	北京市复兴门内大街1号		
联系人	张秉训	联系电话	(010) 66592581
传真	(010) 66594568	邮政编码	100818
经营范围	公司业务、个人银行业务及资金业务		

股本(股)	2009.12.31
总股本	253839162009
国家股	0
境内发起人股	0
境外发起人股	0
社会法人股	0
其他非流通股	0
B股/H股	76020251269
A股流通股	177818910740

财务数据	2009.12.31
总资产(万元)	875194300
股东权益(万元)	51499200
营业收入(万元)	23219800
利润总额(万元)	11109700
投资收益(万元)	2135700
净利润(万元)	8081900
每股收益(元/股)	0.318
每股净资产(元/股)	2.029
净资产收益率(%)	15.69

A股融资与分红	红利
除权日/增发日	2009-06-26
送配/红利比例	0.13
配股价/增发价	–
上市日	–

A股股票市场表现	
市价总值(万元)	76995588.35
流通市值(万元)	76995588.35
成交股数(万股)	2674233.56
成交金额(万元)	10491949.13
换手率(%)	15.04
市盈率(倍)	17.30
开盘(元)	3.00
最高(元)	4.95
最低(元)	2.91
收盘(元)	4.33

股票年度走势图

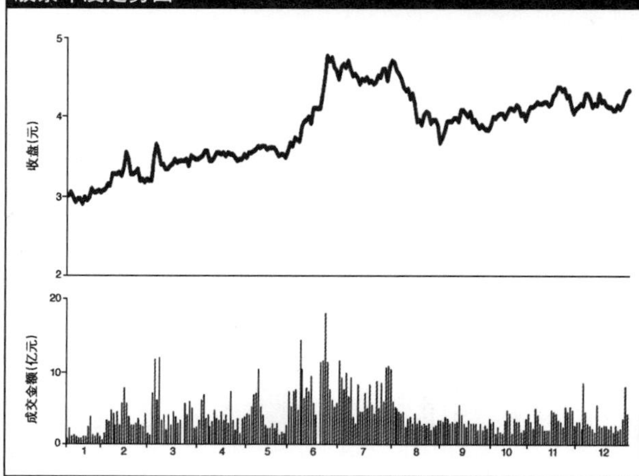

大唐国际发电股份有限公司
Datang International Generation Co., Ltd.

基本情况		股票简称	大唐发电
股票代码	601991	上市时间	2006-12-20
办公地址	北京市西城区广宁伯街9号		
联系人	周刚	联系电话	(010) 88008996
传真	(010) 88008672	邮政编码	100140
经营范围	建设、经营电厂；销售电力、热力；电力设备的检修调试；电力技术服务		

股本(股)	2009.12.31
总股本	11780037578
国家股	0
境内发起人股	0
境外发起人股	0
社会法人股	0
其他非流通股	0
B股/H股	3315677578
A股流通股	8464360000
财务数据	**2009.12.31**
总资产(万元)	18206430.7
股东权益(万元)	2607344.5
营业收入(万元)	4781803.1
利润总额(万元)	309800.2
投资收益(万元)	44782
净利润(万元)	147946.9
每股收益(元/股)	0.126
每股净资产(元/股)	2.213
净资产收益率(%)	5.67
A股融资与分红	**红利**
除权日/增发日	2009-06-18
送配/红利比例	0.11
配股价/增发价	–
上市日	–
A股股票市场表现	
市价总值(万元)	7660245.80
流通市值(万元)	7660245.80
成交股数(万股)	360348.27
成交金额(万元)	3206126.36
换手率(%)	42.57
市盈率(倍)	129.58
开盘(元)	6.60
最高(元)	12.13
最低(元)	6.09
收盘(元)	9.05

股票年度走势图

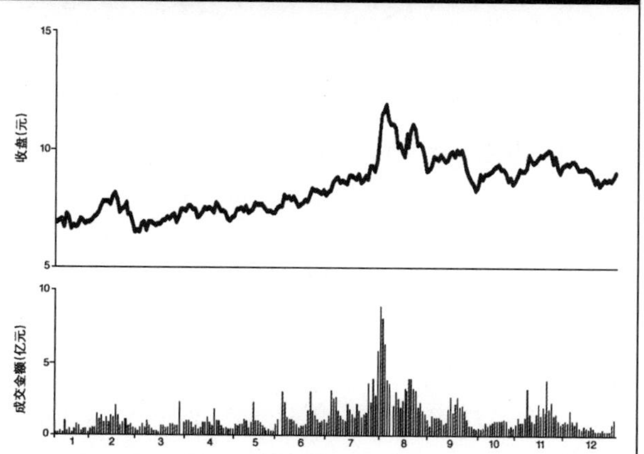

中信银行股份有限公司
China CITC Bank Co., Ltd.

基本情况		股票简称	中信银行
股票代码	601998	上市时间	2007-04-27
办公地址	中国北京市东城区朝阳门北大街8号富华大厦C座		
联系人	罗焱	联系电话	(010) 65543981
传真	(010) 65541230	邮政编码	100027
经营范围	吸收公众存款；发放短期、中期和长期贷款；办理国内外结算；办理票据承兑与贴现；发行金融债券；代理发行、代理兑付、承销政府债券；买卖政府债券、金融债券；从事同业拆借；买卖、代理买卖外汇；从事银行卡业务；提供信用证服务及担保；代理收付款项；提供保管箱服务等		

股本(股)	2009.12.31
总股本	39033344054
国家股	0
境内发起人股	0
境外发起人股	0
社会法人股	0
其他非流通股	24329608919
B股/H股	12401802481
A股流通股	2301932654
财务数据	**2009.12.31**
总资产(万元)	177503100
股东权益(万元)	10279800
营业收入(万元)	4080100
利润总额(万元)	1926500
投资收益(万元)	15700
净利润(万元)	1432000
每股收益(元/股)	0.367
每股净资产(元/股)	2.634
净资产收益率(%)	13.93
A股融资与分红	**红利**
除权日/增发日	2009-07-23
送配/红利比例	0.0853
配股价/增发价	–
上市日	–
A股股票市场表现	
市价总值(万元)	21917758.71
流通市值(万元)	1894490.57
成交股数(万股)	1174394.62
成交金额(万元)	6981411.93
换手率(%)	510.18
市盈率(倍)	24.12
开盘(元)	3.89
最高(元)	8.49
最低(元)	3.81
收盘(元)	8.23

股票年度走势图

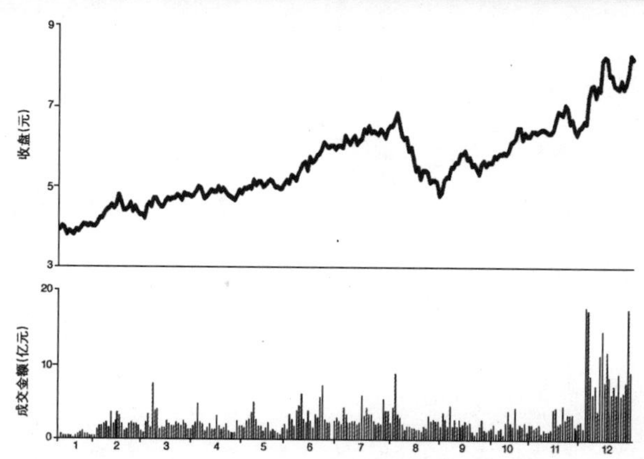

指标定义

股息率：过去12个月成分股股息之和／期末总市值

市盈率：成分股总市值／成分股总收益

换手率：成分股总成交股数／成分股总流通股数

月收益率：(本月末收盘指数－上月末收盘指数)／上月末收盘指数

调整市值：调整市值＝Σ(市价×调整股本数) 调整股本数即采用分级靠档的方法对成分股股本进行调整后所得的股本数

指数编制说明

一、样本股选择

纳入指数计算范围的股票称为指数成分股，成为上证180指数成分股的前提条件是该股票在上海证券交易所挂牌上市。

（一）样本空间：剔除下列股票后的所有上海A股股票。

- 上市时间不足一个季度的股票
- 暂停上市股票
- 经营状况异常或最近财务报告严重亏损的股票
- 股价波动较大、市场表现明显受到操纵的股票
- 其他经专家委员会认定的应该剔除的股票

（二）样本数量：180只股票。

（三）选择标准：行业内的代表性；规模；流动性。

（四）行业分类：以摩根·士丹利和标准普尔公司联合发布的全球行业分类标准(GICS)为基础，结合我国上市公司实际特点进行调整，将上市公司分为10大行业。

行业名称	行业主要类别
能源	能源设备与服务，石油与天然气
原材料	化学产品，建筑材料，容器与包装，金属与采矿，纸与木材品
工业	宇航与国防，房屋产品，建筑工程，电力设备，综合性工业，机械制造，工业品贸易与销售，商业服务，航空货运与快递，定期航班，海运，公路和铁路，运输基础设施
可选消费	车零配件，汽车，家庭耐用消费品，休闲设备及产品，纺织品和服饰，餐饮住宿和休闲，媒体，批发，零售，互联网和邮购、直销等清单销售，专业零售
主要消费	食品、药品零售，饮料生产加工，食品生产加工，烟草，家庭用品，个人用品
医药卫生	健康护理设备与消耗品生产，健康护理的提供和服务，生物技术，制药
金融地产	银行，保险，房地产，多样化金融
信息技术	互联网软件及服务，信息技术咨询与服务，软件，网络设备，计算机和外围设备，电子设备和仪器，办公电子设备，半导体设备和产品
电信业务	电讯设备，多样化电讯服务，无线电讯服务
公用事业	电力，气体，水，多种公用事业

（五）选样方法：在确定样本空间的基础上，上证180指数根据以下四个步骤进行选样。

- 根据总市值和成交金额对股票进行综合排名。

  具体方法是：根据过去一年的日均数据，先对各指标分别排名，然后将各指标的排名结果相加，所得和的排名作为股票的综合排名。

- 按照各行业的流通市值比例分配样本只数。

  具体方法是：

  第i行业样本配额 ＝ 第i行业所有候选股票自由调整流通市值之和 ／ 上海市场所有候选股票自由调整流通市值之和 × 180

- 按照行业的样本分配只数，在行业内选取综合排名靠前的股票。
- 对各行业选取的样本作进一步调整，使成分股总数为180家。

二、样本股调整

上证180指数依据样本稳定性和动态跟踪相结合的原则，每半年调整一次成分股，每次调整比例一般不超过10%。特殊情况时也可能对成分股进行临时调整。

三、指数计算

上证180指数采用派许加权综合价格指数公式计算，以成分股的调整股本数为权数。计算公式为：

报告期指数 ＝ 报告期成分股的调整市值 ／ 基日成分股的调整市值 × 1000

其中，调整市值 ＝ Σ（市价×调整股本数），基日成分股的调整市值亦称为除数，调整股本数采用分级靠档的方法对成分股股本进行调整。根据国际惯例和专家委员会意见，上证180指数的分级靠档方法如下表所示。比如，某股票流通股比例（流通股本／总股本）为7%，低于10%，则采用流通股本为权数；某股票流通比例为35%，落在区间(30，40]内，对应的加权比例为40%，则将总股本的40%作为权数。

流通比例(%)	≤10	(10, 20]	(20, 30]	(30, 40]	(40, 50]	(50, 60]	(60, 70]	(70, 80]	>80
加权比例(%)	流通比例	20	30	40	50	60	70	80	100

四、指数修正

上证180指数采用“除数修正法”修正。当成分股名单发生变化或成分股的股本结构发生变化或成分股的市值出现非交易因素的变动时，采用“除数修正法”修正原固定除数，以保证指数的连续性。

五、指数发布

上证180指数通过上海证券交易所实时卫星广播系统向全国广播；通过路透社财经资讯系统、彭博财经资讯系统向全球即时报道；通过上海证券交易所的网站http://www.sse.com.cn即时对外公布；通过上海证券交易所电子信箱以电子报表方式向包括《中国证券报》、《上海证券报》、《证券时报》在内的各传播媒体传送。

六、信息获取

欲进一步获取历史追溯数据、成分股权重等信息，可以通过以下方式联系：

热线电话：021－68805258，　电子邮件：infobiz@sse.com.cn，　传真：021－68819726。

图书在版编目（CIP）数据

上证180指数年鉴. 2010卷/上海证券交易所编.
上海：上海人民出版社，2010
ISBN 978-7-208-09563-2

Ⅰ. ①上… Ⅱ. ①上… Ⅲ. ①证券市场—上海市—2010—年鉴 Ⅳ. ①F832.51-54

中国版本图书馆CIP数据核字（2010）第193907号

责任编辑 王舒娟
封面装帧 辜承宁

上证180指数年鉴2010卷
上海证券交易所 编
世纪出版集团
上海人民出版社出版
（200001 上海福建中路193号 www.ewen.cc）
世纪出版集团发行中心发行
江苏启东人民印刷有限公司印刷
开本889×1194 1/16 印张7 插页5 字数405,000
2010年11月第1版 2010年11月第1次印刷
ISBN 978-7-208-09563-2/F·1992
定价 65.00元